政治啥玩意

民主國家公民必修的第一堂課

What is Politics? A Very Beginner's Guide to Modern Democracy

蔡東杰

卷首語：讓我們輕鬆走入政治世界

無論各位喜不喜歡或瞭不瞭解，我們都身處在政治世界當中；更甚者，這個世界不但建構了各位眼前的社會內涵，其運作結果也將決定我們與下一世代人類的未來。特別在今天這個「民主當道」（無論根據何種版本）的時代中，還好大家都有那麼點機會來參與其中，而不是像過去多數時間般，只能夠聽任少數人擺佈；正因為這樣，為什麼我們不想辦法更深入地去知道政治世界的諸般真相，然後設法掌握自己的命運？

請注意以下幾個名詞：政治、政治學、政客、政治家、網路社會眼前這個時代看來科學如此昌明，我們身處的世界卻依舊存在高度的「超現實」特徵，甚且彷彿有些「假做真時真亦假」的味道；[1]政治範疇就是個最好的例子，至少我如此認為。例如一九四八年，歐威爾在《一九八四》這本充滿諷刺、又處處潛藏真知灼見的反烏托邦小說中，[2]不僅藉由「戰爭即和平、自由即奴役、無知即力量」這一連串虛構口號，將現實政治場域裡頭的矛盾表露得淋漓盡致，甚至天才洋溢地創造出「雙重思考」（doublethink）概念。根據他的說法，所謂雙重思考的特徵是：

知道又不知道；

意識到赤裸裸的真相，卻又說出仔細構築的謊言；

同時支持兩種相牴的意見，且明知兩者彼此矛盾，卻又兩個都相信；

用邏輯對抗邏輯；

聲稱自己崇尚道德，卻又做出違反道德的事；

相信民主是不可能的事，卻又擔任其守護者；

忘記必須忘記的事，必要時將記憶找回來，接著又迅速忘記。

從某個角度看來，這難道不是存在於當下政治世界的「真實」嗎？

1 語出《紅樓夢》第一回，意指當我們把虛假視為真實之後，真的東西反而被認為虛假了。

2 歐威爾（George Orwell, 1903-50），英國作家、記者與社會評論家，主要作品還有《動物農莊》。至於反烏托邦小說（dystopia novel）經常透過描繪一些極端負面場景來聚焦社會批判議題，受嚴密控制之下的社會乃常見主題。

雖說自十九世紀以來，從歐洲大陸一隅出發，透過無數革命先賢烈士前仆後繼地呼籲、吶喊、衝撞、狂飆，乃至奮不顧身流血犧牲，終於迎來眼前這個到處高舉「人民當家作主」大旗的新時代，不過，真說到政治，或許大家還是直覺將它歸類成「衙門裡一小撮人的事」。問題是，倘果真如此，那麼多人加上那麼些年忙活了半天，究竟改變了些甚麼？真的有所改變嗎？又或者，是否我們所爭取到的改變還不夠？若此，未來又該如何繼續走下去？還有哪些改變是值得繼續奮鬥的？為了解決至少是自己心中一連串盤旋不去的疑惑，也為了對台下傳道授業對象負責，更期盼拋磚引玉聆聽各位腦力激盪，於是自問自答且自說自話地寫完了這本「懺悔錄」。

以下，就先跟各位分享幾點個人心中疑惑與思考的初步結果。

矛盾：政治現實與政治學教科書勾勒的理想

到底「政治」是個什麼東西？

相信對於這個問題，絕大多數人都是有點懂，又有點不太懂。

各位所以自認有點懂，或許因為當大家把當前政治局勢或其牽扯的社會問題拿來茶餘飯後閒聊時，看似許多人都能娓娓說來、頭頭是道，甚至俯耳悄悄傳遞一些少為人知又難言究竟的內幕秘辛；但是，捫心自問有時又覺得不太懂的原因，則是一旦這些話題扯上若干政治專有理論名詞，往往爭執了半天卻極少有人真能搞清楚說明白這些詰屈聱牙的名詞到底是什麼意思，這時，人們多半不是乾脆跳過它們，便是選擇直接從主觀立場和媒體議論內容來望文生義。

話說回來，政治和它所涉及的概念真的這麼難懂嗎？

在回答這個問題之前，得先說明一件事情，也就是**我們在這本書裡頭所要說明的其實是「政治」，而不是「政治學」**。儘管難免會提到若干政治學者的名字，或運用到一些政治理論名詞，但解釋這些名詞之目的絕不是要大家去懂得什麼叫「政治學」，而只是因為這些名詞既偶爾充斥在媒體報導、名嘴高談闊論，或濫用在一堆無聊政客的唇槍舌戰之中，如果一點都不瞭解其真正涵義，結果當然只能被別人牽著鼻子走。換言之，如果讀者們不嫌棄，個人不僅希望輕鬆簡單地帶領大家走進政治世界，亦期盼能傳授一點防身術，讓各位不會隨便被巧言令色迷惑。

儘管如此，並不是說「政治學」不值一提（畢竟這是本人學術專業所在）；在此要強調的是，正如同我們從小將在學校裡所學的內容大致分成「自然科」與「社會科」一樣，很明顯地，**所謂社會科或者社會科學最大的挑戰就是，我們其實永遠無法從所觀察的對象中去得到結論，因為例外始終存在**；這既是社會科學一直在理論與實際之間存在差距的緣故，這個差距也讓許多人訕笑學者不過是一些根本跟現實脫節，只會講空話的人（或者是一隻訓練有素的驢）而已。

造成這種情況的原因是什麼呢？

個人認為，第一個原因來自某種「理想性」；其實，每個人都有理想，研究者也是如此，關鍵是他們（或我們）經常忘了**所謂理想得靠持續努力與時間來達到，既非本來就該存在，且經常努力也難有收穫**。其次則可能是源自某種想法上的「僵固性」，也就是某些人會突然忘了**歷史不僅一直在前進與演變中，且根本不存在終點問題**（除非接受有世界末日），因此在與時俱進解決人類所面臨的各種挑戰時，往往並無「最好」而頂多只有「較好」的辦法，所以，倘若認定自己所學的理論乃解決問題之最好途徑，一旦情勢變遷，與現實脫節之麻煩自然也隨之而來。

當然，我們絕不能因噎廢食地排除政治學的重要，畢竟它是幾千年來透過無數智者努力，藉由長期觀察社會現實結果所累積出來的涓滴心得與建議，就算無法解釋清楚所有的政治問題，也沒辦法為人類未來指出明確道路，甚或下意識地迴避政治現實，畢竟站在這些「巨人的肩膀」上，可以提供大家一些思考起點，由此設法理清自己到底要什麼與不要什麼。因此，本書還是試圖利用若干政治理論作為引子，一方面幫各位瞭解其本來面目，亦藉此釐清一些我們共同面對的政治問題與困境。

衝突與秩序：我們究竟要什麼？

事實是，當大多數人被問到對於「政治」的印象時，諸如：骯髒、貪贓枉法、包庇徇私、政商勾結、充滿利益交換，或甚至「只是少數政客在玩的遊戲」、「我不知道，反正跟我也沒有關係」……等等，可能是最常聽到的答案。可是大家有沒有發現：這些答案總歸起來其實就是「黑暗」和「衝突」這兩個印象。

如果我們再問大家到底想過著什麼樣生活的話，那麼諸如：穩定、社會井然有序、政治清廉、經濟蒸蒸日上、世界和平、國泰民安、「最好股市天天破歷史高點，人民根本不用繳稅」……等則是可以想見的答案。總而言之，人們顯然都希望過著「明亮」而有「秩序」的生活。問題這不就出來了嗎？

既然過著無憂無慮、悠閒快樂的日子乃「民之所欲」，為何我們好像一直只能被迫在鎮日擔心受怕的社會裡過活？何況是在一個所謂「民主」的時代當中？為什麼看似充斥黑暗與衝突面的政治世界始終籠罩著我們？那些少數黑心自私者，到底如何取得控制我們的權力，又透過怎樣的政治方式來控制我們？難道就不能解決這些問題？抑或根本不存在可以解決問題的辦法？究竟是理想真的離我們太遙遠？又或者只是我們不懂如何去築夢踏實？

面對前述疑惑，首先必須說明，本書對於那些參與實際政治過程的政治人物，多半以政客（politician）而非政治家（statesman）稱之；儘管這個名詞不無貶意，且所謂政治家也未必不存在，但所以人量使用政客這個稱呼的原因是：第一，自古至今為滿足私慾而參政者確實如過江之鯽，多到政治家猶如鳳毛麟角萬中無一，致使兩者根本不成比例，當然，當我們用政客來形容政治人物時，希望政治家們切莫妄自菲薄；第二，正如卡萊爾提倡的「歷史除了為偉人立傳，甚麼都不是」之「英雄史觀」般，[3]我們並不否認確實存在許多帶領人們度過難關的聖賢先哲，但英雄崇拜既容易使人盲目，歷史上更充斥無數利用這種崇拜心理創造出來，最終禍國殃民的「假英雄」，因此，諸如「政治家」這種英雄式封號雖然可用於蓋棺論定，對於現實人物仍應謹慎避用。

至於在釐清「政治」與「政治學」，以及「政客」與「政治家」之間的關係與差異後，接下來，便請各位跟著本書來進行一場政治之旅了。

本書目的：深入淺出瞭解政治過程

進一步來說，選擇寫作這麼一本書，或許也不單單為了自我解惑而已，我們身處的這個時代所具備之特徵及其潛在的種種挑戰，也在撩撥作者的理想性衝動之餘，彷彿只有一吐為快才能紓解壓力。

充滿激盪與紛擾，被霍布斯邦稱為「極端年代」的二十世紀雖已隨風而逝，[4]人類仍似乎繼續被困在一股瀰漫全球的迷霧中，某些舊價值與制度（例如國家體系與若干所謂傳統道德）正遭到劇烈撼動，或至少出現明顯鬆動現象，更重要的是，一些新問題也跟著出現了。例如柯司特便指出，[5]目前我們所處的這個特殊歷史時期之特性是：組織普遍瓦解，既有政治與社會制度逐漸喪失其正當性，人們一方面傾向於根據「相信自己是什麼以及要什麼」來重新進行組織，具有交換功能的全球網路則提供了一個打破傳統排他藩籬的重要工具，正建構著一個更大的群體。換句話說，**當前的社會正陷入網路（全球化）與自我（分子化）的兩極對立結構當中**。講得更清楚一點，也就是有愈來愈多的人們，雖對既有制度產生疏離或排斥的反體制傾向（政治冷漠感不斷瀰漫開來），卻似乎又正被吸納進一個更具力量且更為普遍的體制（也就是全球化的世界）當中。值得注意的是，前述結果雖使愈來愈多人自認是可游走四海的「世界人」，但他們其實仍是無法超越國界的「政治人」。

沒錯，類似困境確實是整個二十世紀政治生活的常態。

正如眾所周知，隨著全球競爭態勢愈發劇烈，政府被賦予的各種功能也跟著水漲船高，例如美國聯邦官員便從二十世紀初的八十萬，一路擴張到如今超過兩百八十萬，加上州與地方公務員更逾二千二百萬人。光從表面上看起來，官僚機制的膨脹當然會帶來政府權力的擴張，但相對地，由於教育與生活水準普遍提昇，人民自覺性上升也不斷造成衝撞體制以爭取更多權利的結果；更甚者，在現代電訊科技（特別是電子郵件與無線手機）的推波助瀾下，人們乃可藉此獲得反體制的更大力量，**從而使得萬能政府（讓政府擁有更多介入人民生活的能力）與民主理論（讓人民獲得更多制約政府自主性的機會）的對立，成為當前最難解，但往往被忽視的政治習題之一**。

由此衍生的問題包括：人們究竟該如何去安排並處理彼此關係？目前國家體制的問題在哪裡？人民與政府之間應該存在著何種更為理性的關係？政府理應具備的權力上限在什麼地方？人民又應該怎樣去保衛自己的基本權利？政府應該如何調整組織以便於滿足社會的集體需求？而前述組織調整對人民將產生什麼影響？人們又該如何去因應這些影響？

上述一連串問題，不僅構成今日世界各地許多政治衝突的焦點，而無法根本加以理解或缺乏理解途徑的結果，也在許多社會中帶來政治冷漠感或疏離感，並使更多人們選擇以逃避、厭棄或放棄思索作為解決辦法，若非「冷眼不旁觀」（對政治不感興趣，甚至覺得政治醜陋不堪，但除閒

3 卡萊爾（Thomas Carlyle, 1795-1881），英國評論家與歷史學者，著有《法國大革命史》及《論英雄、英雄崇拜與歷史中的英雄事蹟》等書，為維多利亞時代代表性文化人物。

4 霍布斯邦（Eric Hobsbawm, 1917-2012），英國左翼歷史學者與作家，著有《革命的年代》等。

5 柯司特（Manuel Castells, 1942-），西班牙社會學家，著有《網路社會的崛起》等。

聊批判之外，更無積極作為），便是自我放逐地「被牽著鼻子走」（成為某些政黨或個人的忠誠支持者）。

作為政治研究者，更因始終對人類未來抱持著正面期待，個人既不同意民主政治理論乃是前述一連串問題的所謂「標準答案」，也不奢望光靠一己之力能找到什麼具真知灼見的指引。相反地，我只希望從更客觀的角度出發，帶領大家（不管有無興趣，這或許都是無法迴避的道路）走一趟政治的「進化之旅」；一方面瞭解人類為什麼會組成社會，以及如何不斷從挫折中去學習更好的組織方法，更重要的還是，個人深切期盼對人類的未來，提供一個稍微另類確或許更具建設性的思考出發點。

最後，雖然在儘量使用非學術性的白話字眼之餘，還是免不了要用到一些專業用語；在儘量使用更加平易近人的語調之外，還是不可免俗地要提些難懂得要命又無聊的理論；在儘量塑造活潑氣氛之餘，有時還是得庸人自擾一般地掉進讓人枯燥苦惱的邏輯黑洞中；但我還是要告訴各位讀友們：

政治真的很重要！

它真的不是那麼難懂！

更絕對與我們的未來休戚相關！

接下來，就讓我們一塊兒出發吧。

上篇　幾個基本概念的再審視

社會：群聚性定居生活型態與政治的起源

我始終深信一個想法（雖然頗八股，但也是無可否認的事實），正如孫中山所言：「政治乃是處理眾人之事」。從這個角度視之，若想瞭解所謂「政治」的起點，那麼就不能不從「眾人」這個現象出發，想想人們幹嘛要擠在一塊兒過日子，這個看似愚蠢卻又透著點哲理光芒的問題，這有點像夫妻倆翻開結婚證書，回憶過去所以做出這個人生抉擇的原因是一樣的。

請注意以下幾個名詞：生存、資源稀少性、群居、社會生活、部落

渾沌未明的歷史開端：聚居現象

且讓我們先假裝自己「不是人」吧。

儘管如同哈拉瑞所言，[6]其實人類最初不過是「一種沒甚麼特別的動物」，但不知道從什麼時候開始，也不曉得是什麼原因，人類開始成為這個地球上最重要的一種生物群體，並且隨著他們與其他物種間生存競爭能力（人類自己喜歡將這種距離稱為文明程度）的優勢愈發明顯，其中一部分越來越自以為是的人類也就開始自命為「萬物之靈」。

關於人類為何能一路正面發展迄今的這個問題，儘管數百年來已經有很多文化人類學家與歷史社會學家企圖提出解釋，個人依舊認為，就像房龍所言：[7]「我們正生活在一個巨大問號的陰影下面；我們是誰？我們來自哪裡？我們又將前往何方？」這段尚未真正解謎的歷程，也就是人類到底如何過關斬將，結束超過兩百五十萬年藉由採集和狩獵維生的單調日常，逐步突破生物界的自然鏈狀結構限制，乃至於獲得操控甚或毀滅這個結構之能力的過程，應該可算地球歷史上最偉大絢麗的推理小說與冒險故事之一。儘管房龍很有自信地說：「我們已經能夠（相當精確地）對許多事情進行猜測了。」不過，對這種源自十九世紀歐洲進步主義的片面觀點，我看還是保守一點比較好。

6 哈拉瑞（Yuval Noah Harari, 1976-），以色列歷史學家，著有《人類大歷史》、《人類大命運》等。
7 房龍（Hendrik W. Van Loon, 1882-1944），荷裔美國通俗歷史作家，《人類的故事》為其代表作。

不管你相不相信（其實達爾文的進化論早就面臨著嚴酷的挑戰），[8]根據目前的生物學研究「結論」顯示，人類的祖先可能屬於靈長目動物的一個分支，大約在六千五百萬年前由原猴（pro-simian）發展出來，其後幾經曲折變遷，終於演化出一種稱為人科（homo）的分類，並大約在一百到兩百萬年前產生現代人種的原型，亦即最終在一到三萬年前淘汰所有其他原生人種，單獨存留下來的智人（homo sapiens）。當然，有關人類起源的種種假設，講到這裡就可以了，畢竟它仍無定論，且亦非本書主旨所在；何況即使有電腦繪圖與現代解剖學的配合，學者們也只能根據黏土層中起出的骨頭碎片，猜測式地去拼湊出它們原本模樣。更重要者，我們唯一關注的焦點是，無論從史前史考古或自然調查的資料當中，我們都能明顯發現一個事實，亦即**這個物種（人類）從很早開始就有著集體行動的特徵**，也就是說，他們喜歡一大堆人集中在一個約略特定的地域範圍裡頭活動，然後以某種分工合作的方式彼此照料，並且漸漸發展出簡單的家庭單位與社會組織結構。

儘管部分學者認為，或許十八世紀的盧梭乃第一個將「社會」當作關鍵性概念，[9]並明白地透過「社會關係」來推演、分析並整理人類生活內涵者；當然，其實社會老早就存在了，只不過人們似乎慢慢「忘了」自己生活在社會裡而已。

資源稀少性與生存利益：集體行動的邏輯

儘管聚居性乃是人類這種動物擁有的重要物種特徵之一，但是如果看過一些自然世界紀錄片的話，一定曉得「集體行動」絕非是靈長目動物或者人類的註冊商標。例如在廣袤無垠的非洲大草原上，不僅像野牛、羚羊與大象等草食性動物有著成群結隊行動的現象，即便如獅子或土狼等部分兇猛的掠食性動物，集體行獵也經常是它們捕捉獵物時的慣用技倆。換句話說，是否在日常生活當中採取集體活動的形式，絕對不像一般人直覺所認為的那樣，僅僅是由於某些物種因為競爭弱勢，以致自然生成的自我防衛舉動罷了，而是一種非常普遍的自然現象。

那麼，這種現象的原因又是什麼呢？

首先，相信多數人都能接受以下這個假定，亦即：**「生存」乃所有物種的共通終極目標**。地球上的各式各樣動植物，自遠古以來無不在漫長而艱辛的演化道路上，用盡一切辦法來適應各種環境挑戰，甚至發展出特殊的生理機制，例如厚實的皮革與裝甲、具強大爆發力的肌肉、同時可用於防禦與攻擊的犄角、組織再生能力，或者可隨環境而任意變化的隱蔽保護色等，其目的大體都是希望自己在激烈的「物競天擇」過程中，可以完成「適者生存」的期盼，以免遭到淘汰。儘管如此，**除了主觀地配合週遭地球既有環境需要之外，在爭取最終生存機會的過程當中，物種還得面對客觀自然環境所設下的限制，其中最重要的挑戰，便是「資源稀少性」問題**。

8 達爾文（Charles Darwin, 1809-1882），英國生物學家，一八五九年出版的《物種起源》一書奠定了現代進化論的基礎，但近年來屢屢遭遇質疑與批判，例如基督教智庫「探索研究所」（Discovery Institute）便自二〇〇一年發起由全球科學家聯署的「反對達爾文主義」（Dissent From Darwinism）聲明。

9 盧梭（Jean-Jacques Rousseau, 1712-78），瑞士裔法國思想家、哲學家與啟蒙運動者，著有《論人類不平等的起源與基礎》和《社會契約論》等。

正如眾所周知，在自然界當中，大概除了陽光、空氣和水等三個物質要素之外，就沒有所謂「取之不盡，用之不竭」的資源了；甚至嚴格來說，由於特別是像人類等主要以陸地為活動範圍的物種還必須仰賴「淡水」維生，因此，對它們來說，水資源乃相當稀少而珍貴的，不僅有相當多人類早期文明與大河環境有直接關係，[10]歷史上許多戰爭與糾紛也都和爭奪水源有關（戰國時期的長期紛擾何嘗不是與黃河有關），更不用提其他顯而易見的稀少資源了，例如十六世紀在東印度群島爆發的香料戰爭、[11]二十世紀的石油衝突，以及在歷史上無數為了爭奪土地（可耕地或水草地）引起的武力相向。

當然，除了地球自然環境本身具備的「絕對」稀少性之外，**有時候透過人為因素也會帶來所謂「相對」稀少性，這也就是常見的「分配不均」問題**。值得說明的是，即便是由於強者企圖壟斷所引發的稀少狀態，壟斷的前提多數也是因為強者體認到資源有限的事實，以致未雨綢繆的結果。

換句話說，一方面由於物種存續需要各式各樣資源的不斷挹注，這些生存所需的資源又大多具有前面所提到的稀少性，於是競爭便成為一種自然而然的現象。進一步來說，無論這些物種是否真有著聚居的天性，就後天環境所形塑的挑戰看來，**透過團結模式來運作的聚居行為，至少也是它們在面對激烈競爭時必須選擇的理性結果**。

部落：長期共同生活的起點

基於前述理由，同樣具有群居習性的人類也被稱為是「社會動物」。不過，如同研究人類權力史的曼恩特別強調的，[12]與其說人類是一種「社會的」（societal）動物，還不如說是種「社會性」（social）動物來得更恰當，換言之，**人類並非先驗性地需要一個社會，而是根據其經驗性現實需求去創造一種社會關係**。舉個例子來說吧，儘管許多生物學家透過近似物種對比研究，認為人類如同其他靈長目動物（例如黑猩猩或狒狒），都有著團體群居與家庭勞務分工等結構特徵，不能忽略的事實是，不管在什麼時代，喜歡離群索居，潛遁到深山野林裡的所謂隱士也總是屢見不鮮，這顯示出至少有一定比例的人們具有反群居傾向，即便如此，更大多數人們似乎還是習慣居住得稍接近一些，無論過去城鎮中櫛比鱗次的屋舍，抑或現代高居住密度之集約性住宅，都是明顯例證。

但是，人類選擇群居的理由究竟是什麼呢？

---

10 例如像北非的尼羅河流域、中東的兩河流域、東亞的黃河與長江流域，以及印度次大陸的恆河與印度河流域等，一般通稱為「大河文明」，與農業社會出現密切相關。

11 位於蘇拉威西島和新幾內亞之間的摩鹿加群島（Maluka Islands），因盛產香辛料也被稱為香料群島。

12 曼恩（Michael Mann, 1942-），英裔美國社會學者，著有四卷《社會權力的來源》等。

亞里斯多德的說法頗有道理，[13]他認為人們常為了獲得特別的好處，並認為集體生活可以帶來這些好處，於是便聚集在一起。拉斯基也認為：[14]社團的存在，乃是為了達到團體成員之共同目的。類似論點包括奧爾森，[15]他強調**集團成員所以願意集體行動（甚至放棄部分個人利益），其前提必然是因為這個團體能夠促進所有成員之共同目標的緣故**，因此，相對地，任何組織若無法增進其成員預期的利益，必然無法避免走向消亡的終極命運。前述一連串看法不僅構成所謂**公共選擇理論**的起點，[16]也是所謂**社會契約論**的重要基礎。總而言之，在經歷一系列漫長艱難的試煉之後，現代人類終於證明自己是種適應性強大的物種，幾乎能夠解決所有迎面而來的惡劣挑戰。更重要的是，在距今大約五千到八千年前，一部分由於為因應自然選擇而養成群居習慣的人類又展開了另一段極關鍵且讓人印象深刻的變遷過程，也就是從居無定所，以四處游獵為主的生活，過渡到以農業與養殖動物為主的定居性生活。

在這種情況下，**具恆久性質的部落也就出現了**。

十九世紀末的馬肯吉曾經這麼說：[17]「人類的歷史可說是進步的紀錄，也就是知識累積與智慧擴大的紀錄，以及從知性與福利較低階段不斷向更高階段前進的紀錄；每一代都把自己所繼承者，依自己經驗修正到更有益的方向，並將一切憑自己實力取得的勝利果實，加以擴大後傳遞給下一代。」雖然我們未必同意這種十九世紀歐洲進步主義的論點，也就是認定人類具有社會合作「本能」，且每次成功的社會合作經驗都會進一步激發人類的隱藏潛能，從而一次又一次地將其生活水準提升到更高境界，我總覺得，這種想法實在過度自我膨脹人類歷史中的光明面了；不過，定居性農耕部落的出現確是個重要的不得了的歷史轉捩點，因為由此產生之固定的生活邊界、固定進行共同生活的夥伴，以及夥伴性質的愈來愈複雜，再再都使得人們不僅無可避免地朝向更複雜的社會結構發展，也必須多花點腦筋來設計並調整彼此間的關係。

正因有「固定的眾人之事」必須處理，「政治」生活也跟著開始了。

13 亞里斯多德（Aristotle, 384-322BC），古希臘哲學家，柏拉圖的學生與亞歷山大大帝的老師。
14 拉斯基（Harold Laski, 1893-1950），英國工黨領袖，費邊主義者與政治學家，民主社會主義主要代表。
15 奧爾森（Mancur Olson, 1932-98），美國經濟學與社會學者，著有《集體行動的邏輯》等。
16 公共選擇理論（public choice theory）是將經濟學「自利」原則用於研究民主過程的一種邏輯。
17 馬肯吉（Robert Mackenzie, 1811-73），生於蘇格蘭，曾任澳大利亞昆士蘭總督。

制度：分工合作、組織化及其悲劇

人之有異於萬物者何在？對於這個具高度哲學性的問題，我們希望透過更實用的角度來詮釋。很明顯地，人類擁有遠比其他所有動物都複雜得多的社會結構，或許是不錯的解答之一。但問題馬上出來了：人類是如何去建構此種制度的呢？而這些組織的需求起點，以及其希望完成的目標終點又是什麼？

請注意以下幾個名詞：分工、無政府狀態、效率、人性、政治責任

制度源起：定居性社會型態及其需求

如同前一章提到的，獨居生活雖未必一定不利於生存，不過必須面對更大的環境挑戰與風險罷了，**但多數人類還是理性地選擇了「群居」作為一種集體求生存的型態**；當然，從兩個人（結婚）、幾個人或幾十個人（家庭或家族）、一群人（部落或村莊）到更多的人（國家機器），人類的群居方式與選項可說不勝枚舉。

儘管如此，在百萬年前的絕大部分時間裡頭，主要以採集（檢拾漿果、堅果與禾本植物）與食腐（分享掠食者的剩餘）角色為主的人類，根據主觀猜測與考古結果，最初的組織乃相當鬆散且不穩定的；雖可能存在著簡單的家庭與村落單位，由於聚落人口不多，分工結構不那麼複雜，嚴格來說也沒有太明顯的「政治」需求。前述情況伴隨人類渡過漫長的不得了的「史前」時期（包括所謂舊石器以及新石器時代），直到五千至八千年前才突然發生重大變化，**關鍵便在於具穩定邊界之永久性村落的出現**。

在此，有幾點值得進一步說明：首先，人類所以從仰賴採集、游獵或游牧維生，轉而朝向以定點畜牧或農耕為主的生活型態（儘管其過程絕不可能是全人類同時齊頭並進的），當然是由於後者能提供更大生存能量的緣故，這也是人類第一次可以透過「創造自然」（經由人為加工來增加動植物產量）來強化自身競爭力。重點是，想過這種生活顯然存在若干先決條件，特別是一些「創造發明」，例如：耕作與馴養技術、生產（農用）工具的進步、對大自然環境（尤其是土壤、水文系統、氣候變遷與天文知識）的瞭解、基本結構力學與工程技術的突破，以及知道如何經過配種來進行動植物基因改良…等等，若不能在這些方面有所成就，即使選擇定居也未必能穩定發展。

無論如何，我們更重視的是，**由於定居生活帶來的分工現象與問題**。

很明顯，定居生活大大改變了人類彼此之間的關係；其差異首先在於，**人際關係重點由此從共謀「安全」，轉向以「合作」為主的互動**。在漫長達數百萬年的史前時代當中，人類在維持生存方面大體可以自給自足，至於群居生活不過用以提供更高的安全係數罷了；但在定居時代來臨後，由於群體規模日益膨脹為共同生活型態帶來的複雜內涵，實在很難由單一個人來獨力完成，於是「分工合作」乃無可避免。

值得注意的是，「分工」看起來雖似乎是定居生活的必然結果，由此所衍生的三個問題卻也相當讓人傷腦筋：首先是該如何分工的問題，也就是怎麼去設定勞動差異並把不同工作適當地分派給願意共同生活的人們（由此形成所謂職業）；其次是如何在分工之後進行「交換」的問題，亦即在分配所得時，如何讓大家能夠公平地截長補短且各取所需；最後，則是如何維持既有分工狀態的問題，也就是在大家都願意長期持續共同定居生活的前提下，怎麼樣讓社會秩序更穩定。

在回答前述問題之前，必須再度確認一個在前章裡提到的觀念，亦即「社會乃是人類經驗性需求下的產物」；從這個角度來看，**人類既然並非先驗性地需要一個社會，當然可以在自以為需要的另一種情況下，決定棄絕、解構或改造社會內涵，這正是社會秩序所以總是不甚穩定的主要由來**。進一步來說，也就是社會現狀如果不能滿足人類需求的話，後者當然會想辦法加以對抗，因為誰願意生活不快樂呢？

換言之，為了解決因為分工現象所衍生的諸多問題，更為了滿足人類組成社會的最原始需求，建構一個合理、具效率且能被接受的「組織」，顯然是定居生活出現後的最急迫要務。

為什麼要有組織：無政府狀態的詮釋

儘管多半源自純粹想像，但人類究竟如何開始組織生活，亦即如何擺脫所謂「無政府狀態」，[18]數百年來依舊是政治哲學家們爭論不休的問題之一。例如十七世紀初的霍布斯便由利己主義（人不自私、天誅地滅）的假設入手，[19]認為人類最初面對的自然環境乃是一個由於沒有政府，以致「人人為戰，且人人為敵」的衝突性狀態；因為資源缺乏加上競爭激烈，人類不但要跟大自然中其他萬物競爭，即便在人類彼此之間，**為爭取所謂生存配額，既可能單獨採取秘密陰謀來對抗其他的人，也可能聯合其他人類進行集體自衛行動；總之，生存乃第一要務。**

霍布斯進一步指出，他所以如此詮釋人類早期面對的自然環境，主要是因為體認到人性中存在三個關鍵因素所致，亦即：競爭（**在資源稀少的世界中爭奪有限利益**）、**缺乏自信**（**由於人人平等，因此攻擊乃最佳的防衛手段**），**與追求榮耀**（**滿足威望的虛榮心理**）；前述人性現實充分反映出人類在篳路藍縷的初民社會中，為滿足生存需求而從環境中不斷「學習」累積的結果。儘管如

18 無政府狀態（anarchy）為一般對人類原始狀態的假設，亦即缺乏任何規範下的無秩序生活。

19 霍布斯（Thomas Hobbes, 1588-1679），英國政治哲學家與機械唯物主義提倡者，著有《利維坦》

此，他同期稍晚的英國同胞洛克則樂觀地認為情況沒那麼嚴重，[20]最初的自然狀態應該是眾人「理性地」生活在一起，且在人世間沒有更高權威可進行裁決的狀態；相對於霍布斯認為應該建構一套權威體系，以避免人們重回當初野蠻的原始世界，洛克並沒有將重點放在制定法律上，而是建立一個可無限上綱的「天賦人權」概念，用以限制並對抗任何有組織力量，並藉此保護個人的自由與私有財產權利不受侵犯。

當然，我們沒時間去進行深入的哲學思索，更何況這樣的動作也不見得必要。此處要問的只是：前述詮釋角度的影響是什麼？

從現階段政治主流想法（未必正確）來看，我們一方面雖大致接受洛克的天賦人權概念，並將其作為建構民主政治的重要基礎，實際上卻更仰賴霍布斯的想法，因為眼下一切制度與組織的前提都是：如果沒有這些組織制度，則必然將天下大亂；或者反過來說，**如果有了當下這些組織制度，則人類的生活將變得更趨於穩定而美好**。

這種想法到底對不對呢？

我在這兒並不想貿然回答這個問題，但值得想想的是，如果暫時沒有更好解釋的話，人類所以能在自然界中脫穎而出成為「萬物之靈」（雖然個人並不喜歡這個自大的名詞），除了生理結構的演化優勢（特別是大腦組織發達與雙手的靈活運用），人類能藉由更複雜的分工系統來面對更多的挑戰，應是絕不能被忽視的一個事實。在此，且讓我們再度不厭其煩地回到前面提出的假設，亦即：社會乃是人類經驗性需求下的產物。或許人類祖先們面對的環境未必如霍布斯想像般的野蠻、危險且混亂不堪，但對比目前人類所能夠掌握的技術（特別是自我防衛與醫療技術），他們的處境想當然爾應該是極不穩定的。換句話說，**無論所謂「無政府狀態」究竟為早期人類帶來多麼嚴重的生存競爭挑戰，威脅態勢的存在與人類早期自保能力的缺乏，都使得「組織」這種可集合眾人力量的機制有存在的必要。**

從歷史發展的事實看來，比起其他動物複雜得多的社會結構，確實讓人類有機會突破演化限制，確定或強化物種生存，甚至讓我們擁有反過來操控自然的超能力。無論由此可能導致的結果是正面或負面，在此必須強調的是，最近數百年來的科學發展已然再度改變了人際關係的重點，亦即由合理安排「分工」轉向以謀求更高「福利」為主；特別是對那些大體已擺脫生存問題的社會而言，如何讓生活過得更好，或許是更重要的事情。

無論如何，不管人類組成社會的主要目標是互助以求安全、創造更具分工效率的社會，或者共同謀求更高的生活水準，**所謂「組織」或「制度」既被認為在此過程中扮演關鍵的工具性角色，至於其內部運作以及人們與組織制度之間的互動聯繫（配合、服從或參與），一般更被視為是所謂「政治活動」的重心。**

接下來的問題是：這些制度是根據什麼原則而被創造出來的呢？

---

20 洛克（John Locke, 1632-1704），英國政治哲學家與經驗主義代表人物，著有《政府論二講》。

效率：分工架構的設計前提

由於定居生活帶來之社會複雜性，理性來看，互助合作確實是人類進行生存競爭時應有的選擇；為解決相關問題，**具組織性的制度既應運而生**，「**效率**」**則是研擬過程中最重要的考量**；換句話說，能不能最快速且有效地解決大家的需求問題（現在經常被稱為所謂國家競爭力），便成為群體能否承受生存考驗的前提。根據這個原則，人類在創造制度時也自然出現以下三種現象。

首先是「**角色分化**」，也就是區分出決策者（也可稱為領導者或統治者）與一般大眾。做出這樣區分的理由很簡單：儘管生存乃人類之所共欲，更重要的事實是，由於週遭環境與個人習性差異的影響，每個人需要的東西往往不盡相同，因此，如何「去異求同」或在保留個別歧異的前提下，找出作為最小公約數的共同點便成為社會凝聚力與制度能否順利運作的關鍵；由此衍生出的是「決策」問題，也就是總有人必須要負責找出並落實前述的共同點。當然，我們必須承認，事實是（特別是智商或諸如領導魅力等條件）並非每個人都有能力做這種事情，所以才需發掘那些有能力且願意貢獻所長的人出來。不過，我們對這點暫不擬做深入討論，因為那是下一章的重點。

第二個現象特徵是「**政治階層**」。儘管兩千多年前的希臘哲學家柏拉圖曾將國家比喻成一艘大船，[21]並認為正如舵手必須操控船隻以穿過變化莫測的海域一般，政治家也得帶領人民承受來自政治、經濟與社會等各個層面的狂風暴雨。無論如何，**負有領導任務者絕非「一個人」**，**而必然是「一群人」**，**至於由這群人組成的團隊便是一般所謂的「政府」**。不管所持理由為何，經過正式或自以為是的授權程序後，這群人首先成為具發號施令功能的政治核心，並因著前一項分化理由而出現決策者、執行者與被統治者等不同的政治角色，更重要的是，在這些角色之間還出現所謂「權力」關係，也就是總有人說了就算數，另外多數人則是若不聽命行事，就只能等著接受強制處罰。我們得承認，建築在法律規範基礎上的權力關係，從追求效率角度看來雖無可厚非，卻也是數千年來政治紛爭的最主要來源，以及政治哲學最主要的思索焦點。

至於第三個可觀察到的制度特徵，乃是「**組織分工**」。亦即為了因應定居生活的各個複雜先決條件與社會發展現實，人們必須想辦法清楚區分各種具不同特徵的工作，例如像軍人（防衛）、商人（交換）、農人（生產）與工匠（支援）等，然後再交給職有專精的各個部門，負責針對各種工作擬出行動方針。

問題是，這種分工現象到底應細分到什麼程度才算合理？

對此實在沒有個標準答案。只能這麼說，分工的精細度首先與社會組成人口多寡有關（人口愈多則行政部門也區分得更精細），其次與社會生活的複雜程度有關（隨著歷史進展與文明程度提升，逐漸衍生出愈來愈多的新興部會），再者則與政府角色變遷有關（從帝力與我何有哉到萬能政府間的差異），更重要者還是得配合社會與民眾的現實需求才行。此外，除了從精細度來觀察分工結果，也可以從結構面將社會分工型態區分為「垂直型」與「水平型」兩個模式（當然，其實所有制度都同時具備兩種角度）：前者主要關切決策流程與執行成效等問題，後者（也被稱為扁平

21 柏拉圖（Plato, 427-348BC），古希臘時代雅典哲學家，著有《共和國篇》等。

式組織）則更注意不同部門之間的橫向協調聯繫，[22]因為分工本身畢竟並非人類建構制度的最終目標，能不能順利完成社會要求，才是制度是否具有「效率」的評斷標準。

總之，為了追求「效率」這個社會的集體理性需求，由此產生的政治制度首先必須找出少數具決策能力的人，賦予其領導角色，然後環繞他們形成所謂政府架構，在努力瞭解與整理各種社會需求後，接著透過決策與執行系統，回過頭去滿足這些林林總總的需求；最後，為了更有效地去發掘、分析並決定這些需求的優先順序，政府內部也必須適時且不斷進行一定程度的分工架構重組（也就是改革）。

人性：組織分工的內在衝突與掙扎

在知道人類為何要創造制度、制度設計的基本原則，以及制度希望完成的主要目標後；不難發現，光是這樣似乎還不足以真正瞭解制度。在看起來好像非常簡單的邏輯之下，一個無法掩蓋更難以迴避的嚴酷事實是：**在漫長的歷史過程中，失敗的制度設計實在無以數計**。這到底是怎麼一回事呢？

一般認為，所以造成此種「制度悲劇」（也就是似乎永遠不可能存在一個可以長治久安的制度）的主要原因，乃因人性的不可測。在此，個人並不想掉進「性善」或「性惡」的簡單二分法陷阱當中（儘管這種區隔經常是進行制度設計的出發點）；因為根據觀察結果，人類雖然看來應該都是自私自利的（此種論據符合生存競爭原則），有時卻不見得如此（殊不見社會中仍充滿善心人士與救濟團體）；人類慾望看似永無止盡（馬克思派唯物史觀便以此為基礎），但在物慾橫流之中，還是有很多人追求著純粹的精神滿足；從歷史看來，人類似乎不斷透過互助與無私合作一次又一次克服種種挑戰，彼此間毫不留情地傷害與殺戮，卻也讓讀史者不由得瞠目結舌並掩卷嘆息。

要說人性到底傾向於善或是惡，單就任一方面來看，顯然都沒辦法自圓其說，只能說人性本質上超越了善惡的單純界線。至於前面所謂「人性的不可測」，**一方面既根基於絕大多數人其實都是善惡兼具的現實，也來自人性的無法解釋與不可度量**；例如像英國的羅賓漢或者中國的水滸式人物，究竟算是好人還是壞蛋？

儘管如此，**所有的政治制度設計仍須以對人性的理解出發**。

例如，十六世紀的馬基維里便公開倡言，[23]人們「盡是些忘恩負義與反覆無常的偽君子」，除非情勢所迫，理論上絕不會主動為善，再加上人類總是習慣根據結果來斷定行為的是非對錯（亦即所謂成王敗寇），因此只要君主（執政者）「能夠獲勝並維繫國家的生存，其所使用的手段不僅都會被推論是正當且榮耀的，而且一定會受到所有人的稱頌」，即使是那些善良的人「也必須依據情勢的轉變，適時作出一些可能違反正義公理的事情」。這種對人類善性的根本懷疑，或者認為人類有適度為惡必要性的論點，不但使阿克頓爵士歸結出所謂「**權力將使人腐化，且絕對的權力將**

22 扁平式組織（flat organization）也被稱為橫向組織（horizontal organization）或減層（delayering），是一種希望儘可能取消中間管理層，以便執行者與員工能更多交流的設計。

23 馬基維里（Niccolo Machiavelli, 1469-1527），義大利文藝復興時期外交官兼史學家，著有《君王論》。

使人絕對腐化」的悲觀看法，[24]一般認為，此種人性認知也形成後來歐洲據此設計制度的最重要原則：制衡（check and balance）。

不過，若說制衡是種純粹歐洲現象的話，恐怕也是種誤解。

在自古至今人類設計過的制度當中，制衡原則其實無所不在，差異處僅在於權力分立的原則不一而已。例如在君權時代，由於制度設計主要目的是保護君權不受侵犯（也就是假設所有人都企圖想奪權擅政），因此君主集權與文武分治（或者像中國再加上監察制度的設計）也就成為最常見的一種制度典型，目標是讓具有行政經驗的文臣或擁有軍事威脅性的武將，因為彼此牽制而沒有辦法具有挑戰君權的完整力量。到了民權時代後，則立法、司法與行政之間的「三權分立制衡」便取而代之，成為保障人民權力不受侵犯的主流設計。

組織運作關鍵：政治責任的追究

有關制度討論，最後一個值得注意的重點是：儘管是否具備「回應社會需求的效率」乃評斷其好壞的關鍵，由於不同時期與環境下社會需求不　，人們對效率的感受也有著實際差異（容易受到個人主觀影響），到底要怎樣向大家清楚地說明何謂好制度，實在非常困難。儘管如此，如果對制度良莠毫不在意，當然也不行；因為這樣既無法理性回應當初組成社會的原因，更會讓利慾薰心的野心家毫無忌憚。

那麼，到底該怎麼辦呢？普通做法是，**總得讓某些人負起責任才行**，這也正是一般所謂「責任政治」的邏輯來源。因為只有需要負責，才能對擁有權力者形成實質的嚇阻力量。不過，由於目前政府的「體積」異常龐大，究竟哪些人是真正該負責的呢？

事實是，隨著社會愈來愈複雜，組織分化現象也愈來愈明顯，其直接結果一方面導致政府員工總數直線上升，另則也使「決策」與「執行」架構顯得愈能被分辨清楚。從這點來說，**作為承上意者的執行官員（一般稱為事務官）理論上當然與政治責任較無關係**（但絕不能逃脫法律與道德責任，也不是說他們就完全不負擔決策責任）。其次，特別在民主概念被引入政治機制設計後，一方面帶來民選（無論透過直接或間接選舉）政府領袖，這批領導者為了能與政府接軌，並有效運用公務機關人員來完成政見並滿足社會需求，往往也會將一批理念相同者放到政府中（一般稱為政務官）；由此，**這些民選領袖與政務官既因人民的期待與託付而能夠進入政府或掌握權力，相對地也正是責任的主要歸屬對象。**

更清楚地說，這些人應該負起政治責任的時機有二：首先是當他們言行不一的時候，亦即一般所謂「說一套，作一套」。政治人物理論上既必須透過某種政見（向人民提出的願景）來爭取支持並吸引足夠選票，一旦被發現「廣告不實」，當然必須對消費者（選民）負責，當然，政客們不可能像普通商家一般賠償了事，我們通常希望以強迫辭職下台（若有違法情事還得接受法律制裁）來加以懲罰。至於第二種必須負責的時機，乃是當「社會需求」（雖然很難被明確表達，民調結果

24 阿克頓爵士（Lord Acton, 1834-1902），英國哲學家、歷史學家與自由主義者。

雖是普遍形式之一，亦未必能盡信）未能被滿足的時候；換言之，不管客觀上看來他們可能做得如何努力，或者的確有他們的理想，但因制度最根本起點本來就在滿足所有社會組成份子的生存需要，因此當政客無法回應人民熱切期盼時，只能黯然接受「換人做做看」的結果。

值得注意的是，儘管政治責任乃是被統治者（人民）監督政府的重要憑藉，畢竟只是種猶如「自由心證」之消極心理機制罷了，且頂多僅能存在於民主機制（甚至連民主國家也未必能保障）；到底政府能否受到真正監督，從歷史事實看來恐怕是悲觀的。更甚者，由於多數政治參與者（政客）都具有濃厚的權力慾望，不僅希望牢牢把握權位，更希望無限擴大其權力版圖，因此，除非真正引爆眾怒，幾乎很難期望他們會乖乖屈服於所謂政治責任規範。更常見的情況其實是：**他們往往會透過推卸責任、轉移焦點或尋找代罪羔羊等「賤招」來延續政治生命**。例如美國的柯林頓總統在性醜聞纏身時，[25]空襲伊拉克以轉移民眾注意力，或者許多國家的政府在面臨政經危機時，以處罰中低階官員或隨便捉一些高官下台來搪塞政治責任等。

對此，我們又該怎麼辦呢？

許多學者對此多半採取迴避或漠視的行為，甚或者不負責任地把球踢回給人民，希望透過「民主程序」（也就是下次不該選他們）來解決，但此舉畢竟只能治標，何況現存民主機制本身也還根本不到完善的地步。針對負責的難題，在此暫且不表，留待後面再慢慢討論。

25 柯林頓（Bill Clinton, 1946-），美國律師、政治人物與第四十二任總統，在眾議院因其性醜聞案預備在一九九八年十二月十九日提出彈劾案前夕，於十六日批准「沙漠之狐」行動轟炸伊拉克。

領袖：菁英甄補之必要及其引發的權力問題

當船隻在茫茫大海中陷入一片迷霧、羅盤也不辨東西南北時，我們總希望能有位經驗豐富的船長或水手帶領大家平安航抵彼岸或終點；同樣地，當國家面臨生死存亡之秋時，我們也會自然地期盼有位天縱英明的領袖能帶著大家一路過關斬將。換句話說，生存乃人之所欲，而少數關鍵人物也總被希望在關鍵時刻當中發揮關鍵性的功能，古今中外皆然。

請注意以下幾個名詞：菁英、寡頭鐵律、正當性、世襲制、權力、公僕

寡頭鐵律：少數統治的始終不變

前兩章人致處理了兩個重要問題，也就是「人類集體生活的必然性」以及「定居生活與政治制度的起源」。藉此，我們可以瞭解，由於相較於多數動物在外部生理結構上的弱勢以及由此引發的生存危機，或許是人類選擇群居生活的重要因素之一（當然，其他的因素還有很多）；無論如何，隨著群居生活內涵愈趨複雜，特別是定居性社會型態的出現，人類非但有必要制度化地去處理彼此互動關係，儘管永遠難以理想化，「制度設計」也將不斷因應新的生活需求而作出調整與修正。

接下來的問題是：制度出現後，該怎麼來加以運作呢？

前一章曾提到建構制度過程中可能出現的「政治階層現象」，亦即負有領導任務者必然是「一群人」，至於由他們組成的團隊則是一般所謂的「政府」，目的是去運作制度以滿足社會大眾的普遍需求。問題是，誰是這一群人？儘管大家都有自我欲求，也希望這些欲求能夠被滿足，絕大多數人卻因受限於知識或思考層次（後者尤其重要）與日常生活的環境背景（可能僅熟悉自己的職業或不具備更寬廣的視野），以致於缺乏成為「那群人」的資格，其結果是：如同密歇爾以所謂「寡頭鐵律」（Iron Law of Oligarchy）來描述政治永遠被少數人控制的現實一般，[26]**政治確實常被認為不過是少數菁英在玩的遊戲。**對此深有同感的拉斯威爾甚至表示，[27]**所謂政治研究不過是觀察「何謂影響力以及誰具有影響力」罷了**；至於那些具影響力的人（一般被稱為「大人物」或權力菁英）既構成米爾斯所謂「上層圈子」的重心，[28]也是實際上運作制度的人。此種結果正是個人前面討論制度創造過程時，所提到過的角色分化現象。

進一步來說，這些菁英究竟是如何脫穎而出的呢？

對此，或可透過「主觀—客觀」與「個人—社會」等兩個複合層面來觀察。

在客觀層次方面，擁有機會去運作制度的菁英，首先必須具備包括智識與領導統御能力等突出的個人特質；其中，智識未必指的是所謂學歷之類的教育程度條件，而是理解社會生活各個層面的常識，至於所謂領導才能，除了一般組織與處理問題的能力，是否擁有韋伯所謂的「領袖魅力」（某種無法形容，但足以讓人心悅誠服的英雄氣質）也必須考慮在內。[29]除此之外，如果菁英能夠符合核心文化（dominant culture）或主流意識形態（也就是人們在某一時期中所凝聚的共識）的話，當然更接近人們的期待，並且也更容易被大多數人所接受。

其次，在主觀層次方面也可以發現，就算具備上述智識與領導特質等菁英所應具有的技能與資源，如果沒有擔任相關職務的意願，寧願做個閒雲野鶴，當然也沒機會握有操控制度的能力，再者，套用米爾斯的話來說：「誰也不會真正地強而有力，除非他掌握了重要的機構」。換句話說，不管是軍事、政治、經濟或宗教性機構，由於社會事務總得透過制度來執行並落實，個人獲得權力往往也因為他佔據了重要位置所致，這也是為何有人位高權輕（政治位階高卻沒有實際該負責的工作），有人卻位低權重（例如皇帝身邊近臣）的緣故。

總之，正如莫斯卡所言：[30]「**在所有社會當中（無論極落後與極少見到文明曙光的社會，或最先進且最為強勢的社會），永遠會出現兩個階級**，亦即統治階級與被統治階級；其中，前一個階級總是人數較少，既行使所有政治功能，也壟斷權力並享受因此得到的利益，至於第二個階級雖然人數眾多，卻始終受到前一階級的指揮控制。」這句話道盡了人類自從創造制度迄今的真實面貌。

儘管如此，有兩個現象依舊必須強調：首先，由於現代社會事務愈發複雜而且多元化，官僚組織體積跟著不斷膨脹擴大，一方面使所謂廣義菁英數量愈來愈多，也導致許多人（公務員）雖身在政府，但未必擁有令人矚目的權力；其次，儘管「少數統治」一直是個無可否認的政治現實，未必因為不符民主政治揭櫫的多數統治原則而必然帶來政治不穩定；嚴格來講，**制度能否穩定運作，還是跟統治階級能否取得「正當性」，也就是實際上人民服從統治的心理接受程度有關。**

正當性問題：為什麼是他們這些人？

前面雖試著解釋菁英何以能夠取得地位的原因，在此仍必須說明一件事情：那就是理性上看來，前述客觀原因理應是菁英所以能進入政府的最重要因素才是，**因為誰來統治嚴格來說並不重要，重要的是統治者能否回應並滿足社會的需求**；由此，包括個人特質與符合主流意識（也就是知道大家想些什麼與要些什麼）等都應該較可以完成上述目標才是。但殘酷的現實是，**在「浪花**

26 密歇爾（Robert Michels, 1876-1936），研究菁英行為之德國社會學家，支持義大利法西斯主義。
27 拉斯威爾（Harold Lasswell, 1902-78），美國社會科學家，主張更廣泛進行科際整合。
28 米爾斯（Wright Mills, 1916-62），美國社會學家，關注知識分子的責任並影響了新左翼社會運動。
29 韋伯（Max Weber, 1864-1920），德國政治經濟學者、法學家，與現代社會學奠基者之一。
30 莫斯卡（Gaetano Mosca, 1858-1941），義大利媒體人與政治理論家，為該國菁英主義學說代表。

淘盡英雄」的漫長歷史當中，我們更常看到的卻是一大堆未必符合條件的野心家，鉤心鬥角地佔據了舞台的絕大部分，從而不僅為人類的政治史帶來曖昧黑暗的一面，也讓多數人對所謂政治過程留下負面醜陋的印象。

在真實的歷史中，我們非但發現菁英逐漸和人群脫節開來，他們甚至經常自我建構起一個具有相同心理基礎的「社會階級」（貴族）；除了彼此接納並信任自己創造的互動模式外，甚至經常聯姻通婚，希望透過生理與社會關係來鞏固這個小圈圈。在此，更關鍵的問題出現了：就算菁英有著集體保護自我地位的「理性」，人民怎麼容得下他們胡搞，大家的理性又到哪裡去了？

第一個理由還是來自於人民自己。

可以這麼說，不合格的菁英所以能濫竽充數或佔著茅坑不拉屎，乃是由於一般民眾的三個心理特徵所致：首先是人民或許本來在能力（或至少是意願）上就和這批人存在著差距的事實，結果是絕大多數人在可忍受（通常很大）範圍內，秉持著得過且過的保守心態，於是讓政客們得以利用這種心理弱點繼續玩弄政治；其次從理性上講，儘管人民希望政府滿足自己的需求，所有需求的充分滿足都需要一定時間來逐步完成，尤其民主政體，在政客不斷高聲吶喊「再給我幾年時間」的「合理訴求」下，落實政策的時間差也就一再成為他們擺弄民眾耐心的慣用手法；最後，如果真出現具「領袖魅力」之政治人物的話（其實這種魅力往往來自人為創造，特別是在現代傳播媒體發達後，更使政客習慣在鏡頭前扮演銀幕英雄），他們就更可以順理成章地利用民眾盲目崇拜偶像的心理，將後者操縱於股掌之上。

換言之，**當我們覺得對政治不滿時，首先應反省的其實是自己。**

儘管如此，絕不是說政治菁英們就沒有責任。對某些學者而言，**透過創造意識型態來獲得正當性，乃是菁英們最常用的辦法。**例如馬克思便曾經提到：[31]「在每個時代裡頭，統治階級的觀念往往正是主流觀念，換句話說，控制社會上主要物質力量的階級同時也掌握了主要的知識力量，而能夠隨心所欲主導心智活動的階級，也就掌握了控制心智活動的工具。」進一步來說，所謂意識型態（事實上是種心理催眠過程）經常包含三個要素：首先是對於未來的期望與憧憬，例如天朝意象或「人民萬歲」等；其次是合理化菁英取得政治權力地位的途徑，例如「君權神授」或「萬世一系」等沒有科學根據的說法；最後則是用以解釋菁英為什麼做出這些政策的理由。其中，第二點可說是最重要的一項。

從歷史變遷過程來看，由於人類必須不斷地面臨同類相殘的挑戰（也就是所謂的戰爭），因此，**擁有「作戰技能」應該是菁英首先獲得政治地位的原因，**時至今日都還是如此；無論許多開朝君主（甚或如美國的格蘭特與艾森豪總統等），[32]往往都是在戰爭中累積魅力而獲致地位，但事實是「馬上得天下」未必能「馬上治天下」，因此具備更縝密組織能力的文人很快便取代軍人成為菁英的主要來源。不過，就算人們接受勞心或勞力者來負擔統治任務，下一個挑戰馬上接踵而至：亦即由於某些人私心自用或確實存在某種社會共識的緣故，於是「終身制」或甚至是「世襲

31 馬克思（Karl Marx, 1818-83），猶太裔德國政治經濟學家、哲學家，與革命社會主義行動者。

32 格蘭特（Ulysses Grant, 1822-85）為美國南北戰爭英雄與第十八位總統（1869-77），艾森豪（Dwight Eisenhower, 1890-1969）則是美國第二次世界大戰英雄與第三十四位總統（1853-61）。

制」的現象也跟著出現。

相對於比較理性一點的終身制（希望有能力者繼續在位），作為君權時代心理基礎的世襲制，可說是影響人類最重要的一種意識型態。**在提供某種心理層面之「視覺暫留」效果的前提下，世襲制可說是終身制的擴大與延續**；這種政治制度一方面無視於可能存在其他同樣也有（甚至更有）能力的人，給予單一個人無限機會，同時透過對其能力的信任或在世功績的懷念，導致人們相信與前任領袖最接近者（也就是他的兒子）可能是最佳接班人，世襲制度也跟著出現了。[33]當然，這不過是對世襲制的理性解釋罷了；因為歷史上無能或暴虐君主比比皆是，但貴族專制政體還是延續數千年，甚至到了民主時代，子繼父業或代夫出征的政治家族仍舊俯拾可見（例如美國的甘迺迪或布希家族，或遍布東亞各國的政治世家），甚至歐洲到處都還存在著用公款餵養、完全沒有政治義務卻吸引著鎂光燈焦點的世襲貴族。究其原因，還是得回到人民的容忍性上頭。

無論如何，相對歷史上存在相當長時間的世襲傳統權威，韋伯則提出目前被普遍接受的「合法理性」（legal-rational）型正當來源，也就是在正式憲法約束下，經由直接或間接的人民選擇（投票）途徑，然後使政客們得以在一定期間內（也就是任期內）獲得並且維持他們的政治地位。在此值得注意的是：首先，即便是透過民主程序獲得合法權力地位的政客，所以脫穎而出也經常來自個人魅力或家族政治力量支持的緣故，未必如想像中的那麼理性；其次，如同個人不斷重申，**如何合法理性地選擇領袖根本不是一般人們最關切的問題，相對地，這些被選出來的菁英能否滿足人民需求才是更關鍵的**。證據擺在眼前，就算由民主體制選出來的領袖，不符理性條件的野心家也到處都是。

權力：政治中最具爭議的副產品

接下來，讓我們暫且擱下菁英能否滿足群眾需求的爭議，回過頭來看看他們到底會帶來哪些麻煩；其中最重要的便是永不休止的權力爭奪問題。

首先，什麼叫做權力呢？

從現實面來看，權力是種看不到且摸不著的神秘物質，但就像空氣一樣，奇怪的是大家都知道它的存在。根據《大英百科全書》的解釋，所謂權力是「由於一個人或許多人的行為，致使另一個人或一群人行為發生改變的關係」；[34]但我覺得韋伯的詮釋可能更精闢些，他認為所謂權力乃是一個人或一群人在某些社會行動中，「甚至在不顧其他參與者進行抵抗的情況下，實現自己意志的可能性」。進一步來說，亦即以滿足一己私慾為前提，讓其他人做自己希望他們做的事情，然後防止所有人做自己不喜歡事情的一種能力。這樣講應該夠清楚了；或許，這也是種常識吧。

由此可以發現，權力有著兩個重要特徵：「強制」與「壟斷」。前者指的是強迫別人做事的能力，後者則是希望只有自己擁有這種能力。儘管這種情況在社會上（未必僅在政治層面出現，在家庭或公司單位中也有）可說俯拾皆是，人們為何就是會這麼想？難道就不能講講道理和平共

33 例如根據迄今古史記載，夏朝初年，人民不選擇大臣益而選擇禹的兒子啟繼位，理由或正因如此。

34 大英百科全書（Encyclop dia Britannica）於一七六八年發行初版，為迄今最古老且持續更新之英語百科。

處，非得你爭我奪才能解決問題？

追溯出現權力現象的第一個原因，必須回到前面的一個推斷，也就是資源稀少性的問題。換言之，正因為資源稀少，衝突在所難免；為了爭取對稀少資源的絕對控制，以獲得生存保障，權力關係也就跟著出現了。

從這個角度看來，最初的權力關係乃是由兩段行為組成：首先是透過諸如戰爭等手段實施強迫的過程，其次則是多數人（被迫）默認領袖具壟斷性地位的心理過程，總之其目的是取得對分配資源的優先或獨佔性發言權。必須指出，權力關係除了來自受到資源制約的客觀環境所致，也可能來自某些生物性本能。例如我們可以發現，只要是具群居傾向的動物，其內部大多數都存在一種「統制服從關係」，而且每個群體都有自己的固定地盤；由此則爭奪首領地位（通常在雄性動物間）與搶奪地盤，便成為經常可以看到的自然現象。

人類不僅似乎也是如此，在羅素看來，[35]**動物的爭奪權力不過只是為了生存與繁衍罷了，人類卻有著無窮盡的願望**。或許正因如此，相較多數動物之目的只在保衛既有地盤，人類卻希望不斷且幾乎無限地擴張領土範圍；其結果如同許多人所發現者，**威脅人類生存的最主要原因，往往並非來自掠食性動物侵犯或自然資源稀少的特性，而是人類之間幾近乎恐怖的同類相殘**，尤其是屠殺甚或滅絕等現象。當然，在政治上的權力關係未必總是這麼可怕，特別是在當代比較民主一些的國家當中，因為政治鬥爭失敗以致被抄家滅族的可能性不高，但這並不是說政客們就不繼續鬥爭了，相反地，只是形式不同而已。

大體來說，我們可透過實際使用的狀況，將政客們擁有的權力分成「強制性權力」與「象徵性權力」兩種；前者是利用物理制裁或暴力威脅，讓受影響者為避免痛苦而乾脆選擇服從，形式包括刑罰、禁錮、流放、死亡威脅或其他類似手段，目的是建立沒有人敢反抗的一種穩定狀態，使統治者得以長期為所欲為。至於後者則是透過建立某種社會規範（例如父權社會與家長政治）與意識型態（例如「天無二日，民無二主」等君權概念），例如階級觀念，讓人們養成自願服從的習慣，甚至「真心」認為政客們確實因其貢獻而「高人一等」，從而讓權力關係變得更加鞏固。

深入來看，對政客們來說，象徵性權力其實遠比強制性權力來得重要，理由是：位居權力金字塔上層的政治菁英永遠只佔人群一小部分，在未必能（事實不能）滿足社會需求的情況下，長期用強制手段壓制人民，終將不斷累積階級衝突能量，最後難逃遭到反噬的命運；因此，如果能透過意識型態來產生催眠效果，則可兵不血刃便收到服從的效果，何樂而不為呢？值得注意的是，政客們不僅習於透過複雜的意識型態來進行說服與控制，更常運用的乃是威望性儀式或排場手段，例如皇家進出宮廷時出警入蹕，富麗堂皇的鹵簿儀仗，如今連民主國家總統出門也必然有警車開道與保鑣貼身隨侍，美其名雖都是為了「保護元首安全」，實際上哪真有那麼多人想刺殺他們？真正原因還是為了塑造高人一等的權力形象，以便無須強制便可得到心悅誠服的效果。

35 羅素（Bertrand Russell, 1872-1970），英國數學家與邏輯學家，一九五〇年獲諾貝爾文學獎。

真命天子抑或公僕：民主觀念下的階級倒錯

麻煩的問題又來了。如果認定資源稀少往往引發權力爭奪，且政客們比起一般人民更具有爭奪權力的意願與能量，再加上他們一旦獲致地位必將無所不用其極捍衛手中的權力，人民豈非永世不得翻身？還好答案並沒有這麼簡單。在此，我們可以透過回溯人類之漫長歷史發展來得到一點信心。**概括說來，人類政治制度的發展歷程大約經過了四個階段：力權、神權、君權與民權**。

在最初始的階段當中，正如前面提及，由於人類必須不斷應付來自自然界乃至同類的生存挑戰，擁有蠻力、膽識與戰鬥技能者自然脫穎而出，成為部落首腦，由於主要靠肌肉獲取地位，因此可稱力權。其後，隨著人類思考能力與文明程度不斷演進，社會複雜化與人類對大自然未知的恐懼逐漸形成某種宗教性想法，致使人們一方面相信有種更高階但不可見的力量存在，同時認定與這種力量接觸的可能性將是生存的關鍵之一，由此，人們不僅給予那些自稱並被相信擁有與這股力量接觸特質者（一般稱為祭司）崇高的政治與社會地位，為宗教目的完成在聚落中最宏偉壯麗的建築物，同時傾向將社會生活許多重要層面（例如何時播種、如何進行懲罰與是否出征作戰等）交給宗教儀式來解決；由於等同將決策權交給上天，因此稱之神權。

神權階段相當漫長，即使迄今多數人未必否認某種超自然力量之存在，畢竟這股力量有著兩大缺陷：首先是被認證能夠接觸它們的超能者實在太少了，且往往因若干神棍招搖撞騙以致損害其可信度，更甚者，即便有人接觸到這股力量並發出「神諭」，結果也不保證盡如人意。因此，隨著文明程度提升與「靠神還不如靠人類自己」的理性暗示下，自然人逐步取代無形力量成為統治主體，君權時代因此降臨。值得注意的是，剛進入君權時期的人們不僅還算理性，其實也蠻有些民主味道；例如他們在選擇統治者時強調「推舉」程序（特別在游牧部落中一直如此）與真正有貢獻於社會的能力、沒有世襲制度（例如中國上古傳說中的禪讓政治），甚至還有一定程度的任期制設計（例如希臘與羅馬的執政官）。

儘管如此，在**確立「人治」原則後，權力遊戲也就開始了**。首先出現的是帶來永遠在位可能性的終身制，然後是「朕為始皇帝，後世以計數，二世、三世至於萬世，傳之無窮」的世襲制。當然，透過集體催眠使大家相信沒有更好人才，以致取得不斷執政正當性的終身制，以及透過基因篩檢建立「一家一姓天下」的世襲制，都未必能滿足政客們的無窮權力慾望，因為其論述不過主要在於說服大眾，以為只有他們能夠滿足社會需求，一旦需求未能被真正滿足（也就是騙術被戳穿了），其權力基礎也將受到威脅。為了讓權力更穩固（即使騙術被戳穿也能繼續混下去），政客們於是進一步發明所謂「君權神授」學說，強調他們所以能錦衣玉食受人供養，並非由於具備什麼能力或人民覺得非他們不可的緣故（因為事實本非如此），而是他們擁有「天命」（總之是老天爺決定他們上台）之故，例如聖旨往往以「奉天承運，皇帝詔曰」開頭，便是這個道理。

無論如何，由於君權的理論與現實發展，實在遠遠背離人類所以選擇群居並創造制度的理性，因此反動（農民起義或革命）偶爾出現也就可以想見。不過，君權的漫長歷史也讓我們瞭解到意識型態力量的強大，因為如此明顯不理性的政治制度，居然佔據了人類歷史很長一段時間，一直等到歐洲浮現早期資本體系，使大眾逐漸獲得知識與經濟等足以抗衡君權的力量後，至少人民在思想層次上才又重回政治中心位置，民權時代亦於焉到來。

必須說明，首先，前述四個發展階段乃是一種概括式說法，**世界各地人類發展的速度其實都不一樣，例如當前全球便同時存在著民主、半民主、君權、君主立憲，甚至少數的神權例證**；其次，此處更須重視的是制度所以演進的原因。正如本書一再重申，非但社會是基於人類經驗需求出現的產物，政治制度更是如此，能否長治久安最終繫於它能否有效回應社會需求。因此，隨著人類需求增加（因為社會文明不斷進步）與智識能力提昇（擁有判斷制度能否回應需求之理性），制度當然得跟著日新月異。例如，當人類發現（自覺意識提昇）無形力量不那麼可靠，需求又無法解決時（尤其人群競爭愈來愈激烈），自然捨神權而就君權；同樣地，當人們無法繼續忍受貴族的集體自私，又培養出敢於挑戰現狀的勇氣後，絕對王權的想法也就成為過往雲煙。從這個角度看來，儘管人類在社會發展過程中確實需要制度與領袖的導引來完成自己的希望與目標，富有衝勁同時更處心積慮的政客，往往也得以透過這種集體需求來滿足權力慾望，甚至宰制人民不以為意，事實是他們永遠只是人群的一小部分而已。

換言之，民眾在人數上的絕對優勢，與政客有賴於人民協助完成其權力目標（在無人孤島上戴著皇帝帽子根本不好玩）的現實，既使民眾擁有反制機會，更重要的是，在民智大開而多數人也愈能理性思考的今日，希望大家應該已經發現兩個現實：第一，如果沒有多數人民支持，政客們根本無所依恃；第二，世上能人多得很，根本沒有人是不能取代的，所謂「真命天子」既不存在，**政客亦不過是透過公開應徵（參加競選）後拿到錄取通知的公僕罷了**。進一步來說，根據一般社會常識，所謂「僕」乃是以服務為工作宗旨的一群人，即便我們未必一定得將他們視為底下人，但尊重可以，尊敬甚至於盲目的崇拜追捧，豈不是有點荒謬無稽嗎？

國家：處於現實與迷思之間

在人類基於生活需求而創造出社會，並開始了政治生活後，這種集體型態便隨著我們生活內容的愈來愈複雜，以及人群規模的不斷擴大，而有著不同的變化趨勢。以今天來看，我們便都生活在某個「國家」裡頭。不過，到底什麼叫做國家？國家這種單位是怎麼樣出現的？人民與國家之間的關係究竟應該如何來定位？……很顯然的，目前還存在一大堆的問號。

請注意以下幾個名詞：社會契約、政府、人民、主權、中央集權、地方分權

被迫的緘默：政治順從力的來源

說到這裡，相信大家已經瞭解人類何以「理性」選擇群居生活的原因，特別在進入定居生活後，為了應付社會上愈來愈明顯的分工必要性，組織制度接踵出現也是理所當然的安排。

至此，我們的基本假設仍是：人類乃是在理性考慮之後，才自願地組成社會的。由此看來，第一，人類若真以自願為基礎來思考是不是要成為社會一份子，當然可能在想法改變後（假使其要求無法獲得滿足）又自願退出，就像我們參加或退出某個社團組織一樣；第二，既然滿足需求乃人們集體組成社會的起點，不能有效提供福利的領導者應該隨時可能被換掉。但現實（讓人大傷腦筋的）是，人類在加入社會後不但往往被迫順從主要透過法律規範形式表現之強制性權力，且未必完全擁有自由進出社會的機會，甚至正如前述，政治菁英們也會不斷設法壟斷、擴張並捍衛其權力穩定性，包括取得終身與世襲執政的「合法性」在內。非常明顯，在人類自願組成社會，到現代國家制度成形以致人們無法自由進出社會之前，一定還有些被忽略的事情存在。

社會契約論者主張，個人的同意與接受乃是國家組成的前提。例如洛克認為，政治權力必須由同意產生，即便同意是以默認方式來表達的，每個成員仍僅能由自己表示同意；黑格爾也主張，[36]國家乃是以相互憐惜為基礎之「普遍利他主義」的產物。但這種契約論式的國家起源說法畢竟有兩大缺陷：首先是根本找不到所謂契約，其次是歷史證據昭昭在目，在漫長達數千年的君權時代

36 黑格爾（G.W.F. Hegel, 1770-1831），日耳曼哲學家與觀念論哲學體系代表之一。

中，保護人民的生命與財產安全看起來一直都不像是政府的主要施政目標。

相對地，奧本海默則從更現實的角度假設並主張，[37]**由於人類都有生存慾望，因此必須取得生存所需的資源，不過人類取得生存資源有兩種辦法可使用，亦即勞動與劫掠，前者乃經濟手段，後者則屬於政治手段，至於國家可說是政治手段下的產物。**事實上，主張國家乃武力產物的說法由來已久，例如十四世紀的阿拉伯學者赫勒敦也認為國家乃透過征服手段建立的。[38]從歷史上看來，正如奧本海默強調的，**處於游牧階段或以游牧生活為主的人類，乃是奴隸制度的發明者；**他們透過這種制度，不但創造出人類對人類的經濟搜括（讓部分人可不用勞動便坐享其成）與政治控制（將搜括者與被搜括者的關係固定下來，以便搜括可源源不絕）手段，更重要的是，他們還將這種制度延伸到農民身上。農民雖說是定居社會的主角，因其生存有賴於在土地上進行定期耕作，離開土地就幾乎活不了，因此在面對征服劫掠者威脅時，經常被迫屈服同意按時繳納賦稅以換取安全（如同繳保護費給黑道）。

正是在這種情況下，「國家」誕生了。

當然，所謂國家其實存在過很多不同的樣子，包括古希臘時期的「城邦」，中國周代的「封建制度」，歐洲中古的「城堡莊園」，波斯或羅馬等「帝國」，或是現在的「主權國家」等，如果仔細觀察，應可發現在它們之間確實有些不同，但若想找出一些共同特點，則強迫人民加入特定社會（例如登錄戶口造冊）並接受內部既定規範（在沒有更好辦法前，甚至得接受「惡法亦法」原則）堪稱屢見不鮮的共通現象。換言之，**人類最初雖或許是理性且自願加入社會的，但社會的擴大與建構卻未必以同意為基礎。**

政府與人民：統治者進行動員的來源與限制

撇開早期的例子不管，因為跟當下關係並不大，至於所謂「**主權國家**」既是目前運作當中的一種流行制度，也是近四百年來，由歐洲發展衍生出來的產物。大體來說，它具有以下四個特徵：政府、人民、土地與主權。

有人或許會說，這些哪算是特徵，不是本來就有的嗎？當然，以政府來說，它確實本來就是社會生活的必然產物；重點是，**現代政府與過去在「性質」與「運作範圍」上已經有了很大不同**，這樣的差異乃是由於歐洲歷史發展造成的。根據推斷，最初的國家不僅在建立過程中存在著暴力因素，主要目標也在滿足那些壟斷暴力者的利益需索，只要人民乖乖地不反抗統治，最重要的是按時繳稅，結果就像《擊壤歌》所唱的：「日出而作，日落而息，帝力與我何有哉？」除了少數無法克制私慾以致橫徵暴斂的暴虐君主或貪官污吏外，雙方未必不能達成某種利益平衡，畢竟統治者確實也提供了秩序此一公共財。

必須指出，**由於缺乏現代統計技術與電腦設備，特別是對規模稍大的國家來說，想確切知道自己到底有擁有多少人民，根本是件不可能的任務**；政府往往只能誤差值很大地粗估人口數字，然後將自己認為應該（或想）獲取的稅賦，一層層包給地方官員（或承包收稅工作者）來執行收

37 奧本海默（Franz Oppenheimer, 1864-1943），猶太裔德國社會學與政治經濟學家，著有《國家論》。

38 赫勒敦（Ibn Khaldun, 1332-1406），阿拉伯穆斯林歷史學家與社會學者，被稱為人口統計之父。

取的任務，當然，中間便留下很大的貪贓枉法空間。儘管如此，一方面現代科技同時限制了浮濫勒索的可能，加上壟斷暴力的統治者也接受不能竭澤而漁的理性思考，於此同時，人民對政府的需求亦消極且有限，致使「政府—人民」關係雖然老早就存在，兩者彼此互動原來並不那麼密切。

無論如何，十七世紀的歐洲歷史慢慢打破了這種平衡狀態。

在隨蒙古人而來的火藥摧毀了城堡這個中古歐洲最仰賴的安全憑藉後，加上宗教改革提供思想與精神層次的激發力，[39]於是讓各領地陷入長期混戰的兼併戰爭當中。正如日耳曼軍事俗諺：「作戰需要三件東西：第一是錢！第二是錢！第三還是錢！」換句話說，戰爭資金的籌措能力乃決勝重要關鍵。由此衍生的影響是：政府首先必須搞清楚自己到底擁有多少人民，由於他們既是稅收（戰費）的來源，也是戰鬥人員（軍隊）的主要組成份子，因此戶口制度的完善相當重要（例如在秦國的商鞅變法中，最主要政策亦在建立什伍組織與更進步的租稅制度）；[40]其次，為了要與其他單位長期對抗，強化政治凝聚力（鞏固王權並由此發明君權神授學說）與建立更有效率的行政制度（分工更細緻且開始建立職業官僚組織）也成為很自然的反射動作。

更重要的是，正如前一章提過，不理性世襲統治者所以能存在的原因之一，乃是由於人民保守不敢反抗的心態所致；可以這麼說，**當政府需求有限，人民所以不反抗或因反抗成本（或許就是死亡）經常超過不反抗成本（繳稅）的緣故**，但在國家捲入長期戰爭，以致被迫可能無限制地要求金錢與人力協助後，人民還會不會繼續乖乖地出錢出力就大有疑問了。

對此，歐洲的統治者往往藉由三個辦法來設法解決：首先是利用教育知識尚未普及的機會，進行「**君權神授**」的愚民催眠政策（當然，這招隨著教育文化程度提高將漸漸失去效果）；其次是創造國家興亡，匹夫有責的「**民族主義**」式集體危機意識感，讓人民覺得戰爭挫敗並不只是王室威望受損而已，所有人的生命與財產也會同時遭到毀滅性打擊（對此將在下一章中詳細說明）；第三則是引進初步有限之「**民主概念**」來安撫或交換民心，例如各國紛紛建立所謂「議會」制度，即使其成員根本不包括一般平民（最初由各級貴族組成），亦並未建立同意機制，此舉仍部分反映了社會組成的理性面，也就是統治者總不能完全不理會由下而上的心理感受；更甚者，雖然純屬意外，由此亦奠下了未來民主政治發展的最初基礎。

劃地自限：確定群體的範圍

現代主權國家除了擁有分工更細緻且規模更大的政府，以及更加緊密的「政府—人民」關係，跟傳統相較，另一個不同點彰顯在領土方面。

領土（排他性地盤）觀念本即某種生物本能，在自然界十分常見。對人類來說，特別是進入定居性社會型態後，除了少數人（遊牧民族、貿易商或旅行家），由於絕大多數人都傾向在一定的範圍當中活動，為確定活動範圍不與其他群體重疊，以致引發不必要的紛爭與麻煩，大家也會透過各種方式彼此確認自身領土。

39 宗教改革一般指由馬丁路德（Martin Luther, 1483-1546）自一五一七年掀起的一波思想與制度變革。

40 商鞅變法乃是在秦孝公支持下，自西元前三五六年起由商鞅在秦國推動的一系列政治改革。

值得注意的是，如果各位打開地圖（政治地圖而非自然地圖）來看，一定會發現當前地球表面所有陸地都已經被切割分配殆盡，除了少數島嶼國家，國家四面八方都可能面對鄰國，根本不存在「無主地」，但在很長一段歷史時間裡，人類群體之間的領土鄰接性其實從未這麼密切；即使是兩個相鄰國家（例如宋朝和北邊的遼國或金國），雙方政治邊界既不重疊在一條清清楚楚的法定疆界線上，人民來往也不一定得像現在一樣需要申請簽證或通過海關查驗等繁複行政程序。

所以產生今日變化的理由，同樣跟近代歐洲歷史與制度發展有關。首先，由於國家互動愈來愈密切（貿易與特別是頻繁戰爭），為妥善管理或避免不必要擦槍走火，明白規範國家之間的區隔界線（亦即統治力延伸邊緣）以免爆發衝突後無法釐清責任與管轄權歸屬，乃成為當務之急。其次，戰爭的經濟與軍事壓力不僅使國家必須確定轄下到底擁有多少人民，更使人口多寡與國家的經濟與軍事能力直接成正比，據此，**確認領土範圍不啻是確定人口數的重要前提**。接著，確認領土範圍非但有助政府具體計算控制下的人民數量，並藉此劃清與鄰國的管轄範疇，更重要的，正所謂「有土斯有財」，**經過數量化（計算面積）後的領土範圍更成為國家誇耀威望與財富的重要象徵**。

尤其源自前述第三個理由，我們也看到了當前國家認定領土範圍時一個極其荒謬的現象。從理性論點來說，被人類需要的土地是因為它可以提供生活環境，以及滋養生息所需之若干資源，今日所見卻遠非如此，例如許多根本不適合人類生存居住，堪稱「雞不生蛋，鳥不拉屎」的高山峻嶺、草原荒漠、雨林溼地、無人礁島等，不僅都被人們「食之無味，棄之可惜」地據為己有，甚至因此引爆一連串口水戰或流血戰爭。[41]究竟是為了什麼？為什麼人類在理性劃分疆界（用以解決紛爭或累積財富）之後，還繼續發瘋似地爭搶那些看起來似乎一點用處都沒有的土地（雖然少部分或有觀光價值），這對國家的意義是什麼呢？

對於這些問題的解答，正是下一章要討論的；不過，這兒不妨先簡單說明一些相關概念。如同周知，自十七與十八世紀啟蒙時代以來，[42]歐洲的自然科學研究便有著極明顯進步，其中最震撼人類心靈者，一般認為是生物學領域。特別是達爾文在十九世紀初提出所謂「演化論」後，[43]不僅得到赫胥黎大力支持，相關概念諸如「生存競爭」與「適應環境」等說法也廣為流傳；無論如何，其更為重大的影響是，由於當時歐洲國家競爭愈來愈激烈，於是有人開始將上述自然界的適應與淘汰原則用到人群身上，從而形成所謂「**社會達爾文主義**」；[44]他們認為，國家或民族也是某種有機體，不僅會如自然物種般興衰起落，國家之間也會出現生存競爭現象，一旦某個國家被證明缺乏適應能力，勢將面對國破人亡的悲慘下場。為強化競爭力以免遭到淘汰，國家必須像個人鍛鍊

41 例如，英國與阿根廷在一九八二年爆發的福克蘭戰爭，以及近期激化之南中國海主權爭議等

42 啟蒙時代（Enlightenment）也稱理性時代（Age of Reason），乃是一波哲學與文化運動，其焦點是相信透過理性發展知識將有助於人類解決各種社會實存挑戰。

43 達爾文（Charles Darwin, 1809-82），英國博物學與生物學家，一八五九年出版的《物種起源》奠下日後演化論的基礎。赫胥黎（Thomas Huxley, 1825-95）則是英國生物學家，也是達爾文理論的忠實追隨者與捍衛者，所著《天演論》經嚴復翻譯後，對十九與二十世紀之交中國影響甚大。

44 社會達爾文主義（Social Darwinism）由英國哲學家史賓塞（Herbert Spencer, 1820-1903）最早提出相關概念，至於名詞則由美國歷史學家霍夫施塔特（Richard Hofstadter, 1916-70）首倡。

體魄一般去強化其有形存在，例如提高總體財富、人口數量或政府與軍隊效率等，當然，土地多寡更具象徵意義；相較歐洲中古時期經常因王室聯姻或貴族分封，以致領地範圍不斷變動，人民對領主更迭也習以為常，如今則即使是一丁點土地遭佔領都會被解讀成國家生存蒙受威脅。正因為這種不科學又不理性的解讀，以歐洲為主的強國不但帶頭到處劫掠一大堆不必要的土地，甚至引爆一連串糾紛與衝突，包括二十世紀前半葉的兩次大戰在內。

主權：只有被承認才能存在的怪事

經過前面的討論，或可簡單作一結論：亦即在歷經漫長歷史發展後，由於生活內涵與社會需求轉變，人類在進入定居性社會生活階段後創造出來的一些制度概念（例如政府、土地與人民）也跟著此一趨勢，持續作出定義上的修正與調整。

例如政府角色從提供簡單管理與安全公共財功能，變成廣泛介入人民日常生活（甚至重組其生活），土地概念從基本上以「點—線」關係大致區隔不同群體生活範圍，變成清楚以法律劃定界線甚至進行飢渴式掠奪，人民的定義也從只擔任消極服從（繳稅並且不反抗）角色，變成與國家緊密結合為一體等，這些都凸顯出若干政治概念的變與不變之處。無論如何，現代國家與過去所存在過的政治單位比較起來，最大的差異點還是在於「主權」的發明。

根據十六世紀布丹的主張，[45]**所謂主權指的是在一個國家內的最高權力**，除了十誡與自然法之外，此種權力基本上不受任何限制。不過，更關鍵性的轉捩點，或許還是得推一六四八年為結束三十年戰爭，談判達六年之久所簽訂的《西發里亞條約》；根據崔伊爾的看法：「和會中所通過的每一項法案，幾乎都強調主權國家的重要性，例如它承認每一個日耳曼公國都有權自己決定與誰結盟以及向誰宣戰，這項規定等於實際上承認（神聖羅馬）帝國已瓦解成三百多個各自獨立的主權國家。」進一步來說，卡立也指出，[47]**所謂「主權」就實質意義而言，乃是對任何更高權威的否定**（主要指基督教會與神聖羅馬帝國皇帝）；換言之，歐洲君主自此不對任何人效忠，而他們的行為與決定也不對任何人負責，否則他們就不是個名實相符的君主了。

值得注意的是，當時（特別是中歐）君主國家所以強調主權，乃是由於其領主一方面得應付連年不斷的兼併戰爭，但辛苦徵來的稅收卻又被兩個理論上更高權威（教會與帝國）分享，以致心生不滿的緣故。正因如此，所謂主權的最關鍵概念應該是「不干涉內政」原則，也就是讓所有國家都能夠自由處置自身領土內的人民與財富；不過，既然有前述外部干涉例證可循，對於這種好不容易透過共識爭到的權力，**歐洲君主自然希望它不僅可以成為國際永久慣例（亦即國際公認之法律規範），更希望所有目前存在與未來可能出現的國家都能接受此一原則，為保證兌現前述期盼，藉由相互「承認」（彼此認證建立繫絆）取得主權便成為一種新的國際習慣**。講得更清楚些，只有在接受其他國家都具有主權獨立地位的前提下，一個國家才能夠相對獲得其他國家的承認。

45 布丹（Jean Bodin, 1530-96），法國政治學者，為絕對君主制理論代表之一，著有《共和六論》。
46 崔伊爾（Joseph R. Strayer, 1904-87），專研中世紀史之美國歷史學家。
47 卡立（Rene Albrecht-Carrie, 1904-78），美國近代外交史學家，著有《維也納會議以來歐洲外交史》。

當然，例如一九三三年《蒙特維多國家權利義務公約》便規定：[48]「**一個國家的政治存在不受其他國家承認的影響**」，換句話說，國家的存在乃是個客觀事實，所謂承認不過是確認既存的事實而已；但是，不僅有更多學者主張，新成立的國家「**只有在獲得承認之後才具有真正的國際人格**」，事實是，非但在沒有相互承認的國家之間很難存在密切聯繫，一個承認不足的國家（與其建立邦交的國家不多），其國際活動空間往往受到諸多限制。儘管國際法並未積極規定，只有獲得多數國家承認才能夠獲得國際法人地位，實則國家對外活動還是受到此種慣例的消極拘束。

由此，主權的「國際性質」乃開始高於其「國內性質」了。

進一步來說，比起國家進行飢渴式不理性土地掠奪，主權觀念不啻是個更家奇怪且更無法理解的想法。因為國家的存在本即具有主觀（控制一定範圍的土地）與客觀（人民大體接受或無法反抗政府的統治）等兩個面向，從過去歷史看來，只要擁有這兩個條件，國家便無庸置疑地存在了，但主權觀念顯然提供了第三要件。即便此一概念乃當前世界無可否認之共識，依舊值得挑戰：舉個簡單的擬人對比，如果一個人能自主呼吸且心臟還繼續跳動，是否可以因為大家都不承認他「是個人」，就認定他「不是人」或認為他「沒有資格到戶外活動」呢？答案應該很清楚吧。

集權與分權：現代國家構成背後的思考

關於國家，最後要討論的是「中央集權」與「地方分權」的問題。

所以要討論這個問題，主要是由於多數國家在行政層級上都會區分出「中央」與「地方」政府的緣故。一般而言，中央政府組織大多集中在國家首都，除負責統籌決定全國性事務並代表國家與其他國家進行外交磋商，通常也必須根據區域發展差異性來協調各地方之間的關係。從權力劃分角度來看，有時國家會將大多數決策能力集中到中央政府身上，這也就是所謂的「中央集權」；相對地，如果地方根據法律而負擔更多權責或義務，便傾向所謂「地方分權」制度。

一般認為，國家若採取中央集權制度，或許因為以下兩個理由所致：首先是為了強調「全國的統一性」，亦即透過強勢的中央確保政府貫徹整個國家的集體利益，不致因為地方爭權奪利造成分崩離析的結果，同時若由中央來統一制定並執行法律，也有利於人民在國內自由遷徙；其次則是為了保障「國內的平等性」，由於地理或社會因素的現實限制，任何國家內部各個部分不可能獲得同等發展條件，因此若放任地方分權，將使那些因缺乏資源而居於弱勢的地方，更因得不到照顧而無法有效發展。相反地，採取地方分權則可能基於另外兩個理由：首先是「更多回應地方要求」，由於地方政府在地緣關係更貼近人民，理論上也更理解人民的真實需求，其次則是由於重視「政治發展的正當性」，特別是從主流的民主觀點來看，地方分權不但可以透過權力下放來制衡中央，由地方單位直接負責回應民意需求，比起天高皇帝遠的中央政府，無論如何都比較有說服力。

當然，所謂「中央集權」或「地方分權」實在很難說到底誰好誰壞，前述說法只能指出某些問題，例如中央集權可能導致忽略地方需求，至於側重地方分權則可能惡化區域發展差異等等。

48 該條約全稱為Montevideo Convention on the Rights and Duties of States，簡稱《蒙特維多公約》；該條約最重要的影響乃是定義了人民、土地、政府、主權等現代國家基本特徵。

但真正的疑惑在於，一個非常明顯的事實是：幾乎多數國家內部都面對著區域發展差異的挑戰，問題是，為什麼條件（包括語言、風俗習慣或社會需求）差異這麼大的不同區域，卻處於同一個屋簷下？且讓我們再複習一次人類組成社會的理性假設，亦即：一群人由於有「共同生活需求」，因此才決定組成社會。從這個角度思考下去，即便每個人都有不同個性與家庭生活背景，需求必然不可能百分之百一樣，但願意共組社會的事實還是代表著他們能找到共同點或願意妥協。不過，例如像擁有三百多個種族與五百多種語言的印度尼西亞，所以動盪不斷的原因便在於其國內的異質性實在太高了，但差異性如此高的一群人何以會在一起？

無論來自莫名的侵略擴張野心，或者統治者慣於將領土大小當作計算國家力量的重要標準，都使得當前人類社會的規模，遠高於處理共同生活之理性選擇範圍。除少數例外情況（例如夏威夷透過公民投票成為美國的一州），[49]大多數都是依循「武力說」的國家建立途徑而被聚攏在一起，由此也導致大部分國家都存在所謂「少數族群」生存發展被忽視的爭議；說實話，不管中央集權或地方分權都解決不了這個問題。至於另一個同樣必須被承認的現實是：無論少數族群發展受到何種程度的忽視，國家的多族群特性依舊被保持下來，原因有三：首先是這些少數族群可能缺乏反抗的意志與能力，其次是中央政府或許真的提供了超過反抗成本之一定的福利與公共財，最後，則可能是由於操控集體民族主義帶來的結果所致。關於最後一點，將在下一章更詳細說明。

49 夏威夷其實並非一個好例子；首先是由一群白人在一八九三年推翻原住民的夏威夷王國後，先建立一個共和國並同時尋求加入美國聯邦，其後在一九〇〇年被收為「領地」後，一九五九年才通過公投。

民族：共同體的想像與神話

十九世紀的白芝浩曾說過如下一段話：[50]「如果你沒有問起民族的定義是什麼，我們會以為自己早就知道答案；但實際上我們的確很難解釋清楚，到底民族是什麼，也很難給它一個簡單定義」；相對於同樣出自他口中的另一句話，「十九世紀乃是民族主義的時代」，這意味著大家雖陷入民族主義狂熱之中，卻未必清楚理解自己追求的是甚麼。由此，各位應當可以瞭解到，所謂民族主義是多麼的重要，又多麼地令人感到困惑了吧。

請注意以下幾個名詞：族群、民族主義、殖民、自決、帝國主義

想像的共同體：民族概念的起源

所謂「民族」或「族群」問題，早已取代傳統的國際衝突，成為當前世界上最受矚目的關鍵焦點之一，因為它不僅涉及社會正義或資源分配（少數族群經常受到忽略甚至歧視），甚至常常因為引發內戰或國際戰爭，成為吸引人們目光的新聞頭條焦點。正如霍布斯邦指出的：「將人類劃分成不同的民族集團，乃是所謂民族建立的必然過程，然而弔詭的是，**至今尚無一致通論或標準規範可用以判斷或區分何謂民族**。」類似疑問也出現在賽頓華生口中，[51]他認為自己被迫得到一個結論，也就是**根本沒有人能夠為所謂民族下個「科學性定義」**。

正因這樣，嚴謹如安德森者乾脆以「想像的共同體」（imagined communities）來為這個朦朧不清的局面下個註腳；[52]在他看來，所謂「民族」只是某些人為了特定目的（特別是政治目的）而進行想像、塑造與動員的結果，因為即使是全世界最小民族的成員也不可能認識其大多數同胞。總而言之，儘管所謂民族或民族主義概念，迄今仍被許多人用來當作為凝聚群體向心力或進行政治鬥爭的工具，致使其存在以及擁有之影響力實在無法被忽視，這個名詞的模糊與不科學性幾乎已經成為學術界共識。

50 白芝浩（Walter Bagehot, 1826-77），英國媒體人與社會學家，也是社會達爾文主義支持者。
51 賽頓華生（Hugh Seton-Watson, 1916-84），英國歷史學與政治學家，專研俄羅斯史。
52 安德森（Benedict Anderson, 1936-2015），美國政治學家，專長為民族主義與國際關係。

我同意蓋爾納的看法，[53]他認為所謂民族主義不過是一種關於政權正當性的理論（提供執政正當性來源），理論的基本主張是「種族界限不得超越政體疆界」（也就是國家領土範圍），這一方面不啻是透過工具性角度來觀察民族主義的結果，也延續了十七世紀霍布斯對人類「自我保存」本能的討論，以及十八世紀盧梭對於社會契約與國家形成的看法；換句話說，正如同經常出現在自然界其他物種身上的現象一般，**由於嚴重缺乏獨立自衛能力，在一定數量的人類之間結合成團體來增加安全保障，當然是一個可以想像的合理選項。**

雖說從理論研究角度，多數學者不認為民族是種嚴謹而具有說服力的說法，事實是至少目前世界上似乎多數人還是存有著一定程度的民族觀念，何況還有一大堆政客從中推波助瀾。那麼，這些人心目中的「民族」到底是怎麼組成的呢？

個人覺得孫中山的歸納還不錯，在此可作一個參考。[54]他認為所謂民族的組成來自客觀與主觀等兩個層面的力量。在客觀（自然力）方面，首先是「**血統**」，也就是大家身上都流著同一種基因的血液（這雖是目前看來最能讓人信服的一種論點，但從人類持續遷徙與不斷混血的長遠歷史看來，純淨血統根本不可能存在），第二是「**生活**」，也就是大家都過著同樣的生活型態（這個說法幾乎沒有說服力，即便都過著以游牧或農耕為主的生活，族群差異依舊甚大，再者也忽略了人群間彼此學習模仿的本能，例如近代遍及全球的西化運動），第三是「**語言**」，也就是大家都使用同一種表意溝通系統（看起來有點道理，但若考慮存在於同一個種族裡的不同方言，抑或許多前殖民地被迫採用他國語言而幾乎忘了自己的母語，情況就不一樣了），第四是「**宗教**」，也就是大家的信仰是一致的（且不論所有現代宗教都有普世主義的特質，這點光是在多神論國家就行不通了），最後是「**風俗習慣**」，也就是大家都秉持著類似的歷史傳統（單單就漢人就說服不了，豈不見中國各省差異明顯，即便是從台灣頭到台灣尾的婚喪禮俗也各有著大同小異的特點）。

從上面括號中的反面論點可以發現，當下流行的一些民族主義看法都不太經得起考驗；因此，孫中山也只能拿出主觀的民族要素，此即「**民族意識**」，也就是大家是否同屬一個民族，反正你認為是的話就是了。如同當下所謂「美國人」概念，無論原先來自世界何地，只要宣誓認同美國制度與社會規範，就可以當個美國人。嚴格來說，過去所謂「夷狄入華夏則華夏之」，也有著若相仿彿的開放性概念。

總而言之，**民族這個社會群體概念的出現，乃根源自人類在優勝劣敗殘酷環境當中的「自保」本能**。由於無法完全克服生存挑戰（主要威脅來源首先是自然界中的掠食動物，接著是人類自己的同類相殘），維繫群體內部的凝聚力當然有其必要；對此，**人類首先發展出「區隔」與「封閉」概念，藉此以形成所謂我群（we group）意識，這也正是族群結構的發展源頭**。

團結：民族主義的對內用途

若說民族不過只是個「想像」之下的結果，顯然也不確切。

53 蓋爾納（Ernest Gellner, 1925-95），捷克裔英國哲學家與人類社會學家，主張批判性理性主義。

54 孫中山乃中華民國創建者孫文（1866-1925）之一般稱呼，此說出自其所著〈民族主義〉第一講。

特別從社會學角度來看，**包括家庭與家族在內的「血統關係」本來就是人際關係中很重要的一種連結基礎**；儘管前面曾經從遷徙與混血角度，告訴大家真正「純淨」的血緣是不存在的，但是，如果考慮到多數人類採取的「定居性」生活型態，至少可以這麼說，**在某一段期間的某一個特定範圍內，某一群人確實可能存在著比起其他人來得更類似的共同特徵**，只不過隨著時間拉長（經過幾百或者上千年）與地理範圍擴大（例如直線距離超過上千公里），人群之間的差異自然會變得愈來愈明顯。

除了考慮血統關係與生活型態造成的結果之外，同時必須瞭解「情感因素」對民族形成過程的影響，這也正是孫中山指出的「民族意識」。因為人類不但跟其他物種一樣有著感情作用，甚至因為擁有思考與記憶能力，使其情感內涵愈發強烈與濃厚；更重要者，**如果還存在「外來刺激」（共同威脅或強力說服）的話，經由血統、生活與情感等因素所消極累積起來的集體意識，便會急遽升高成為具有政治性與對外性兩種特質的民族主義想法**。

值得注意的是，在多數歷史例證當中，相較強者經常強調「普天之下莫非王土」的四海一家式「普世主義」，**民族意識若非是種弱者用來激發危機意識並進行自保的心理工具，至少反映出採取民族主義的社會正面臨來自外部之強大壓力**。例如，中國在春秋初期便因面對蠻族入侵，以致有人喊出「尊王攘夷」口號，[55]在五胡亂華導致黃河流域地區普遍受遊牧民族嚴重威脅後，「非我族類，其心必異」的說法也甚囂塵上，[56]至於法國為因應一七八九年大革命後各國聯合干預的壓力，亦特別在《人權宣言》中聲稱「各民族均享有獨立主權」，並於一七九三年通過首部全民皆兵的《總動員法》，強調「國家興亡，匹夫有責」。由此可見，一旦受到外在環境間接或直接的威脅，不管是否真屬於同一族類，團結一致對外都是人類「理性抉擇」下的必然結果。

無論如何，更重要的是民族主義在政治上的角色曖昧性，對此，只要注意「民族主義」與「愛國主義」兩個名詞的差異性就可以了。[57]相較民族主義，愛國主義不僅起源更早，它訴諸的對象也更現實，亦即一個國家裡頭的人民（事實上「民族」這個詞彙的源起在歐洲許多國家的語言中，早期指的都是人民），這反映出在多數社會當中，人群來源本來就具有複雜本質。至於如同本章開頭引文中提到的，十九世紀所以被稱為「民族主義的時代」，當然清楚暗示了愛國主義在這段期間被昇華到民族主義的發展。

如同前一章描述，歐洲自十六、七世紀以來便陷入長期混戰動盪之中，為了因應亂局並保障生存安全，現代國家結構的雛型油然而生，包括積極調整政府、人民與領土等概念的定義，並發明了所謂主權觀念。但此一努力顯然最初只著重提昇「由上而下」之治理效率，並設法規範國際關係而已；面對一波又一波的新挑戰，能否驅動人民「由下而上」全力配合政策，便成為國家能否應付國際競爭的關鍵。換句話說，人民的忠誠度愈高，國家的力量也就更強大。

55 尊王攘夷一詞首見於《春秋》，由齊桓公與管仲提倡，十九世紀日本亦曾以此為名發起倒幕運動。

56 此一說法首見於《左傳》〈成公四年〉，西晉時期江統在〈徙戎論〉中再度引用。

57 英語中的愛國主義（patriotism）源自十六世紀末伊莉莎白時代使用的 patriot 一詞，其詞源輾轉由拉丁文與法文引用而來，原意趨近 countryman，未必能直譯為「愛國者」；民族主義（nationalism）則源自十七世紀末使用的 nation 一詞，意為一國中的共同住民，十九世紀中期後才加上 ism 成為政治主張。

那麼，該如何去提高人民對國家政策的配合度呢？正如《孫子兵法》所言，「攻城為下，攻心為上」，政府與人民間的關係也是如此；想要求人民出錢出力，當然可以使用處罰等強制性手段，但如果能讓大家「心悅誠服」或「心甘情願」，豈不是更可以收到事半功倍的效果？

由此，民族主義便成為此刻歐洲政府用來催眠人民之重要心理發明。例如，十九世紀的密爾不僅從情感角度來界定民族主義，[58]強調「在同一個政府下效忠國家」的民族認同感，從而開始將民族等同於國家與人民的共同體，同時造就「民族國家」這個自十九世紀以來風行至今的觀念名詞，其最高理想是：一個民族造成一個國家。至於實現這個理想的最主要原則，則是美國總統威爾遜提出的「自決」主張，[59]亦即：**任何一群人民都有權決定自己的命運**。

從歷史上看來，民族主義的國內效果（也就是強化團結凝聚力）可說正反俱呈。其中當然不乏成功例證：例如日耳曼與義大利這兩個分崩離析達數百年的地區，便藉由新興民族主義力量而塑造出新國家，其次，若沒有要求犧牲奉獻之民族情感支撐，希特勒也不可能在短期內帶領德國走出經濟恐慌陰霾，甚至迅速成為歐洲軍事大國。在這些例證中，民族主義都成功扮演關鍵之精神凝聚工具。但同樣來自民族主義的鼓動，二次大戰後也因為掀起一股自決風潮而在世界各地引發動盪（例如一九四八年猶太人強行建國後，導致中東地區數十年來戰亂紛爭不斷），甚至出現種族「滅絕」（例如納粹份子屠殺猶太人）或「淨化」等事件（例如一九九〇年代塞爾維亞在前南斯拉夫境內推動的政策）。正因如此，許多學者悲觀地認為，民族主義仍將是二十一世紀全球最主要的紛爭來源。

擴張：民族主義的對外用途

談到這裡，大家應該已經瞭解，無論選擇定居性社會生活型態，創造政治制度來規範人際關係，甚至想像出民族概念來進一步凝聚人群，**人類顯然不斷設想透過集體手段來強化自己的自然競爭力，以便在淘汰激烈的環境中能夠倖存下來。**儘管如此，強化適應力看來畢竟只是一種增加反擊能量的消極做法，其實人類也經常使用積極手段，正所謂「攻擊乃是最佳的防禦」，也就是透過戰爭殲除潛在敵人，或以消滅併吞弱小勢力直接為自己達成加分效果，這也讓博托爾不禁如此強調：[61]「等待戰爭，乃人類社會生活的特性。」

這是否暗示人類有著侵略的天性呢？儘管英國殖民家羅德斯的名言，[62]「假如能力足夠，我願併吞所有星辰」，可說令人印象深刻，許多社會學家也傾向認為，**儘管戰爭有時很像是場大規模嘉年華會，相較於戰爭毫無節制的暴虐行為，所有形式的節慶都不過是戰爭的低劣仿冒品而已；**

58 密爾（John S. Mill, 1806-73），英國哲學與經濟學家，也是古典自由主義與後功利主義代表。

59 威爾遜（Woodrow Wilson, 1856-1924），美國第二十八任總統，帶領該國於第一次世界大戰中獲勝，並依此於一九一九年獲頒諾貝爾和平獎。值得注意的是，威爾遜所謂「自決」（self-determination）雖常被引申稱為「民族自決」，其實原意乃「人民自決」，重點乃授予去殖民化運動之正當性。

60 希特勒（Adolf Hitler, 1889-1945），奧地利裔德國領導人、納粹黨領袖與第二次大戰發動者。

61 博托爾（Gaston Bouthoul, 1896-1980），法國軍事研究專家，曾任法國戰爭學院主任。

62 羅德斯（Cecil Rhodes, 1853-1902），英裔南非商人、礦業大亨與殖民主義者。

個人暫時不想深入討論這個問題，[63]因為它牽涉的問題實在太廣。此處想問的只是：近代歐洲如何利用民族主義進行其全球擴張？

從歷史看來，歐洲國家雖自十六世紀起便不斷透過「殖民主義」形式向外擴張，此一動作仍在十九世紀初開始產生變化；原因之一是美洲大陸的殖民地獨立風潮，向歐洲說明了海外經營的不易，其次則是由於拿破崙戰爭與工業革命為歐洲帶來的衝擊，迫使許多國家必須專注於自身再造與維繫國際權力平衡。無論如何，由於產生新因素與新動力的注入，一八七〇年代後的歐洲對外擴張，性質上或有著不同於以往之處，王曾才便指出：「十九世紀末期以迄二十世紀初期的帝國主義擴張活動，因為係植基於民族主義與工業經濟，並以近代科學技術作為憑藉，而又採取了各種經濟、政治、軍事與文化手段來滲透和控制落後地區，且其影響力無遠弗屆，因而稱為新帝國主義。」

至於新帝國主義的成因，大致可歸納為以下幾點：**首先是歐洲資本主義國家競爭的激烈化**。在英國率先透過工業化締造經濟霸權後，其他主要國家也紛紛跟進；由於伴隨工業革命產生的資本主義，本來就傾向直接訴諸人類所謂貪婪本性（雖未必為真），因此帶來的經濟組織重塑與技術革新也就成為一條不斷加速的單行道，至於由此造成的大量生產過剩則成為危機意識的來源，導致各國將控制市場（保護本國與拓展殖民地）視為與生存休戚相關的事情。

其次是民族主義的出現及其影響。在現代國家單位於十七世紀成形後，加入精神新元素的民族國家（nation-state）成為十九世紀發展主流。正如前章提及，在社會達爾文主義激盪下，國家不僅被視為具生命的有機體，且有衰老與死亡的可能，於是設法抑制衰亡跡象甚至藉由重新活化使國家得以再度重生，自然成為政治使命重心。

第三則是非西方地區趨於衰微而出現權力真空狀態。相對歐洲國家最近數百年來展現的高度活力，其他一些原先在物質與精神文明方面尚能與其抗衡的勢力（例如西亞的鄂圖曼帝國與東亞的大清帝國）卻面臨王朝末日的挑戰，遑論那些缺乏競爭力者（例如拉丁美洲與非洲，甚至大洋洲），正是這種明顯此消彼長的態勢，致使後者無可抵抗地紛紛成為歐洲帝國主義附庸。

值得注意的是，新帝國主義的目標雖大體是「經濟性」的，亦即以擴張並掌握市場為主，其背景還是歐洲國家之間競爭加劇的結果；更甚者，由於殖民擴張後所掌握的大多僅是些「潛在性」市場，也就是這些殖民地除了提供更廉價的原料與勞力外，作為消費市場之立即價值不高，換言之，它們顯然無法協助消化生產過剩的工業品，於是競爭壓力又回到歐洲身上。這種態勢不但在第一次大戰後清晰可見（因此引發關稅壁壘與經濟大恐慌），同樣反映在大戰之前歐洲各國進行軍備與同盟競賽的心理惡性循環中；甚至因為戰後處理不當而又引發了第二次的世界大戰。

重點是：人們真的從兩次慘烈戰爭中學到教訓了嗎？

這真是個很難回答的問題。從人們在戰後所設計並締造的一連串國際和平機制，以及各國在建立信心與軍備管制方面的努力看來，或許戰爭將不再是國家擴張力量的重要工具。不過，從各國競相設法增加「競爭力」並希望主導全球經濟網路的角度看來，或許人類還是不會放棄擴張政

63 讀者若有興趣，可參見拙著《瘋狂的年代》與《戰爭的年代》。

策，只不過換了個戰場而已。無論如何，我們更希望回答的問題是：民族主義的國際角色是否有了改變？民族國家是不是還是當前最重要的一種政治單位？民族主義本身的未來又將如何發展？

民族國家的終結？

大前研一認為，[64]儘管封閉國家模式的地盤觀念在今日依然非常常見，但在經濟疆界逐漸消失的世界裡，尤其從經濟觀點來看，在產業、投資、個人與資訊等「4 I」因素的作用下，傳統民族國家的區分已經愈來愈失去其歷史意義；他甚至進一步申論，民族國家在過去「重商主義」盛行時，[65]確實提供過累積財富的強大助力，但在當前全球經濟結構中卻淪為跑龍套的角色，甚至只是個極無效率的分配機器。

這種論點有沒有問題呢？事實上，經濟觀點或非目前威脅民族國家存在的唯一因素。從軍事層面來看，特別是相關科技的進步與擴散（例如核生化等大規模毀滅性武器）早已顯然且直接威脅了國家的根本自保能力，即便是像美國這樣的「超級強權」，也由於無法完全防範不對稱戰爭以致無法迴避九一一恐怖攻擊；由此視之，除非貫徹「集體安全」國際機制，否則可能無法徹底解決前述挑戰。其次，從環境層面來看則趨勢更加明顯；諸如雨林破壞、臭氧層破洞、酸雨、海洋污染等，看起來都不是針對任何特定國家，而是衝著全人類命運而來，若想解決這些問題，沒有各國攜手合作似乎也是不可能的任務。從文化層面來看，尤其在媒體革命、網路全球化與新移民潮影響下，所謂全球化有時幾乎等同「西方化」或「美國化」（亦即讓美國式典章制度與社會規範放諸四海而皆準，當然，由此也引發一連串強調本土化之反美浪潮），從而混淆或甚至破壞了許多傳統的認同結構。

綜合來說，**由於網路世界崛起造成的國界透明化（或稱為無國界現象），因為人際間經濟活動愈來愈複雜，導致劃地自限式的國家概念受到嚴重挑戰（甚至政府經常被認為是發展的絆腳石），加上軍事科技躍進直接威脅國家防衛疆界的能力，以及經由環保議題擴散所帶來愈來愈普遍的「人類大家庭」概念與「文化全球化」現象，**都正讓過去數百年來身為主流意識型態的民族國家，面臨相當大的發展轉捩點。

儘管如此，若因此輕易下結論說：「民族國家即將就此宣告劃上句點」的話，或許還是有點言之過早了些。

首先是由於族群衝突導致的內戰與國際戰爭，[66]顯然仍是後冷戰時期以來重要的國際關注焦點，何況有那麼多秉持「分離主義」的自決運動在後面推波助瀾。[67]其次，在國際經濟競爭因全球化現象影響而越發激烈的情況下，民族主義（不管是狹義的種族動員或廣義的社群主義）依舊是

64 大前研一（Kenichi Ohmae, 1943-），日裔美籍管理學者與經濟評論家，以發展管理模型著稱。

65 重商主義（mercantilism）是流行於十五到十八世紀歐洲的一種經濟政策，目的是最大限度的使國家富足與強盛，至於達成自給自足與封閉經濟（國內剩餘極大化）則是重點作為所在。

66 例如一九九〇年代爆發在南斯拉夫、衣索比亞、索馬利亞、烏干達、東帝汶，甚至俄羅斯境內車臣地區等地的衝突，以及特別是中東地區在巴勒斯坦延燒不斷的以阿糾紛。

許多國家用以凝聚團結向心力，以便應對外在挑戰的重要心理工具。再者，由於當前社會都市生活的特性，使許多人愈來愈依賴政府的建設與福利政策來過活，一方面不僅各國的政府職能都正繼續不斷地擴張當中，而這種擴張也會帶來強化國家有形外貌的效果。

更重要的是，正如我們一再強調的，人類所以是種「社會性動物」，乃因自認有必要採取集體作為來捍衛生存的結果，換句話說，如果威脅人類生存的環境壓力（特別是由於同類相殘所爆發的戰爭）無法有效解除，就算我們不再使用「民族」這種不科學的名詞來凝聚大家，人類也必然會發明另一種新的集體概念來取代舊想法，結果只是換湯不換藥罷了。反過來說，正因民族主義至少迄今都還是種頗有用的動員工具（例如英國與阿根廷在爆發福克蘭戰爭後，多數民眾都支持「我們」英國人與「他們」阿根廷人在那個滿佈瘠地的小島上進行殊死戰），再加上人類數量已經多到幾乎無法避免因爭搶資源而爆發衝突的可能性，因此，具有濃厚排外性的民族主義仍是目前散佈最廣的一種意識型態。

有人曾經開玩笑說，除非外星人來襲而造成地球人的集體意識，否則在人類間劃分你我他的區隔想法可能永遠沒有終止的一天。你認為呢？

---

67 例如蘇格蘭曾於二〇一四年推動獨立公投（結果未通過），伊拉克北部的庫德斯坦與西班牙境內的加泰隆尼亞自治區也同時於二〇一七年通過獨立公投（兩者都僅具諮詢性，後者則在二〇一四年便舉辦過一次類似公投），儘管依舊前途未卜，至於努力中的分離主義運動更不勝枚舉。

革命：政治反動之結構必然性與其困境

西元前二〇九年，隨著陳勝與吳廣在安徽「揭竿而起」，由此引發的一連串農民起義，終於在三年後推倒由秦始皇所建立的帝國江山，一百三十六年後，人在西方的斯巴達卡斯帶著七十名奴隸反抗暴政，[68]並迅速在數月內累積好幾萬名叛變者，差點兒也動搖了羅馬的統治基礎。這些人究竟是為什麼不滿？他們如何聚集大量同樣有著不滿的人民？這些人民所以訴諸暴力行動的原因是什麼？而政府通常又如何回應他們的訴求呢？這都是一些蠻值得思考的問題。

請注意以下幾個名詞：相對剝奪感、革命、社會變遷、政府失靈、改革

革命來源：不公道、不滿與社會變遷

透過循序漸進的介紹，相信大家已經慢慢瞭解，人類如何透過組織自我來脫離原始蠻荒，追求更大的生存機會，又如何去強化群體內部的凝聚力，以便應付一個又一個的挑戰。儘管人類未必聰明且擁有絕對理性（知道什麼是對的），某種相對理性（知道什麼是好的）或仍然普遍存在，亦即多數人都知道如何趨吉避凶以追求利益極大化。由此看來，**除非迫不得已，否則理應沒有人會冒著生命危險去衝撞既有體制**。

面對反抗政府的舉動依舊屢見不鮮，到底是什麼原因讓某些人鋌而走險？**最簡單的理由就是不公道**。正如霍布斯邦所言：「初出道的綠林好漢必須被群眾視為值得敬佩或者是清白的，這點非常重要，因為他們如果被認為是違反地方風俗的罪人，就無法享受到所希望仰賴的保護。」在這裡，只想滿足自己私慾的黑道份子當然被排除在革命者之外，儘管他們也有衝撞體制的事實；《水滸傳》或許提供若干啟發，革命家所以鋌而走險的原因多半不過是被「逼上梁山」的結果，換言之，如果有機會可以申冤得雪，誰也不想玩可能掉腦袋的遊戲（假使孫中山的〈上李鴻章書〉受到重視，又何苦一定得搞革命）；其次，他們（至少表面上）的目標大多都是為了「替天行道」，也就是爭取被政府漠視的公共財。

68 斯巴達克斯（Spartacus, 120-71BC）為色雷斯出身之角鬥士（gladiator），曾發起羅馬時期最大規模奴隸起義。

雖然前面曾提及在組織運作過程中，由領袖來進行少數統治乃無可避免，我們仍設法描述了他們如何企圖長期維繫，甚至擴張權力的過程；其中，菁英利用的最重要武器就是意識型態。哈伯瑪斯便認為，[69]**由政客主導的意識型態首先會聲稱現行規範系統乃是正當的，同時極力避免這些規範的有效性受到大眾的普遍檢定**（這也就是學術與媒體自由經常受壓制的原因），**其結果使得統治者的特殊利益往往被不當地以普遍利益的形象出現**（例如主張家天下的君主制或現代法西斯獨裁政權之自我宣傳），**真正的普遍利益卻消失不見**。其結果形成的就是所謂「階級政治」的問題，也就是在人群中區分出一些應該統治大家與另一些應該被統治的人。

當然，單純且不甚客觀地進行這樣的區分乃是不公道的。

由此可以發現所謂「相對剝奪感」所以出現的緣故。[70]這裡指的不僅僅是遭到剝奪的感受（生活水準低或者根本沒有政治自由）而已，更重要的是在人們預期（本來以為可以得到）與實際獲得之間出現落差現象；例如在君權時代中，原本認為只要按時繳稅就可以了，沒想到還要因為上層階級私慾而付出額外不合理的苛徵雜稅。戴維斯曾利用J形曲線來解釋這樣的革命現象，[71]其中字母「J」代表了上升中的期望突然間被中斷的狀態；也就是說，**革命經常發生在實際付出超出原本期待，或者在期望升高但又無法被確切滿足的時候**。

不過，從某個角度來看，相對剝奪感的出現其實並不常見，因為「聰明的政客」既不會亂開支票（除非地位遇到嚴重挑戰），也不會隨便明目張膽地奴役民眾（最好是適度回應社會要求以交換人民的忠誠，這樣比較保險）。由此，**革命更常見的原因其實來自某種「不均衡感」，亦即一旦政治系統連大家最起碼的生存需求都沒辦法回應，人民當然只得訴諸「自力救濟」**；這也是陳勝與吳廣為什麼要揭竿而起來反抗暴政，同時有那麼多人追隨他們的原因所在。例如詹隼便認為「多重功能失靈」經常是革命爆發的主要來源，[72]它說明了「人們為什麼多少世代以來不斷忍受折磨，最終還是起來反抗」的原因。換句話說，倘使政府至少能提供「穩定秩序」這個最起碼公共財，未必會激發出人們冒險犯難的精神。

相對於政治學者所關注的「相對剝奪感」或「不均衡感」，馬克思派學者更喜歡從另一個面向來解釋革命現象。在他們看來，**所謂革命表面上看來雖是個政治事件，本質實乃「社會變遷」的結果，它意指著某種經濟體制或生產方式遭到另一種模式所瓦解並**取代；據此，革命既反映出壓迫者與被壓迫者或剝削者與被剝削者之間的衝突，同時只有「體制的全面性抽換」才叫做革命（例如像美國在一七七六年後依舊大致保持殖民經濟結構，他們就認為這根本不叫革命）；由此也衍生出托洛斯基所謂「不斷革命論」的觀點：[73]他認為，不僅建立虛偽的民主形式根本稱不上是革

69 哈伯瑪斯（Jurgen Habermas, 1929-），德國左派哲學家，後馬克思主義與法蘭克福學派代表之一。

70 相對剝奪感（relative deprivation）是指當人們將自己的處境與某種標準或某種參照物相比較，發現自身處於劣勢時所產生之消極的受剝奪情緒，通常表現為憤怒、怨恨或不滿。

71 戴維斯（James Davis, 1929-2016），美國社會學家，使用量化方法進行社會科學研究的先驅之一，主要關注社會中的「相對剝奪」現象及其影響。

72 詹隼（Chalmrs Johnson, 1931-2010），美國國際政治學者，曾擔任中央情報局顧問、柏克萊大學中國研究中心主任、舊金山大學日本政策研究中心主任，對美利堅帝國主義多有批判。

73 托洛斯基（Leon Trosky, 1879-1940），列寧革命夥伴、俄羅斯政治理論家與布爾什維克領導人之一。

命成功（事實上不過是資產階級的反革命行動），更甚者，由於社會關係與結構的變遷乃是不斷進步的，因此用來克服內部鬥爭問題的革命也就沒有所謂終止的問題。

正當性危機：被統治者不滿與革命爆發

不管學者們喜歡用哪個角度來詮釋革命現象，**所謂「革命」基本上就是沒有權力者對有權力者的抗議，進言之，革命也是寡頭鐵律之下無可避免的後遺症。**

且讓我們再次重申前面的部分論點：首先，人類傾向根據「自保」原則，為解決生存競爭壓力而締造制度，但在建立制度的過程當中，至少到目前為止，「政治階層」與「權力」現象依舊是設計師們沒有辦法去除的兩個副產品，其中，前者使我們被迫篩選出（其實在多數情況下是他們自己跳出來）少數人來負責操縱制度，後者則如同病毒般不斷侵蝕免疫系統，最後讓制度運作逐漸偏離原先設定的軌道。

必須承認，人多嘴雜確實容易壞事，因此讓少數秀異份子來「幫大家完成理想」是個挺不錯的選項。但是，**只要一直拿不出能夠有效運作的價值測量表，以便在那些自願參政者裡頭去做真正的篩選，權力病毒便會以這些政客作為「宿主」，先利用他們進入制度內部，接著在腐化他們的腦神經後再進一步重組（或者摧毀）制度。**在歷史上，政治領袖從以同意為基礎到爭取終身與世襲制的發展，就是最好的證明；至於以分權制衡概念為出發點的美國聯邦制度，從最初的「雙軌式聯邦主義」（中央與地方各自擁有不可侵犯的權力）發展到現在的「強迫式聯邦主義」（聯邦政府透過立法與預算控制，使得州政府日益順從中央的指令），亦不啻是個警鐘。

換言之，儘管所有制度設計的重點都在於服務多數人的利益，並防止權力現象腐蝕制度根基，事實是挑戰不斷接踵而至。更要緊的是，一個無法回應人民需求的制度，是既不可能讓人滿意也不可能穩定的。但反過來講，要說存在過什麼從不回應需求的政治制度，似乎也不太可能，因為統治者多半不會笨到去挑釁民眾。

如果是這樣，那麼革命又是怎麼爆發的呢？

要回答這個問題，必須從統治者的角度出發。根據執政理性，人民所得愈少則統治者自然所得愈多，但人民所得過少將刺激他們決定反抗，因此從「獲利極大化」前提出發，統治者在不斷試探人民忍耐底線之際，也會儘可能不越過此一底線。於此同時，為了降低試探底線所須付出的潛在風險成本，執政者通常會從兩個方面著手：首先是創造用以維繫政權正當性的意識型態，以便從心理層次對被統治者實施催眠，其次則是根據這種意識型態來創造有形的社會階級架構，例如西周初年的周公便在制禮作樂後，透過宗法制度來建立封建規範。一般來說，意識型態與階級架構乃是互補互生的，目的都在於迫使人民打心眼底接受自己的社會地位；在這種情況下，多數人民當然無法脫離「樂歲終身苦，凶年不免於死亡」的命運。[74]

從古今中外大多數例證看來，**被馴服的民眾所以冒險發動革命，原因多半因為「經濟問題」**

74 語出《孟子》〈梁惠王章句上〉。

而來（帝國暴政或王朝腐敗經常被誇大）；特別是在發生天災（因水旱蟲災致使農產歉收）或人禍（內戰、發動對外戰爭或遭遇外國勢力入侵）之後，由於統治者無法解決政府財政失靈問題，結果因國庫破產而使政府失去應有的提供公共財角色，從而在執政威望下降之餘，又因為統治者也僅能不斷向人民徵稅來彌補短缺，最後終於在踩過底線引發普遍不滿後帶來「正當性危機」，革命也由此揭開序幕。

不過，**經濟問題雖常常扮演著革命導火線，若想將不願輕易犧牲生命的民眾拉上抗議前線，難免還是要給他們一點精神上的動力**。例如東漢末年黃巾黨喊出所謂「蒼天已死，黃天當立」的口號，法國大革命的目標乃是去建立一個「沒有階級，公正且和諧治理的完美社會」，俄國革命中的布爾什維克派希望能帶領大家完成「無產階級專政的理想」，至於南美洲的原住民運動家則始終相信一則預言：「明天，當印地安人起來要求還他們公平，還他們被搶奪的土地時，我們將看見印加人的第三度再生，……印加帝國將會重建，而在古老的祕魯，幸福將重新普照大地！」

必須指出，**儘管革命確實有著「由下而上」的特質，所謂「下」未必指的都是普通人民**，事實是，比起絕大多數缺乏決斷意志與冒險犯難精神的民眾，政治變遷更可能來自政治或軍事菁英的反叛，而非一般關注的「農民起義」或「人民革命」。以中國歷史上出現的那麼多次改朝換代行動為例，如同眾所周知，只有漢高祖劉邦與明太祖朱元璋真正出身平民，至於在第三世界此起彼落推翻執政者的政變，多半也是政客與軍官聯手的結果。當然，這些軍政菁英所以發動革命或許也是來自「相對剝奪感」（希望增加權力的慾望未能獲得滿足）的緣故，但他們的行動與一般所謂人民革命是否還是有點兒不同呢？

造反與革命：目的論與不同的定義詮釋

詹隼曾援引過以下一個例證：一七八九年七月十四日傍晚，當利昂庫爾公爵覲見並秉告法王路易十六巴士底監獄已遭攻陷時，[75]國王的反應是：「這簡直是造反！」但公爵馬上糾正他說道：「不，陛下，這不是造反，這是革命！」一八五四年，擔任過英國駐廣州領事的梅多斯亦曾如下陳述：[76]「中國人是地球上最富於造反精神，但又最缺乏革命性的一個民族。」

那麼，「造反」（或稱叛亂）與「革命」到底有何不同呢？

對此，鄂蘭作了一個蠻不錯的註腳：[77]「**叛亂之目的並不在挑戰權威或類似的既定秩序架構，而是為了解決替換某個正好處於權威地位者的問題，無論是以合法君主替代篡位者，還是以合法統治者替換濫用權力的暴君**」，霍布斯邦的論點頗類似：「農民並不是為了他們並不認識的那個真實國王而起義，而是為了理想中的公正國王而起義」；換言之，多數叛亂活動的目標乃是羅森諾所謂人事戰爭或權威戰爭，[78]重點不過是在推翻那些不受歡迎的統治者，然後代之以可能較好些的新人罷了。相對地，**革命顯然意指著某種「結構抽換」，也就是希望能夠徹底改變權力分配的模**

75 利昂庫爾公爵（Duke of Liancourt, 1747-1827），法國社會改革家，一七八九年當選三級議會議長。
76 梅多斯（Thomas Meadows, 1815-68），英國漢學家與外交官，著有《中國人及其叛亂》。
77 鄂蘭（Hannah Arendt, 1906-75），來自德國的猶太裔美國政治學者，以極權主義研究著稱。
78 羅森諾（James Rosenau, 1924-2011），美國政治學家與國際關係研究者。

式。從這個角度來看，革命不但會帶來歷史發展的斷絕，甚至它本身就是種歷史的異常狀態。

從事實層面（或許是個極悲觀的事實）看來，人類不僅在架構整個政治制度時無法避免少數統治的命運，在企圖改變現狀時也是如此。換言之，雖然一般人民在無論「叛亂」或「革命」發動時都必然參與其中，充其量不過負責搖旗吶喊罷了，在相對單純的農民起義例證中，反叛者若非充滿著很高的可妥協性（例如《水滸傳》中的宋江一天到晚只想著受朝廷招安，甚至化匪為官後還幫朝廷賣命出征），便是野心程度不高（只要能占山為王或者割據一鄉一地就很滿足了），膽敢或希望能「稱孤道寡」者只是其中極小一部分人。

在多數受菁英利用而掀起的叛亂或政變例證中，一般人民更幾乎沒有發言權。更甚者，因（分贓不均以致）心生不滿而想推翻既有政府的軍事或政治菁英，**其實多數並不反對現有權力分配「架構」，而只是無法接受目前的權力分配「比例」而已**。例如諾德林格研究冷戰初期拉丁美洲的幾十次軍事政變後發現：[79]它們最常見結局就是一切換湯不換藥，除了抽換執政團隊的一大堆名字外，其餘一丁點都沒變。正因為這種現象，嚴謹一些的學者才會試圖區隔「造反」與「革命」這兩個目的迥異之類似行動；例如史卡奇波便將其社會革命研究的焦點，[80]放在幾個真正發生徹底變革的國家身上，包括展開歐洲首度民主實驗的一七八九年法國大革命、終結千年帝制的一九一二年中國革命，以及企圖實踐共產理論的一九一七年俄國大革命等。在此，個人也建議各位依循著這樣的一種區別。

還有另外一個問題必須回答：為什麼歷史上真正的革命並不太多？對此，主要或由於兩個原因所致：首先，由於人類迄今設計的制度始終維持著寡頭統治特徵，也就是只有少數人能觸及並操控權力核心，這不僅符合政客的利益，也讓不滿現狀的軍政菁英在使用暴力手段時，心中只懷有改變權力分配比例的有限目標。至於第二個可能的原因則是，儘管現實世界中亦不乏懷抱理想志向的菁英，但是對現狀不滿是一回事，能否提出更好的替代方案則是另一回事，在出現更新的概念邏輯（例如民主理論）之前，理想性菁英們由於缺乏推翻既存結構的有效思想指引，除了表達反對，確也拿不出什麼實際辦法來，結果引發了一連串「無主張暴動」，目的只在發洩怨氣而已。

改革：體制內的革命選項

無論由於統治者無法有效回應人民的生存需求，還是部分政治菁英不滿意既有的權力分配狀況，抑或因為社會結構出現根本性變化，儘管未必存在可行方案，面對這些情況，一方面政治變遷乃所有社會組成份子無法迴避的現實，其次則人們在面對此一現實時還是有著形形色色之不同反應。例如，伊薩克便以「是否接受既存結構」為前提，[81]試圖將各種反應再細分為以下的五種類型。

在接受既存結構者方面，**首先是反對「大規模且有計劃革新」的保守派**，他們雖然並不反對

79 諾德林格（Eric Nordlinger, 1940-94），美國國際政治研究者，專長為軍人政權之發展。
80 史卡奇波（Theda Skocpol, 1947-），美國社會學與政治學家，專研「國家自主性理論」研究。
81 伊薩克（Alan Isaak, 1940-2022），美國政治學家，著有《政治學的範圍與方法》。

某些必要變化，依舊堅持改變愈少愈好，說他們是「反改革者」也不為過。**其次是主張「溫和漸進改革途徑」的自由派**，這派人士對改革的必要性接受度略高，較容易妥協，不過只願意配合緩步漸進與累積的方式，同樣反對大規模計劃，因此很多人認為他們和保守派其實差不多。**第三是提出「明確變革計劃」的改革派**，他們對於改革必要性之體認顯然比前兩派來得深刻許多，且因往往對改革事業懷抱某種急切感，這些人既不反對驟變，更主張只有透過計劃性做為才能收到變革的真正效果。

相對地，在反對既存結構者方面，**首先是主張「必要時不排除利用體制外手段」的激進派**，較常被運用的體制外手段包括示威遊行、集體罷工，甚至在議會中癱瘓立法等動作，目的是透過更激烈的行動在表達改革的迫切性之外，希望執政者能「立即」回應相關訴求。**最後則是「根本想顛覆現狀」的革命派**，他們一般對現存政府完全絕望，同時不認為執政者有同意變革的空間與可能，因此傾向透過政治暴力形式（包括暗殺、恐怖活動、政變、游擊戰與正式內戰）來完成其目標。

由於在本章前段中，已經就體制外行為著墨甚多，因此在這裡僅將焦點放在體制內的改革行動上面。從歷史上發起改革行動遠超過革命爆發的次數來看，可見政治變遷的原因與動力儘管存在，多數人仍希望透過體制內（也就是比較和平的）行動，而非可能引發更大衝突的體制外途徑來解決問題。其原因是，**因應變遷所需的改革或許從長遠眼光來看是符合人群集體利益的，但若於其中加上暴力因素，反而可能在短期間引起不必要的犧牲，甚至危及集體生存**（由於內鬥或內戰導致國家衰亡的例證不勝枚舉），正因如此，或許回應稍慢些，體制內改革畢竟是比較安全一點的作法。

儘管如此，改革成功的機率嚴格來說並不算高。以中國歷史上的例子來說，包括戰國時代秦國商鞅變法、兩漢之交王莽變法、北宋王安石變法、明朝中葉張居正變法，以及清末戊戌維新等，這些比較顯著的改革企圖，不僅過程中都受到包括保守派與自由派在內之廣義保守勢力的打壓與反撲（表面理由都是為了捍衛祖宗家法，亦即支持維持現狀），從結果來看，成功者確實寥寥無幾。除了商鞅變法因為有戰國時代國際競爭環境作為助力，因此較具成效，其餘改革努力若非未竟全功，便是在引發黨爭或內部衝突後以完全失敗收場。

何以推動改革如此艱難？既然結果多半以失敗告終，對於這個問題當然也得從反面立論才行，也就是得摸清楚反對者所以反對的理由究竟是什麼。

從比較理性的層面來看，被稱為「保守主義之父」的十八世紀英國哲學家柏克曾如此說：[82]「一般人都是依直接的感受來行事的，我們不但不會拋棄舊日成見，還會非常珍惜這些成見，……我們不敢讓人們各憑理性來生活，因為我們覺得個人這份理性資產實在很微小」，正由於人們並沒有足夠理性來安排自己的生活，因此「追隨先人踩過的足跡而行，將使人既不徬徨也不會犯錯」。換言之，**部分保守派所以拒絕大規模改革的原因，乃是由於不相信人類有足夠理性來制定完美計劃所致，所以還不如享受經由歷史粹鍊所留下來的前人智慧。**

82 柏克（Edmund Burke, 1729-97），愛爾蘭政治家、演說家與哲學家，曾任英國輝格黨議員。

當然，假使以為所有保守派都如此理性思考的話，不免太天真了些。從較權謀的角度來看，由於人類迄今為止設計的制度始終維持著寡頭統治特徵，因此，所有改革在帶來結構調整之餘，亦必然改變現有的權力分配狀態；換言之，**一定有人會在改革過程中得利（獲得更大比例的權力）**，**也會有人有所損失（亦即失去權力）**。更甚者，一旦改革派掌握了政治變遷的主動權，將使他們成為順利變革之後的權力新貴，相對地，即便保守派改弦易轍，轉而支持變革，非但僅能分享部分改革成果，甚至很可能在變革引發之權力重新分配下，淪為遊戲中的失敗者，因此「當然」得表達反對。

如果以上推論成立（不幸的是，它們恰巧是真的），改革還有什麼機會呢？

一九九三年的電影《侏儸紀公園》（Jurassic Park）裡，有句台詞是這麼說的：「所有物種都會找到屬於它自己的演化出路。」我想，人類的發展也應是如此吧。如果政治變遷的要求無法獲得正面滿足，理論上勢必危及群體生存；從這個角度思考，為了符合生存這個最高的利益與價值，聰明如人類者應該會想到辦法才是。

這或許正是現代民主概念出現的原因吧。

民主：看似理所當然之概念發展

相較於許多人將民主理論直接等同於政治學，甚至福山還宣稱，[83]自由民主可能形成「人類意識型態進步的終點」與「人類統治之最後型態」等「歷史終結」論點（雖然他自己後來也不敢多談了），本書絕不同意這些說法。我只承認，相較於過去人類採取過的政治制度，民主架構確實有過人之處，但若說它是完美無暇的，持此說法的理論家也就未免自欺欺人了。無論如何，且讓我們先看看現代民主概念是怎麼從歐洲這塊土地上發芽起來的。

請注意以下幾個名詞：個人主義、城邦、保護式民主、發展式民主、參與式民主

回歸人類價值：民主的起點及其優勢

前面曾經提過，人類迄今政治制度發展大約經歷了力權、神權、君權與民權等四個階段；有人曾打過這麼一個比方，如果將人類歷史發展至今的過程化約成一天（二十四小時）的話，其中，民權階段所佔時間恐怕不到一分鐘。由此可以得知：首先，民主發展迄今不過仍在起步階段而已；其次，人類曾經歷過一段很長時間的不民主階段。問題是：什麼叫做不民主？在那個階段中是由誰來統治？一般人們在不民主時期的政治地位是什麼？統治者怎麼去維持不民主的運作？不民主對人民的影響是什麼？我們又為什麼要捨棄不民主狀態？

一般來說，**所謂不民主的最重要特徵就是「少數統治」**。

當然，大家也都知道，即使進到（所謂或自稱之）民主階段後，少數菁英統治還是個無可否認的事實，多數統治或普遍統治畢竟是民主理想所在；相對地，不民主時期的政治菁英不則認定自己擁有統治特權，多數民眾也接受（未必是被迫的）這個狀況，甚至統治者與被統治者之間的關係還透過法律被正式「階級化」。舉例來說，儘管「王子犯法」可能「與庶民同罪」，王子畢竟不同庶民，何況包括王子在內的貴族階級還擁有數不清的法律豁免權。在這種情況下，一般人民非但在法律規範上比統治階級矮了一截，從某個角度來看也幾乎等於貴族的附屬品；正所謂「君

83 福山（Yoshihiro Francis Fukuyama, 1952-）曾任職於美國國務院智庫與新保守主義推手之一，主張西方自由民主在制度演進上的最高價值，一九九二年的《歷史的終結和最後一人》為其代表作。

要臣死，臣不能不死」，臣民所以不能不死，可說直接點出了人民最終竟然變成貴族財產的荒謬事實。

大多數人一定有滿肚子的疑問：人們不是為了爭取生存，才組成社會並設計出制度的嗎？怎麼最終搞出一個連自己人格都喪失殆盡的制度呢？**由此也引出不民主階段的第二個重要特徵，亦即「少數暴力」**。

歷史上，少數貴族所以擁有強制人民做事的能力，其根源有三：首先或因透過暴力脅迫而來（也就是拿槍桿子抵著頭強迫大家服從），這也是最直截了當的一種辦法；其次是逐漸演變得來的，也就是菁英先利用社會衝突與不穩定取得短期權力，接著藉由接管典禮儀式來提高自身威望，然後透過建立常態軍事組織與不斷領兵出征而逐漸壟斷權威（羅馬的凱撒便是一個例證），終於奠定領袖地位；最後則是透過意識型態的創造發明，在建立正當性之後，繼之將暫時性權威變成永久性的強制力量（例如先秦兩漢的五德終始說）。[84]總而言之，**在人類因為定居生活而開始不習慣遷徙，統治者則利用藉口取得武力壟斷權後，透過軍事威脅與理論催眠的恩威並施手段，絕大多數人們也在自願組成社會後，一步步被迫失去了自由**。

無論如何，這都是不理性的。猶如賽班在描述盧梭政治思想時所下的標題「重新發現社會」，[85]他認為在盧梭的想法中，最重要的一點便是提醒大家，**不要忘了在貴族利益之上還有更高的「社會需求」存在**，至於其主張的「契約論」觀點也強調政府不過是人民的代理者，國家則是集體意志的結合。幾乎同時，英國哲學家休謨則強調人類感情的重要性，[86]認為所有的社會價值都應該直接回應人類的嗜好與動機（而不是去配合少數貴族的興趣與想法）。

在這些十八世紀民主概念先驅的啟發下，特別是一連串政治變遷現實（包括法國與美國革命，以及歐洲各地的立憲風潮）的激盪，十九世紀的歐洲哲學家於是提出了更進一步的想法。例如，邊沁便以所謂「功利原則」，[87]倡議所有社會行為都應以「滿足最大多數人的最大快樂」為前提，這也應是政府施政時的唯一根據。其後密爾更從「每個人都有權追求自己的快樂出發，特別主張言論自由，強調「真理越辯越明」，並認為只要不妨礙其他人的自由活動，則「任何人都可以得到全面自由」。

儘管我們必須承認，目前存在的所謂民主機制實在很難讓人滿意，亦未必如同其理論暗示一般保障大家的利益，從將近三個世紀民主概念與自由思想發展看來，至少在推翻貴族統治，努力回歸人類自己基本需求這一點上，可以這麼說，繞了老大一圈冤枉路，人們終於還是走回正軌上頭來了。

84 五德終始說乃戰國時期陰陽家代表鄒衍提倡之一種歷史觀；五德指金、木、水、火、土，又稱五行，分別暗示五種規律性此消彼長之自然要素，其消長將影響社會興衰與朝代更迭。
85 賽班（George H. Sabine, 1880-1961），美國政治學者，著有《政治理論史》等。
86 休謨（David Hume, 1711-76），蘇格蘭啟蒙哲學家與歷史學者，以強調懷疑主義著稱。
87 邊沁（Jeremy Bentham, 1748-1832），英國哲學家與社會改革者，效益主義與動物權利最早主張者。

現代資本主義體系：個人主義的歷史背景

值得注意的是，在漫長的不民主階段中，既然現實是如此地不理性，為什麼人民能一路容忍過來？針對這個問題的可能答案，如同前文一再：主要或由於人民的保守心態受到政客操弄所致。但是這樣的回答顯然不夠充分，因為它並不能解釋在多數人民依舊傾向保守（儘管歷史上出現過一大堆的暴動、起義與造反）的情況下，試圖維持權力的少數階級為什麼還是不定期地遭到推翻了？

或許得從另一個角度來切入觀察。首先，個人假設「人類的定居習慣」與「統治者的武力壟斷權」乃是少數統治得以長期維繫的關鍵因素；如果這個假定成立，除非人類放棄定居習慣，或統治者失去武力壟斷權，否則情況應該不會改變，但現實是政府壟斷武力與人類的定居型態迄今依然如故，回歸民主卻能逆勢成長，問題究竟出在哪裡？儘管不排除少數哲學家的確具備超越現實的想像力，個人依舊認為，**思想潮流大體還是反射「社會需求」的結果；換句話說，有什麼樣的社會需求，學者們就會想辦法來加以解決。**民主概念的出現也是如此。

正如華勒斯坦嘗試描述的：[88]「從十五世紀末到十六世紀初，一個可稱為歐洲世界體系的格局正式宣告成立；它是一個嶄新的事物，是一種這個世界不曾出現過的社會體系」；這個體系「發明了一種全新的技術，它能夠透過減少過於臃腫的政治上層建築的消耗，來增加從多數人到少數人手中的剩餘物資流入量，這可以說是現代世界的一大成就」；在這個流動性的過程當中，「資本主義的貢獻，乃是提供了一個更加有利可圖的佔有剩餘物資的經濟手段，……國家不再是個直接經營的中央經濟單位，而是在人民經濟活動中扮演保障經商條件的工具角色」。

上面的描述或許複雜了些。簡單來講，正如前面提及之現代國家架構出現的歷史背景：在火藥摧毀了城堡這個中古歐洲最仰賴的安全憑藉後，加上宗教改革提供精神層次的激發，讓各領地陷入長期混戰的兼併戰爭當中，在此情況下，由於籌措資金乃決勝重要關鍵，致使國際貿易成為十六世紀後國家增加財富的普遍途徑，獎勵經濟活動的「重商主義」也成為此際歐洲各國政策主流。儘管如此，若想讓整個商業體系的運作快到足以應付國家不斷或無限膨脹之需求，顯然還要有其他幾個條件的配合：**首先，統治者必須使人民從土地上解放出來，以便讓更多人從操持農業轉而投入經濟活動；其次，政府必須賦予人民「私有財產權」，刺激並誘使他們不斷謀利；第三，政府特別在國際貿易活動中必須善盡保護責任，提供本國人民從事經濟時更大的安全空間。**可以這麼說，這些條件都提供了政治變遷的動力，成為瓦解數千年貴族統治之最重要潛在因素。

由於無論「富國強兵」政策或與其他國家的實際競爭，都必然以全民運動的形式展現出來，一方面使執政者開始產生對人民的依賴性（以人民同意繳稅與當兵來維持自己的權力地位），同時解釋了為什麼在「人類定居習慣」與「統治者壟斷武力」這兩個因素不變的情況下，人民何以獲得更大發言權，甚至還出現民主化壓力的緣故。此一趨勢在十七世紀以來歐洲政治哲學發展過程

88 華勒斯坦（Immanuel Wallerstein, 1930-2019），美國社會學與政治經濟學家，曾於二〇〇〇年獲選二十世紀最偉大的社會學家之一，三卷本《現代世界體系》為其代表作。所謂世界體系理論屬於後馬克思主義分支，基本上奠基於對帝國主義之研究與批判。

中可以看得很清楚。例如，相較中古時期被認為較完美的公有制，洛克首先強調，人們對於經由自己體力勞動產生的結果應擁有自然權利，因此堅決主張財產私有制；此後，類似想法不但逐漸在歐洲學術界成為主流，更重要的是，它還提供了發動「革命」的環境背景與力量。

相對統治者（貴族階級）在不民主時期中對於權力的壟斷，**一旦人民獲得財產權與一定的發言權利，與貴族之間的衝突自也無法避免**。由於所有人必然都以「自利」與「生存」作為出發點，這種想法當然與貴族將人民當作財產的概念是矛盾的；不過，只要國際競爭態勢持續存在，貴族亦繼續依賴人民的支持來維持政治地位，前述矛盾就只會不斷擴大而沒有縮小的可能。中國從戰國到秦朝的歷史發展，正好提供一個反證：在國際戰爭不斷爆發的情況下，各諸侯國（包括秦國在內）無不以獎勵商業來厚植國力，但在大一統態勢完成後，商人失去利用價值，「重農抑商」也就取代重商主義，成為貫穿至清代始終未曾調整之基本國策。歐洲的發展恰恰相反；正因國際競爭局勢有增無減，甚至還因為許多國家從事全球殖民活動導致衝突不斷擴張，可以這麼說，只要這種激烈競爭情況一天不變，權力從原先統治者流到一般人民手中的過程將難以停止。

可見之權力流動過程，首先凸顯在十九世紀上半葉，歐洲各國內部普遍爆發的立憲運動壓力上（例如一八三〇年代與一八四八年的革命風潮），主要是要求透過法律形式重新規範統治與被治者之間的關係，特別是成立國會來保障人民利益；其次是現代議會架構因此出現，以及推行普遍選舉權制度以致貴族逐漸喪失立法壟斷權；最後在要求政府減少干預之自由貿易運動浪潮來臨後，政府終於以「必要之邪惡」姿態，只剩下提供貿易安全保障這個消極的工具性角色。

城邦政治：民主的古典原型

根據前述，大家應可初步瞭解民主概念浮現於近代歐洲的環境因素。至於下一個問題是：將人民從中古封建框架中解放出來，固然是許多人思考如何解決當下挑戰時的共識，到底要如何重新設計一套真正合宜之政治制度，依舊是一大懸念。當然，辦法與途徑眾說紛紜，畢竟現代民主雛型直到十九世紀還只是個歐洲現象，因此，首先還是先看看歐洲人自己怎麼想。

歐洲人對於如何重新安排社會中政治生活的想法，主要來自經由十六世紀「文藝復興運動」所提供的想像，[89]至於主要素材，則是距今約二千年以上之古希臘與羅馬的歷史。從某個角度來看，這些時期的發展確實與近代歐洲有若相彷彿之處。首先在國際環境方面，在巴爾幹半島以及從亞得里亞海到愛琴海的東地中海區域裡，不僅散落著相當多被稱為「城邦」的政治單位，這些單位之間也因激烈競爭以致國際衝突不斷；在這種情況下，同樣孕育出「重商主義」與「個人主義」的溫床，例如希臘法律不僅以幫助個人改善其命運為出發點，同時以人民同意作為基礎，將保護人民的生命與財產安全作為法律最高目的。

89 文藝復興（Renaissance）一詞意謂「再生」，最初由法國歷史學家米什雷（Jules Michelet, 1798-1874）在一八五八年提出，兩年後因瑞士學者布克哈特（Jacob Burckhardt, 1818-97）撰述《義大利文藝復興時代的文化》一書獲得定論，亦即以義大利半島為中心，發生於十四到十七世紀之間的一場普遍文化運動。

為完成前述目標，限制統治者的權力相當必要。例如，據說早期雅典國王不但經由抽籤方式選出（斯巴達甚至採取雙國王制），[90]角色亦僅限宗教與若干司法功能，真正的政治權力透過「直接民主」（也就是所有人民都擁有參與權利）形式來進行，首先組成由全體民眾組成的「公民會議」，接著抽出數十到數百人組成「行政會議」來處理日常事務，然後是任期很短（大約為一年左右）且權力有限的「行政官」。羅馬方面的發展相距不遠；在平民取得政治發言權後，首先成立所謂「部落民會」作為民意機構，然後選出若干位「保民官」來負責保護人民並對抗政府，接著更透過法律形式（一般稱為十二木表法或十二銅表法），[91]明確規範政府與人民彼此的權利義務，至於實際政治運作交給由三百個人組成的「元老院」來集體行使，兩年一任的「執政官」則負責召集元老院並處理司法案件。

大體來說，這些古希臘與羅馬的政治經驗，為十九世紀逐漸走向民主道路的歐洲提供了以下幾個參考方向：首先是人民地位的解放與受尊重；其次是前述人民地位的解放必須透過法律形式（也就是後來的憲法與司法機關）來加以保障；再者，為更有效確保前述法律獲得實施，成立代表民意並負責監督與對抗政府之機關有其必要（由此出現現代國會）；最後，從長期發展方向來看，限制統治者的任期（取消終身職與世襲制）乃落實整體制度理想必須努力的目標。

必須指出，相較希臘羅馬時期暗示之「直接民主」模式，以及當時公民投入政治活動的頻繁程度，儘管盧梭也認為「小國寡民」乃民主政治發展的終極理想，要想讓歐洲複製其經驗，顯然困難重重。第一道難題是，任何政治單位的範圍都是自然生成，不可能由人為設定（希臘城邦同樣如此），因此硬要讓歐洲的民族國家分裂成更小的政治單位，非但沒有可能性，也違反歐洲自中古末期以來不斷兼併的歷史潮流。其次，相較希臘的直接民主形式其實是以「奴隸制度」作為其經濟基礎（亦即所有「公民」都具備有錢有閒特徵），十九世紀的歐洲既不存在類似社會經濟背景，更重要者，不僅貴族政治的習慣依舊存在，絕大多數人民由於缺乏教育訓練，的確也沒有參與討論甚至共同作決策的素質，**因此以「代議民主」來取代「直接民主」，也就成為歐洲這波現代民主浪潮之必然選項。**

從保護式民主到發展式民主

除了在尼德蘭聯合省、瑞士各邦與美國東北部（新英格蘭地區）少數城鎮外，其實前述古典直接民主形式，不過是學者們「坐而言」的理想罷了。事實上，當現代民主概念因為資本主義體系運作而開始在歐洲浮現後，一開始便與古希臘模式有著若干的差別；相對的，或許可以這麼說，十七到十八世紀的歐洲民主運動發展跟古羅馬歷史倒是有些若合符節之處。

希臘世界因為商業活動發達，個人主義的想法十分盛行，至於羅馬畢竟是個以農業為主的社會，貴族階級最初仍擁有很重要地位。不過，由於不斷受到來自北方蠻族的侵襲，為有效組織軍

90 雅典國王存在於神話傳說階段，據稱自西元前七五三年後便不再設置，斯巴達則持續至滅亡為止。

91 十二木表法（Leges Duodecim Tabularum）被認為是羅馬法源頭，以及歐洲最早的成文法。

隊來加以對抗，開放更多人取得公民權（這點與歐洲國家受兼併戰爭壓力的環境有點類似）以交換其忠誠便有必要；其後，由於貴族在持續增加對平民需索同時，並沒有給予平等的社會地位，為了爭取政治發言權，平民於是利用貴族對他們稅收與人力的依賴起而抗爭，終於慢慢形成上個段落中提到的羅馬式民主雛型。

類似的情況也發生在近代歐洲身上。長期彼此混戰加上持續對外擴張，不僅為各國帶來沉重財政壓力，更甚者，**人民由於所受到的壓迫逐漸超越忍耐底限，終於爆發一股要求更多權利保障的訴求**（許多學者指出，在宗教革命後，特別是路德教派與喀爾文教派的重視「個人」價值，也是激發民主動力的重要原因之一）；[92]這種訴求首先表現在洛克主張的「天賦人權」（特別是私有財產權）觀念中，接著，邊沁強調之「最大多數人的最大快樂」也直接挑戰了過去很長一段時間以來貴族政治維護少數利益的本質，由此形成了近代的第一個民主想法，亦即所謂「保護式民主」論點。

嚴格來講（尤其是從現在的眼光來看），**所謂「保護式民主」只是一種非常消極的抗爭訴求，因為它只希望讓政府不再隨意侵犯人民權益而已**。正如赫爾德所言，[93]「保護性民主制度的核心乃是透過民主制度來保護被統治者免受各種暴政，尤其是免受國家的壓迫」；不過，在貴族依舊壟斷政治的前提下，這個目標該怎麼達成？首先浮現出來的想法是某種「有限且間接」的模式，亦即透過「選舉」機制來建立人民「同意」的基礎，以便制約世襲貴族的正當性。換句話說，作決定的人必須能夠獲得人民在選票上的支持才行。

值得一提的是，最初的民主由於強調取得投票權的財產限制（當時學者認為擁有財產同時代表著擁有理性、教育程度與從事思考的閒暇），和當代民主強調的「平等」原則顯然有所不同，但這波運動仍創造出兩個影響深遠的機制，亦即「憲政體制」與「制衡設計」（check and balance）。前者使許多歐洲國家在建立憲法後，從原來的專制王權轉向看來理性些的君主立憲政體，最起碼人民要求的東西都被以法律形式加以保障，至於後者則強調根據權力分立的精神，將行政、立法與司法等三大部門切割開來，然後讓這些部門間因為彼此牽制而可能比較不會危及到人民的權益（對此，我們將在上篇末尾處作進一步的詳細討論）。

儘管如此，**保護式民主之忽略「平等」原則不能不說是一大弊病**。何況它的缺點還不只如此；如同盧梭對英國憲政的批評：「英國人民相信他們自己是自由的，這真是個天大的錯誤；因為他們其實只有在投票選舉國會議員時，才是自由的，一旦選出國會議員後，英國人就變成一文不值的奴隸了。」這種說法聽起來或許有點尖酸刻薄，卻是迄今為止都值得深思的一句話，難道我們現在的狀況不也是如此嗎？

92 喀爾文教派（Calvinism）為法國宗教改革家喀爾文（Jean Calvin, 1509-64）所推動，反對宿命論，認為人應更積極自我實踐來取悅神，其學說影響後來德國社會學家韋伯寫作《新教倫理與資本主義精神》與英國歷史學家特尼（Richard Tawney, 1880-1962）的《宗教與資本主義之興起》等書。

93 赫爾德（David Held, 1951-），英國政治學者，以民主理論、全球化與全球治理研究著稱。

總之，由於對前述保護性民主概念流於形式的批判，於是推導出「發展式民主」或後來所謂「參與式民主」的概念；後者認為，僅僅透過機制來保護人民不受政府無端侵犯，其實並不算是民主的真諦，且太過消極了些，進一步來說，**只有設法利用民主程序來促進人類自己的生活，才是建構新制度的最高目標。**從某個角度看來，這種觀念確實符合本書論點，也就是人類所以創造社會與制度的根本原因，乃是為了解決自己的生存問題。因此，當社會逐漸發展成多數人必須為少數人利益服務時，不僅荒謬透頂，亦完全背離了人類生活的基本價值。相反地，只有脫離並推翻少數統治階級為維繫自己權力所設下的魔咒（例如君權神授意識型態），並且攜手建構起一套新的制度來共同改善自己的生活，人類才算是又走上了正確的道路。

人民：被邊陲化的政治核心角色

道爾曾經這麼闡述：[94]「其實早在本世紀初（這裡指的是二十世紀），那些民主的宿敵，也就是建立在狹小且排他性參政權之上的中央集權君主制、貴族世襲制與寡頭政體，就已經在眾多世人眼中喪失了他們的正當性。」帕特曼更樂觀指出：[95]「民主從未如此受歡迎過，而民主憲政制度、公民與政治自由、多黨選舉以及普遍選舉權等，也未曾如此地遍及全球。」根據粗略估計，目前約有五分之一國家擁有真正民主體制（若單就是否擁有類似制度設計，而不管其實際運作狀況的話，則超過九成以上），[96]由此將二十一世紀初的世界稱為「民主的時代」似乎也並不為過。更甚者，隨著杭廷頓所稱「第三波」民主化浪潮在二十世紀末席捲全球，[97]作為美國長期對手的蘇聯也恰好在這個當下宣告解體，一時間，歐美式民主似乎取得前所未有的普遍正當性。

但是，到底怎樣才叫做「民主」呢？

根據數世紀以降累積起來的定義，例如洛克認為：「當某些人基於每個人的同意而組成一個共同體後，他們因此將共同體凝聚成一個整體，把權力掌握在手中的多數便可隨時進行法律的制定。」盧梭指出：「除了根據全體一致同意所達成的原始契約外，多數的投票總是可約束其他人。」美國第三任總統傑佛遜也認為：「多數人的意願在所有情況下都必然佔優勢。」這些林林總總說法，大致可歸納成以下兩個原則：第一是「人民同意」，亦即只有所有人都同意，國家或者統治主體（指的經常就是政府）才能夠存在；其次是「多數統治」，也就是在國家成立後，任何政策的形成最起碼都要獲得多數人贊同才行。

94 道爾（Robert A. Dahl, 1915-2014），美國政治學家與當代民主政治研究代表人物，著有《多元民主》。

95 帕特曼（Carole Pateman, 1940-），美國政治學家，專長在於自由民主理論批判。

96 根據英國經濟學人智庫（Economist Intelligence Unit）發布之「民主指數」（Democracy Index）報告，二〇二三年全球一百六十七個受調查國家中，只有二十四個堪稱完全民主（full democracy），同年度美國自由之家（Freedom House）針對全球二百一十個國家單位的調查，則認為有八十四個屬於自由國家。

97 杭廷頓（Samuel P. Huntington, 1927-2008），美國政治學家，以發展中國家政治、第三波民主浪潮、文明衝突論等相關研究著名於世，福山為其門生。

儘管這兩個原則幾乎是所有政治學者的共識，並不表示它們沒有問題。首先，**從古今中外歷史當中，根本找不到所謂根據全體人民一致同意而建立的社會或國家**；如果問洛克或盧梭這些主張社會契約論的學者，要他們舉個真實例子來證明自己論點的話，接下來出現的無疑是令人尷尬的沉默。又如當美國宣布獨立的時候，何嘗徵詢過全體人民的同意？甚至根據貝爾德的看法，[98]當時所謂人民「不過是憲法序文中冠冕堂皇的字眼而已」，這些字眼的原意「並非將所有美國人民當作一整個人民來看待，而是把人民按各州分成幾個獨立團體」。換言之，**所謂人民同意若非是個根本沒實現過的理想，便只是一個神話罷了**。

再者，正如我們經常聽到「多數尊重少數，少數服從多數」的說法，藉由多數人同意來決定採取什麼樣的政策，似乎是讓人不得不接受的途徑；因為若非如此，只要開放七嘴八舌充分討論，相信幾乎不可能得到任何結論。不過，殘酷的現實是，**就算服從多數意見是為了讓社會能夠運作下去所不得已採取的辦法，要叫多數真的尊重少數，在沒有適當機制（也就是如何處理少數意見的問題）的前提下似乎很難做到**。從這個角度來看，只要真的存在所謂民主程序，多數統治根本是個無須提倡就必然會出現的情況，至於少數意見的被犧牲則是實際上常被忽略的政治現實。

退一步來說，就算「人民同意」與「多數統治」都成為被大家所接受的民主政治原則，正如前面強調的，少數統治是另一個沒有辦法避免的發展結果。問題出現了：我們該怎麼去面對多數統治「理想」與少數統治「現實」之間的矛盾？該如何在高舉「人民同意」的旗幟下，真的將人民引進決策過程？如果最終被迫只能將權力交給少數人，到底應怎樣選出素質比較好的「公僕」，又該如何讓他們乖乖地為人民服務呢？是否可能設計出一種制度，來保障少數統治者儘量不腐化呢？

這些問題顯然都不容易回答。

總之，各位必須瞭解，**人民雖被虛擬地認為是民主政治的核心，其實所處的卻是在邊陲（也就是多半時刻被忽略）的位置上**。至於如何處理這種理論與現實無法契合的困境，不但是研究當代民主或對現實政治運作有興趣者所應該用心思考的問題，也是下面幾個章節要處理的重點所在。

98 貝爾德（Charles Beard, 1874-1948），美國歷史學家與「進步歷史主義」主要代表人物。

選舉：目標是希望選賢與能

不管學者們對所謂「民主」的定義有多少，「選舉」或「投票」永遠是關於落實此種制度要件的唯一共識；換句話說，一個沒有選舉的國家，無論如何是不可能被認定為民主的。從這個角度來看，選舉機制的重要性可說再明顯不過了。儘管如此，我們在這裡還是要針對選舉制度的起因及其希望能完成的目標，跟現實實作一對照，然後檢討其中到底存在著哪些問題。

請注意以下幾個名詞：代議政治、選舉、複數投票、相對多數制、政黨比例制

公民：誰該被保護？誰又有資格投票？

前面已就民主概念與其相關設計何以出現在近代歐洲的理由，作了初步說明。正如道爾的簡單描述：由於歐洲某些地區（特別是大西洋沿岸）之地理條件與歷史機遇，使在貴族社會中不可思議的「平等」邏輯得以刺激地方議會機制的產生，**至於「統治者必須取得被治者同意」這個現代民主想法，顯然是為了因應徵稅問題所引起的**，後來則逐漸發展成一切法律的正當基礎。當然，以現代眼光來看，所謂平等指的是「無論是最窮或者最富的人，其生命的價值都應該是一樣的」，而且「縱使是最貧窮者，也不應該限制他們發表意見的自由」；不過，最初的民主發展過程顯然並非如此。

理由很簡單。正如前述，既然民主（一般指限制政府或貴族權力）觀念來白於對統治者橫征暴斂的不滿，這類的反感最初當然起自那些有財產能夠被徵用的人，也就是有錢人，或者至少是擁有一定數量私有財產者；相對地，包括佃農在內的無產階級便在被忽視之列。其實，對於窮人的歧視不但早自希臘時期起就是個相當普遍的現象，從最老牌的英國憲政發展史來看也是如此；例如在十七世紀清教徒革命中，[99]儘管以自耕農與都市下層居民為主的「平等派」與以佃農為主的「真平等派」都支持國會向英王奪權，並未因此在革命成功後獲得自由，甚至在十八世紀的憲章

99 清教徒革命（Puritan Revolution, 1642-49）乃是英國議會派與保皇派環繞徵稅問題爆發的一場內戰。

運動後，能夠獲得投票權的所謂「公民」還是僅指每年收取租金達四十先令以上的地主。與此類似，在一九六四年以前，由於美國南方仍然有部分州實施人頭稅制度，並要求人民在投票時一併繳納，致使許多無力繳交稅收的貧苦人民（尤其黑人）乾脆放棄投票權利。

當然，財產限制絕非區別公民資格的唯一標準，種族區隔也是另一個值得觀察的焦點。例如美國的黑人雖名義上在一八六四年內戰結束後便獲得解放，聯邦憲法也明文規定「聯邦政府或任何州政府均不得以種族、膚色或以曾經為奴隸等考量，而剝奪其選舉權」，他們非但在一九二四年後才被允許廣泛參加政黨初選活動，甚且在一九六〇年代後才得以投下神聖而完整的第一票（在此之前黑人票數以二分之一計算）。

除此之外，性別歧視也值得一提。例如，表面上已經有三個世紀民主發展歷史的英國，其婦女直到一九一八年才取得投票權利（一九二八年才獲得平等完整權利），美國婦女也在一九二〇年國會通過憲法修正案後才獲得投票權；[100]更別說瑞士的婦女到一九七一年終於被允許可以投票，沙烏地阿拉伯則遲至二〇一五年，真有點誇張吧。[10]

由此可見，**擁有投票權理論上看似公民理所當然該有的權利，在非常漫長的一段時間裡，包括婦女、窮人與少數民族卻因缺乏投票權，成為某種政治次等階級**。儘管這種表面平等，實際上卻一點都不平等的現象（一七七六年美國《獨立宣言》雖揭櫫「人生而自由平等」之崇高目標，同樣是「人」的婦女、黑人與印地安人卻被排除在外），今日已經少了許多，這段歷史還是留給大家很多省思空間。

從另一個角度來看，相對於目前對於投票資格只有具當地國籍、未因心智因素受禁治產宣告、合乎法定投票年齡，以及未因犯罪關係而暫時被迫褫奪公權等消極限制，過去所以會在財富、性別與種族等問題上加諸障礙，其實也有一定程度的「理性」考慮在內。例如部分學者認為，如果放任沒有思考能力的人民參與政治過程，將帶來「暴民政治」的嚴重後果；從一七八九年法國大革命後續發展來看，這種說法似乎不無道理。不過，諸如密爾等自由主義者依舊認為，一方面財富、性別與種族等並不能構成是否具有思考能力的標準，更何況民主活動本身也不啻算是一種教育過程，換句話說，由於透過參與投票等政治活動可讓更多的人們瞭解政治生活的基本常識，因此應該讓所有公民都有機會來進行參與才對。

值得注意的是，儘管密爾等人不認為財富、性別與種族等可以用來判定人們是否具備思考能力，他們仍相信由於天賦的不同，每一個人的政治意見也應該擁有不同的價值才對；由此也產生「複數投票制度」的概念，例如密爾認為無技術勞工可投一票，有技術的勞工可以投兩票，至於大學畢業者與專業人士則可投五或六票。

代議政治：根本不民主的主流民主觀念

儘管密爾的「複數投票制度」並不比種族隔離或性別歧視高明多少，它們都點出了一個關鍵

100 二〇〇四年的電影《女權天使》（Iron Jawed Angels）描寫了二十世紀初期美國婦女爭取投票權的故事，二〇一五年的《女權之聲：無懼年代》（Suffragette）則敘述了幾乎同時在英國的婦女參政權運動。

問題：**就算我們認為每個人都擁有平等的政治與法律地位，是不是每個人也擁有平等的參與能力呢？**這實在是個很難回答的問題。因為**人們參與政治的能力，其實同時受到先天與後天兩個層次因素的限制**。在「先天」方面，不可否認，每個人都具有不同的智慧與情緒商數（IQ與EQ），一般認為，智慧較高且情緒管理較理性者，應該比較適合幫大家作決定，但是在「後天」層次方面，就算是那些智慧較高且情緒較理性的人，顯然也難免受到七情六慾影響，特別是「自私」幾乎是所有人無法避免的通病。更重要的是，這兩個限制不僅困惑了幾百年來無以數計的學者，更讓企圖落實民主概念的思想家們不得不作出一個充滿矛盾的結論。

盧梭的想法不啻是這個結論的出發點。他認為，因為參與政治並保護自身利益乃所有人的「天賦權利」，因此每個公民都應該平等地被給予參加討論的權利，其次，人類既然根據某種默認或無形的「契約」而組成社會與國家，代表國家來進行管理的政府當然必須完成這個符合人類根本利益的「全意志」（general will）才對，不過，又因人類乃是自私的動物，即便是根據集會多數通過的決定，往往由於充滿私人的考慮，勉強只能說是種自私自利的「眾意志」（will of all）而已。正如鄒文海指出，[101]「盧梭的思想在理論上是矛盾的，在實行上是不可能的」，其關鍵在於，就算全意志的想法說得通，重點是到底該怎麼樣把它找出來？

前述問題的答案，其實一個世紀前便由洛克提出來了。後者認為，**探求每一個公民對國家政策的意見固然很重要，但更重要的，或許是如何達成共識而把決定作出來**。由此，人民雖未必需要親自參加討論，為了讓公益得到彰顯，政府的重要政策還是應當獲得人民的認可才行；進一步來說，只要是多數人們同意的事，任何人都不能因為它可能違反所謂「全意志」而否定其價值，不過，**由於作決定實在需要相關素質的配合，所以從人民當中選出一些具備這些能力者來幫忙進行討論，也有其必要**。這種觀念非但構成所謂「間接民主」、「代表民主」或「代議政治」等說法的基礎，同時是目前最主流的所謂民主政治概念。

進言之，這些被認為可以代表公民的人們，又該如何去落實他們的代表功能？對此存在以下幾種不同的看法：**首先是「全權委託說」，也就是人民將決定權委託給那些被認為具有能力的人（通常是具備高學歷的知識份子）來執行之後，就完全不加過問**，甚至人民基本上也被認為並不具備過問的能力；此種理論顯而易見的問題是，一方面教育程度與決策能力未必成正比，更何況，如果假定人民沒有過問能力，他們又如何具備能力去篩選出所謂有能力的人呢？

其次是「委任說」，也就是被選出來的代表必須完全根據接收到的指示來行事，不能有任何自己的想法在內，至於這些代表如果辦事不力，人民可透過「創制」（自己來立法）或「罷免」（解除他們的代表資格）等途徑來加以反制；當然，這種理論看似非常民主，同樣存在著一個問題：如果代表們只能執行訓令而沒有折衷空間的話，國會中將只會看到各說各話的結果，根本得不出共識。**至於與此有點類似的是「反映說」，這種說法強調，代表們只有來自各個特定社會團體並彼此分享經驗，才可能設身處地去儘可能反映所有團體的利益**，例如若干國家便據此產生「職業代表」制度；不過，正如前述委任說一般，如果每個代表都以增進自身團體利益為最高準則，整體

101 鄒文海（1908-70）為當代中國政治學家，著有《自由與權力》與《代議政治》等書。

利益考量將消失無蹤，社會亦將因此陷入更大的分裂與衝突當中。

最後是所謂「託付說」，也就是只要哪個政黨能在競爭中贏得選舉，便可藉此獲得全體人民託付，授權該黨實踐它在競選期間提出的計劃或諾言；這一方面乃現下「民主政治就是政黨政治」一說的由來，同時是目前最被普遍接受的一種看法。正如熊彼得所言：[102]「民主的方式是為了達成政治決定所作的一種制度安排，在這種安排中，個人藉由激烈競逐獲取人民手中的選票，同時得到作決定的權力。」由此，則所謂民主不過是個「程序正義」的問題，也就是只要存在符合「人民同意」的程序設計，大體就可被稱之為民主。儘管如此，這並不是個可以讓人滿意的答案。

從上述討論可以發現，**「反映民意」的理想與「作出決定」的現實乃政治學者們永遠無法加以平衡的兩股力量**；如果想真正回應社會需求，由於人與人的異質性（個別慾望差異）實在太大，就算想得出一個最起碼的共識都是非常困難的事情，反過來說，如果想讓政府不斷作出決定以維持有效運作，可以想見，任何決策結果勢必犧牲或牴觸部分人的利益（蓋垃圾焚化爐的例子便是如此）。更甚者，**如果只是為了作出決策而選出若干代表進到政府或國會，卻沒有給予任何積極有效之限制，真能叫做民主嗎**？這正是目前世界各地民主所遇到的最大困境。

沒錯，我們確實經常選出一些代表來，而這個過程基本上也符合了同意授權的形式要求；問題是：大家真的很理性地選出他們嗎？還是不理性地僅根據自己的崇拜心理或傻乎乎地接受政黨動員？在這些代表被選上國會或政府殿堂之後，我們是不是真的盯著他們去履行競選政見？抑或根本不管，甚或等到下次投票時再度傻乎乎地又投給他們一票？如果政客們的表現真的很爛，我們是不是會那麼勤勞地去連署來罷免他們？還是只是把他們當作茶餘飯後嚼舌根的抱怨對象而已？這些答案幾乎都傾向否定的問題，正點出了今日代議政治的大麻煩：亦即光有人民同意的程序與形式，骨子裡卻未必有多少民主的成分存在。

誰來當家：不同的票數統計結果

不管我們從理論面是否同意，目前的代議政治就是民主政治，都必須先接受它正在到處運作當中的現實。正如大家熟知的，這種制度的特色就是透過「定期選舉」（除了少數例外，例如內閣制的解散國會或總統制的元首缺位）來決定下一次輪到誰執政的問題；至於在每次選舉的過程中，所有公民都會依循「一人一票，每票等值」原則來參與投票，最後根據計算投票結果來決定競選勝負與執政權的歸屬。

問題是：各國的計算方式是否都一樣呢？在回答之前，得先說明一下，目前可以投票選出的包括「行政代表」（總統、縣市長或鄉鎮里長）和「立法代表」（從中央到地方的議會機構）兩種政治人物；其中，前者的應選名額通常就是一位，而後者則從數十位到數百位不等，主要看國家的規模而定。

在「行政代表」方面，由於僅選出一個人，計算辦法簡單多了，一般只要得到相對多數選票（也就是最多票），就可以被宣佈當選，這種方法通常也被叫做「第一名過關制」。雖說得票最多就

102 熊彼得（Joseph Schumpeter, 1883-1950），奧地利裔政治經濟學家，提出菁英競爭式民主理論。

當選應該沒有邏輯上的問題，事實是由於經常出現多人競選（超過兩個人以上）的情況，在選票遭到分割後，儘管還是一定會有人拿到最多票，就全體來說他卻可能只是少數（例如在一百萬票中，最高票者雖得到三十五萬票宣佈當選，相對有六十五萬人根本不想投給他），由此便可能因為正當性出問題而引爆政治危機。

特別是在國家元首級選舉當中，前述隱憂更為嚴重，為解決這種可能導致正當性不足的問題，「兩輪投票制」的設計乃應運而生，目前全世界共超過八十個國家採用。這個設計的特點是，不管有多少人參加競選，只要沒有人跨過當選門檻（一般設計是總得票數百分之四十到五十）就要進行第二輪投票，且為了確認出現超過半數以上的得票率，通常只有在第一次投票中獲得最高票數的前兩個人可以參加一對一競爭。這種設計雖顯然可彌補正當性不足的缺陷，並避免爆發不必要之政治危機，問題是經常帶來所謂「棄保」的不理性結果；[103]由此可見，想找到「完美」的制度實在很不容易。

至於在「立法代表」的選舉方面，情況就複雜多了。在此可根據選區的劃分把它分成三大類：亦即單一選區、複數選區與全國選區。

所謂「單一選區」是指一個選區只選出一個代表，目的是想落實「個人」的政治責任歸屬；也就是如果某一個選區發現有民意被忽略的情況，人民便很自然地知道該把誰抓出來負責。在這種制度下，跟行政代表一樣，多數國家也採取簡單的相對多數制來決定誰當選，但在例如澳洲等少數國家中，由於還是希望當選者最起碼要取得過半數選民的支持，又想避開兩輪投票的麻煩，於是設計出所謂「選擇投票制」，也就是選民可根據自己的偏好來排列候選人順序，如果根據第一偏好還沒有人過半數的話，則剔除最後一位候選人，並將該位候選人的選票根據第二偏好來加入並重新排列，直到找出有人得到過半數選票為止。

其次，所謂「複數選區」是指一個選區可能選出一個以上的代表，目前全世界只有台灣在地方議會選舉中還實施這種制度（中央立法機關已在二〇〇八年改成單一選區制，或許也算是種另類政治奇蹟吧）。這種制度的學名又稱「單記非讓渡投票制」，[104]原來主要使用於日本眾議院選舉中，目的是為了符合派系政治特徵，確實經常帶來派系之間的分裂與衝突；其挑戰是，這種制度往往導致找不到人負責的政治結果，因為一個有兩名代表以上的選區若出問題，這兩個人必然彼此推諉責任以致選民求助無門。

最後，所謂「全國選區」是指不劃分特定個人選區，而是由政黨在全國各地同時進行競爭，然後根據所得票數比例來決定得到多少席位，因此也叫「政黨比例制」，目的是想落實「政黨」的政治責任歸屬。其前提是假定多數人民都會透過政黨來集體表達意見，為了讓所有意見都有表達的空間，因此讓它們根據比例來分享進入議會的席位，同時讓多數政黨有實踐政見的機會，並且

103 所謂「棄保」或稱「策略性投票」，例如在甲、乙、丙三人同時參選的情況下，某位選民本來把票投給甲候選人，但是因為只有乙、丙兩人進入第二輪投票，儘管這位選民不喜歡乙，可是因為他更討厭丙，所以只好把票投給乙候選人以阻止丙當選。

104 單記非讓渡投票制（Single-nontransferable vote, SNTV）又稱複數選區單記不可讓渡投票制、複數選區相對多數決、不可轉移單票制等，非常容易引發策略性投票而無法計算選民真實意見。

使人民很清楚地有一個判斷政府施政臧否的客觀標準（也就是看政黨是否實踐其承諾）。

儘管多數歐洲國家都採取前述政黨比例制，這種設計顯然也不可能完美無缺；從某個角度來看，政黨比例制不但很容易造成小黨林立的複雜多黨現象，導致政治經常動盪不安（法國第三共和歷史便為殷鑑），[105] 更重要的，由於它傾向以全體普遍利益為訴求目標，使得許多地區的特殊利益因此遭到忽略。正因如此，所謂「附帶席位制」乃跟著在德國等地出現，這種也被稱為「單一選區兩票制」的制度，乃是以單一選區為基礎，但選民可以同時投下兩票，一票投給選區代表（讓他們知道有問題時誰該負責解決），另一票則投給政黨（使個別地區的私利不至於危害全體公益）。

值得一提的是，前述歸納當然不可能包括目前所有的制度設計；例如台灣就是一種奇特的變形。目前它不僅擁有獨步全球的複數選區制，事實上還帶有一點兒附帶席位制的味道，此即「不分區代表」的設計。問題是：挾民意以自重並且幾乎不用負政治責任的選區民代，和那些由於得依賴政黨提名才能出線，因此自然唯黨意是從的不分區代表，彼此之間又該如何協調呢？

理性與盲目：逛著政治大街的民眾

話說回來，不管我們認為哪一個制度設計是最理性的（其實這個問題根本沒有答案），重點是：所有制度都得靠選民投下神聖一票來完成。從這個角度看，即便被憲法學者稱頌不已的一九一九年德國《威瑪憲法》，終究被希特勒與納粹棄若敝帚，**可見制度能否落實，關鍵還是回到人民的**

態度身上。由此應該進一步思考是：首先，人民到底怎麼投下手中的那一票？其次，到底有多少人民認真地去投下這一票？

針對第一個問題，部分人（儘管有點心虛）認為，投票本身「應該」是一種理性的行為，也就是說，**選民們通常會以「自利」為基礎，然後慎重決定投給誰才能夠滿足自己的利益**。例如唐斯等學者，[106]便常以家庭主婦們上市場買菜當作例子，說明選民們如何錙銖必較、貨比三家，在論斤秤兩討價還價後，付出自己認為最合理的價格，然後滿意地將東西帶回家。這種想法乍看之下似乎沒什麼不對，顯然忽略了媽媽們「衝動性購買」的另一種消費習慣；在後一種情況中，有時消費購物未必「真的」因為有需求，不過是在天花亂墜的廣告宣傳下，「自以為」有需求（或者說服自己總有一天用得著）地把東西買回家。

並不是說「衝動性購買」足以解釋選民的投票行為，何況所謂衝動的背後亦不乏一定程度的「理性」思考。但事實是：**由於人民在政治過程中明顯居於「資訊不對稱」的劣勢**，也就是未必能獲得有助於理性思考的充分資料來源（這還不包括具故意誤導性質的資訊），再者，「**品牌導向**」（其實就是政黨傾向）之固定消費習慣往往誘使人們不多思索地就決定是否花錢購物，這些既說明了多數投票過程中的被動傾向，並促使我們必須重新推敲影響投票行為的關鍵是什麼。

對此，學者們一般從三個角度來加以解釋。首先是「政黨認同」；儘管部分國家似乎正出現

105 法國第三共和時期（1870-1940）在七十年間，內閣更迭共達一〇八次，最短任期只有兩天。

106 唐斯（Anthony Downs, 1930-2021），美國經濟學家，專長在於經濟學之公共政策應用研究。

政黨認同模糊的跡象，不可否認，特別在那些因為正進行民主化而陷入暫時政治狂熱的國家當中（例如台灣），政黨動員還是人們在選擇投票對象時一個非常重要的考量因素。其次是「社會化」，許多人在進行政治思考時，經常會受到鄰近社會團體（例如家庭、鄰里或工作環境）或較親密社會對象（例如配偶或同儕）耳語影響，或根據自己所處社會階級（資本家、中產階級或低層勞工）的利益來決定其支持者。最後則是所謂「主流意識型態」或「普世價值」；這是一種不可捉摸又似乎存在的思想力量，通常表現為傾向保守或支持改革，它們可能是社會上自然生成的集體心理，也可能是執政者或少數人刻意塑造出來的。

除了希望瞭解究竟是什麼因素（政黨認同、社會化或主流意識型態，也不排除自主意識）主導了選民的投票行為，既然正站在被高聲吶喊是個「民主至上」的時代中，人們到底是用什麼實際態度來面對這個時代，當然是一個很有趣的問題。

在此，若假定所謂民主就是「人民統治」，而所謂人民統治現階段至少或只能指「代議政治」的話，「投票」不僅是目前人民參政的少數與主要途徑，從「投票率」應該可以看出人民對當下這種主流制度的支持程度。奇怪的是，在號稱「第一個民主國家」或者「民主典範」的美國，其實際投票率卻低到不可思議的地步，[107]一般只有五到六成合格選民有投票習慣，甚至在常被忽略的期中選舉或地方選舉當中，投票率還偶爾會降到將近二成。相較起來，西歐人民的參與熱情顯然高了許多，普遍都有七或八成以上的投票率，甚至在若干關鍵選舉或處於民主化浪潮中的國家，投票率偶爾還有攀升到九成以上的紀錄。在此，就算暫時不去追問這個讓美國政治學者尷尬不已的問題，另一個疑惑仍不禁浮現在我們心中：為什麼總是有人不想去投票呢？

學者們對這個問題的解釋包括以下幾個：首先是「投票程序」，例如相對於多數政府會自動幫人民篩選投票資格，美國人民卻必須主動先自行進行登記後才能獲得投票資格，導致許多人懶得去投票；其次是「社會地位」，較高社會地位者通常比較低階層者熱中政治；第三是「教育程度」，一般認為投票率隨著受教育程度呈現正比例上升，例如大學畢業生比較可能去投票；第四是「社會區隔」，部分研究報告指出，種族、年齡與性別有時也會影響投票率，例如少數民族、年輕人與女性便可能屬於那些低投票率社群；最後是「心理制約」，也就是當人民覺得自己投下的這一票根本沒用，或因為屬於弱勢群體而對社會產生疏離感，也可能決定不參加投票過程。

無論上述林林總總的說法能否解除大家心中疑惑，事實擺在眼前：除非有法律上的強制規定，[108]否則總有一定比例的人民根本不想參與政治。更甚者，即便那些偶爾或經常投票的人們，一定比例亦是被動而且消極參與的。

在這種情況下，政治該怎麼去推動呢？

107 根據示優中心（Pew Research Center）二〇二〇年公佈的報告，瑞典、澳大利亞、比利時和南韓是全球投票率最高的國家，約在八成上下，美國大約百分之五十五，在三十五個被調查的民主國家中排名第三十位，儘管當年底總統大選創下一百二十年來最高投票率。

108 全世界有超過二十個國家採取強制投票（compulsory voting）制度，包括澳洲與比利時等。

政黨：政治集體行動之現象、角色與影響

埃爾梅曾經發人深省地說過：[109]「民主的合法性，乃因選民棄權而來。」如果我們反思並接受這句話之深意，那麼在一個多數人民紛紛自願或被迫疏離在政治過程之外，民主政治卻又被高舉為主流大纛的矛盾狀態中，到底是誰在操控並運作著政治生活呢？那些操控政治生活的人，究竟是民主的變相實踐者，還是只不過將民主當作是正當性來源而已呢？抑或者，我們對這批人又有何或能有甚麼期待？

請注意以下幾個名詞：黨爭、零和競賽、黨國合一、兩黨制、多黨制、聯合政府

拉幫結派：政治生活中的自然集體性

前章最末段落留下一個可以繼續探討的話題：在人民參政熱度不高，或即便參與投票也缺乏主動積極想法的情況下，由於政治運作顯然不可能是種無意識的結果，那麼究竟是誰在扮演著推動政治的「幕後黑手」呢？

正如「領袖」一章開頭所言，少數統治的寡頭鐵律乃人類政治生活之不變特性。儘管如此，特別是當人類政治演進主流進入民權時代之後，情況還是有著稍稍不同，差異處在於組成政治小圈子的正當性來源不一樣。在過去漫長的君權時代中，菁英們若想躋身權力核心，首先有正確的DNA當然最好（擁有跟當權集團份子一樣的血緣組成），其次有賴於他們對捍衛政權的正面貢獻（名義上是保衛疆土或為國家鞠躬盡瘁，其實就是捍衛王朝存續），然後再由他們與當權者的關係來決定其權力位置（悲哀的是，沒貢獻但會拍馬屁者總能夠衣紫腰金並坐享榮華富貴，有貢獻但關係不好者卻偶爾只能面對如岳飛般的命運）。

並不是說上面這些情況到了民權時代就不存在（很多人依舊靠裙帶關係分享政治利益，統治者身邊也還是有一堆馬屁精），但他們能不能獲得政治權力地位，光靠DNA與所謂貢獻顯然不夠，特別是存在選舉制度的地方，關鍵還是必須得到人民認同，亦即獲得足夠票數支持，然後決

109 埃爾梅（Guy Hermet, 1934-），當代法國社會學、政治學與歷史學家。

定其權力野心能夠被滿足到什麼程度。當然，**在爭取人民認同的過程中，個人的權力野心是必須被隱藏起來的，取而代之的是一些所謂國家願景、建設計劃與他們所歸納出來的「民意」**；接著，理論上人民便根據是否接受他們所提出來的這些東西，決定要不要讓他們登上權力寶座。

無論如何，此處討論重點並非少數菁英如何能夠一再壟斷權力核心，而是要進一步觀察他們在權力核心中如何進行你爭我鬥。從某個角度來看，廣義的「黨爭」並非民主特產，而是一種由來已久的政治慣常現象；以中國歷史為例，諸如唐朝牛李黨爭、宋朝新舊黨爭、明朝東林黨爭……等都明白指出：**菁英們自古以來除了埋首於不斷提高自己地位的「垂直性」競賽，也會進行「水平性」的集團間鬥爭**。

事實上，這不過是人類群居特性的縮小版罷了。

正如人類在競爭激烈的自然環境中，必須透過集體行動來滿足生存與物種演化的終極目標，在各自形成不同社會群體後，又繼續藉由諸如戰爭等同類相殘來取得更大「生存空間」一般，菁英們身處的政治環境同樣隱含著類似殘酷本質，甚至競爭性還更為強烈。原因是：**相對於人群在社會生活中可以各據山頭甚至互不來往，政治環境由於具有非常明顯的金字塔結構特徵，這也使得你死我活的「零和競賽」變得無可避免**。在此情況下，為取得分配所得的優先權，菁英們當然得「既聯合又鬥爭」地展開互動，一方面糾結志趣相投或至少目標一致者以便壯大自我聲勢，其次是設法幹掉跟自己唱反調的對手，最後則在奪取權力大餅後「坐地分贓」；當然，所謂「共患難易、共富貴難」，由於私心作祟導致「狡兔死，走狗烹」的窩裡反現象亦時有所見。

上面一連串描述難免給人一種悲觀灰色的印象，認為投身政治者不過就是一群自私自利的傢伙罷了；這麼說當然不公平。必須承認，在爭名逐利的政治黑色遊戲中，還是有些蠢得可愛的理想主義者參與其中。更甚者，**相較過去君權時代的黨爭純然是種菁英遊戲，民權時代的黨爭顯然有著群眾運動的特色**。由此，一方面殘酷權力鬥爭的本質部分被掩蓋了起來，再者，現代政黨高舉的政策或意識型態大旗，也讓更多不知其所以然的民眾盲目投身其中並跟著搖旗吶喊，無形中成為政客的護身符（殊不見許多民眾常因所支持的政客受辱，不惜流血抗爭，真不知他們支持的是政策抑或政客）。

無論如何，可喜的是由於社會多元化與平均教育水準的進步，理性公民的數量在部分國家正不斷增加當中，儘管數量依然有限，致使具有理想性的政黨經常被排擠在政治外緣，那些較「務實」（隨時可以根據情勢需要改變政見內容）的政黨還是居於主流位置，不過，人民素質的提昇總是一個可以被期待的正面變數。

政黨體系：被過度簡化的社會多樣性

前面試圖點出過去與現代菁英，在取得權力過程中擁有之正當性來源的差異，同時提到了他們如何透過集體行動來進行彼此鬥爭；無論如何，由於本書焦點還是鎖定在當下，因此下一個問題是：現代政黨究竟是如何被形塑並演變出來的？

杜瓦傑傾向從歷史面提出解釋：[110]他認為正如民主概念的起源一般，由於歐洲王室對人民的需索日增，為了安撫民心並維繫政權根基起見，乃逐漸將更多的權力轉移給議會機制；由此，隨著議會功能的擴大與其內部互動之愈發頻繁，菁英們首先在議會中拉幫結派以取得通過法案之主導權（或者對王室的勒索權），接著又因為選舉權（投票資格）不斷擴大，他們很自然轉而分別直接訴求群眾支持，以便增加自己的影響力，由此一方面間接將人民拉進了政治過程，同時塑造出今日民主體制中的政黨雛型。

上述解釋雖然符合十九世紀以來歐洲的歷史發展過程，顯然無法充分解釋歐洲以外經驗，因此道斯與休果希望從另外幾個角度來進一步說明政黨發展，[111]他們認為，包括人民參與政治的期望遭到壓抑（例如殖民地獨立運動或威權政體人民尋求發言權）、既有政權無法解決內部經濟與社會結構問題（例如社會主義政黨倡導無產階級革命或環境運動政黨之改革訴求），以及由於國內之族群待遇不平等現象（例如若干國家境內之少數民族分離運動）等，都可以讓我們進一步瞭解現代政黨的複雜源起。總的來說，所謂政黨客觀上乃是一群想法類似者，為追求實踐其政治目標（通常就是掌握決策權）而結合成的菁英性團體。

值得注意的是，從歷史發展現實看來，由於多數人們都擁有著不同之歷史背景、地理環境、生活方式、風俗習慣與人生目標等，甚至彼此個性與思考邏輯也有著若非大同小異，就是小同大異的特色，社會上若存在無以數計多樣化的政黨乃可以想見，何況所謂政黨在英文語意上本來就有著「部分」的意思。儘管如此，且不論那些一黨制或兩黨制的國家，即便擁有十幾個政黨而被稱為所謂多黨體系者，其國內政黨數量似乎都遠低於反映社會複雜性所需要的想像。

首先，如果一個國家中僅存在一個政黨，或者長期僅由一個主要政黨來掌握政治權力的話，無論被稱之為「一黨威權制」（限制其他政黨參與）、「一黨極權制」（排除其他政黨參與）或者是

「一黨霸權制」（事實是沒有其他政黨能有效分享政權），多數學者都很難接受，單單一個主要政黨就能反映整個社會。例如一九三〇年代德國的納粹黨或義大利的法西斯黨，固然不能稱之為真正政黨（根本只是少數統治者的執政工具），即便一九九〇年代末以前日本的自由民主黨，[112]儘管有著類似民主政黨之外貌，骨子裡不過是派系政治下用來進行分贓的工具；當然，像列寧式政黨或過去墨西哥的革命建制黨等擁有「黨國合一制度」者，所謂政黨更只是一個用來檢驗忠誠度的機關罷了。

其次，在被稱為「兩黨制」的國家裡，儘管由其表性國家（英國與美國）發展還算穩定，因此負面評價不多，有兩點還是值得注意：第一，這些所謂兩黨制的國家並不真的只有兩個政黨，例如英國實際上屬於「兩大（保守黨與工黨）一小（自由黨）」，美國在地方層次也存在許多小黨，只不過都缺乏進入參眾議院的實力；第二，即便英國與美國都還算民主，僅剩下兩個具代表性的政黨，在所謂多元化社會中無論如何都還是個荒謬的現象。

大體來說，兩黨制這種特殊現象多半因為以下兩個因素造成：首先是「制度性」因素，亦即

110 杜瓦傑（Maurice Duverger, 1917-2014），法國法學家、社會學家與政治工作者。

111 道斯（Robert Dowse, 1933-）為英國經濟學家，休果（John Hughes, 1941-2015）為英國量化研究社會學家，兩人曾合著有《政治社會學》一書。

112 自由民主黨（LDP）在一九五五年由日本民主黨和自由黨合併組成後，迄今僅在一九九三至九六年，以及二〇〇九至二〇一二年兩度短暫失去執政權。

採取單一選區相對多數制的結果，[113]這種經常被稱為「杜瓦傑定律」的狀況乃是因為支持小黨者為了怕浪費手上寶貴的一票，往往自動「理性地」轉而投給大黨的緣故，結果讓小型政黨失去生存空間；其次是「心理性」因素，一方面來自部分選民的慣性動作（一直習慣投給某個政黨），同時因為主要大黨不斷擴充其「總括性」特徵（只要有受歡迎政見就吸納進來）的結果，前者指出選民往往基於慣性而未必謹慎思考，後者則指出另一個現實，也就是這類政黨根本沒有中心想法，只不過一直投機性地去騙選票而已；正因如此，兩黨制當然不能算是種理想的政黨發展方向。

最後，根據薩托利的分類，[114]擁有超過兩個政黨的多黨制國家，又可分成擁有三到五個政黨的「溫和多黨體系」，與政黨數超過五個以上或甚至有十幾個有效政黨的「極端多黨體系」。在前一種情況當中，儘管表面上存在超過兩個以上的政黨，由於經常形成兩個彼此對抗的政黨聯盟（多數區分根據為意識形態光譜的相對位置，也就是偏左或偏右），幾乎是種變相的兩黨制（例如台灣的泛藍與泛綠陣營）。儘管如此，政黨聯盟內部的凝聚力畢竟比不上單一政黨，非但陣營內部糾紛不斷，政黨分合也如家常便飯，從而使其隱含著不穩定的特徵。

至於極端多黨體系也被稱為「粉碎性體系」；儘管它理論上較能夠反映社會多樣化現實，亦有利於各種意見充分辯論協商，使得即便少數意見也不會有被忽略的疑慮；可惜的是，擁有這種政黨體系的國家經常以政局動盪著稱。最出名的例證乃前述法國第三共和時期，相較此一階段法國在七十年內共出現一〇八次內閣，同時期英國有十二屆內閣，美國則出現十三位總統，可見其動盪狀態；由於一九四六到一九五八年的第四共和時期幾乎如出一轍，這正是戴高樂企圖改革法國憲政的主要原因。[115]

由此不難發現：**假使政黨過少，則不僅無法反映社會現實，事實上人民經常也僅是提供政黨執政正當性來源的工具而已；如果政黨太多，又容易因為七嘴八舌無法達成共識而造成政局癱瘓。**面對這種兩難處境，究竟該怎麼辦呢？

政府：政黨競爭之政治結果

針對上述疑惑，暫且留待後面章節再來討論。接下來要說明的是：無論政黨競爭呈現何種樣態，關鍵是它將帶來何種政治影響？最簡單的答案是：造成輪流執政的結果。

正如周知，**政黨主要的競爭目標乃決策權，也就是所謂「行政權力」，換言之，獲勝者便可得到「組織政府」的機會**，抑或通俗來說，就是取得「當家做主」的主導性地位，當然，或許可以「順便」落實競選承諾或政治理想。特別在民權時代中，由於權力之分配必須根據計算選民投票結果來決定，每次選舉對政黨都非常重要，一旦失敗，不僅要等好幾年才能捲土重來，何況還得面對獲勝者利用執政優勢進行打壓的窘境。儘管如此，在不同的民主體制下（一般指內閣制與總統

113 單一選區相對多數制也稱「領先者當選」（First Past the Post, FPTP），也就是在一個選區只選出一個人的情況下，只要獲得最多票就可以當選。

114 薩托利（Giovanni Satori, 1924-2017），義大利政治學家，以民主理論與比較政治研究著稱。

115 戴高樂（Charles de Gaulle, 1890-1970），法國軍事家、政治家與第五共和首任總統。

制），政黨競爭將出現不同發展。總統制的情況相對簡單，也就是誰能在大選中獲勝，誰就有機會在一定任期內獨攬行政大權；不過，由於總統制國家通常附帶行政與立法機關之間的制衡設計，若某個政黨儘管贏了總統大選，卻未能同時在國會裡頭獲得多數席位的話，日子恐怕也不會太好過，因為失敗者絕對會在國會中聯合結盟起來，向執政者發出挑戰。

無論如何，內閣制的情況顯然更為複雜。由於內閣制國家行政權力的取得乃根據國會席次比例而來，亦即誰能在國會大選中贏得最多的席位數，誰就「有機會」負責組織內閣。或許有人會問，這種辦法看起來不是蠻簡單的嗎？問題在於，如果是只有兩個政黨的國家，當然一定會出現過半數的「多數政府」，並帶來雖可能輪替但比較穩定的政治發展；只不過，所謂兩黨制實在是種罕見又不理性的結果，事實是絕大多數國家都擁有兩個以上的政黨，因此，**想組成「多數政府」的機會絕沒有想像中容易**。相對地，在多黨內閣制國家中，比較可能出現的是另外兩種狀況，也就是所謂「少數政府」或「聯合政府」。前者指的是某個政黨在國會中取得沒有過半數的明顯多數地位（例如百分之三十到四十左右），但因對手由於種種原因無法組成聯盟，結果讓它還是取得單獨組閣的機會；儘管如此，由於此類執政黨事實上並不能掌握國會中的真正多數，在推動政策過程中必定會遭遇相當大的阻力。

大體來說，前種狀況多半發生在「溫和多黨體系」中，至於「極端多黨體系」的情況可能截然不同。後者指的是，在一個國家裡同時存在著甚至多達十幾個政黨，在這種情況下，因為政黨之間的席位數必然很接近（最大黨甚至可能連百分之二十席位都拿不到），幾乎不可能出現明顯的領先者，為了順利組織政府，政黨之間去異求同以進行結盟也就無法避免。進言之，在極端多黨國家中，政府組成將根據政黨之間可能完成的結盟規模，分成底下四種類別：**首先是「大聯合政府」**，**通常指參加聯盟的政黨席位數在國會中超過百分之七十五**（例如英國在第二次大戰期間組成的戰時內閣），在這種情況下，就算有少數幾個政黨脫離，絕對不會影響到政府的穩定運作。儘管如此，政黨極端分歧卻又能共聚一堂顯然是種不太正常的現象，唯一能解釋的答案是，除非此時國家面臨著生死存亡的關頭，否則這種情況相信很難發生。

其次是「**超量聯合政府**」，**其政黨聯盟規模雖不像大聯合政府那麼龐大，仍舊足以保證即使有小黨脫離，還是可維持過半數地位**（例如一九八〇年代後的義大利）。說實話，由於這種聯盟的不正常性其實跟大聯合政府差不多，因此除非有特殊原因（可能因為國家遇到發展危機，或由於半總統制度的影響，對此於下一章再討論），出現機會也不大。相對地，比較可能出現的是「**最小獲勝聯合政府**」，**也就是若干政黨勉強湊到過半數席位，以便獲得組織政府的權力**；值得注意的是，正因為這種政府只擁有約略過半優勢，一旦有人脫離，馬上就會因為總席位不夠而出現「倒閣」危機。最後也是最不理想的發展，便是「**少數聯合政府**」，**它是指政黨之間不管再怎樣進行合縱連橫，也湊不到過半多數，因此只能讓湊到總席位最多的那個聯盟來負責組織政府**，可以想見，這種政府由於根本無法掌握足夠的多數，必然不時處於風雨飄搖頹然欲倒的邊緣，前面所提到法國第三與第四共和的情況正是如此。

總的來說，相對以「最小獲勝聯盟」為主的內閣制國家，總統制國家顯然在政治穩定度上略勝一籌，因為除非出現罕見超級醜聞（例如美國尼克森總統水門事件），[116]否則總統在任期內即便明擺著佔著茅坑不拉屎也沒關係；至於內閣制國家一來必須隨時注意聯盟內部和諧，又得應付外來挑戰，執政實在不是件簡單事情。有人或許會問：這是否暗示總統制比內閣制來得好？其細節暫且留待下一章再詳細說明，在此要再度特別強調的是：**穩定並非是政治制度第一目的，如何落實民意並防止政府對人民的侵害才是更重要的**。舉例來說，若非要追求穩定，父子相傳的終身世襲制，豈不比每幾年就要大吵大鬧一次的總統制穩定得多？答案應該很清楚吧。

迷失與衰微：無可避免的不歸路？

儘管黨派鬥爭跟人類的政治史一樣悠久，甚至時至今日還有人聲稱，所謂「民主政治就是政黨政治」；**實則對許多理性思考者而言，政黨從來就不是個好東西**。且不論中文裡頭的「黨」本來就有「尚黑」的意思，孔子曾公開宣稱「君子不黨」，許多西方學者（包括美國開國元勳傑佛遜）亦公開抨擊政黨可能帶來的政治惡鬥與社會衝突，因此主張應該壓抑政黨發展，來保障全體民眾的自由。儘管如此，政黨仍猶如打不死的蟑螂一般存活迄今，甚至被認為是民主的必需品或同義詞。

好吧，就算我們承認政黨確實存在一定的政治功能，例如可代表民意、幫助國家訓練並培養菁英份子、將社會各階層利益整合成可運作的政策，同時可發揮政客的專長來組織政府並負責落實社會目標；重點是：**政黨對外自我宣示的目標，與它們應該展現的功能是否一致呢**？

除了負責落實社會集體目標，政黨最重要的象徵功能應該是所謂「代表民意」；也就是說，即便我們允許政黨利用政治遊戲「順便」滿足政客們的權力慾望，他們至少要能夠正面回饋人民的需求，亦即透過政黨組織設法去廣泛瞭解人民到底要什麼，然後在歸納並總結搜尋到的結果後，把它們化約成競選政見或是執政後推動的政策方向。如果真能如此，其實如同我們到市場上去買東西一樣，只要商品符合需求，就算奸商們故意提高點價錢也勉強能被忍受。

但政黨是否真的這樣作到了呢？在回答問題之前，我們可以先想像一下，如果政黨真的努力去吸收並瞭解民意，那麼應該有類似機制存在才對；事實上在多數自我標榜民主的國家中，幾乎看不到政黨們散布各處的地方支部曾主動且有系統地去探求民眾的真實想法，相反地，它們若非平常根本大門緊閉，便是被動地去因應人民請託（不告不理下的選民服務），在絕大多數情況下，只是扮演競選期間的動員機制而已。就算「比較先進」的歐美國家，政黨也很少扮演匯聚民意的角色，**更常作的事情是把人民當作是「教育對象」，透過各式各樣「置入性行銷」的宣傳辦法，將自己先入為主的觀念灌輸到人民的腦子裡，然後說服那些被催眠成功的民眾把票投給自己。**這樣子的思考邏輯不僅充滿自以為是的菁英特徵，更重要的，正如前面提出的問題：政黨的目標（催眠民眾以獲取選票）與它們所該展現的功能（反映民眾真實需求）是否一致呢？

顯而易見，答案當然是趨近否定的。

儘管「政黨政治」乃當前民主運作的特徵，就像我們走進餐廳，如果菜單實在沒有一樣讓人看得順眼，老闆卻逼你非得點餐吃飯才能走出大門，該怎麼辦呢？其實，**政黨政治正是這種不折不扣的「黑店政治」**。講到這裡，早就被嚇出一身冷汗的我們倒也不用太過悲觀，因為歷史總是不斷前進且絕不可能一成不變。

正如許多政治學者觀察到的，某種「政黨危機」的跡象已在部分國家瀰漫開來。例赫伍德便以英國為例指出，[117]工黨自一九五〇年代以來已經減少三分之二的黨員，保守黨忠實支持者同樣少了二分之一左右；此外，某種「反政治」浪潮不斷上演，例如毫無政黨奧援的美國億萬富翁裴洛在一九九二年總統大選中「意外」獲得超過百分之十二的選票，[118]若干國家在選舉中發起「白票」運動（例如二〇〇六年的泰國，目的是鼓勵人民投廢票來抵制政黨），至於一些新興社會運動（婦權運動、和平運動與環保運動）也經常不選擇以政黨外貌出現，再者，由於資訊革命與全球化浪潮衝擊而力量愈來愈強大的社群主義，[119]同樣在挑戰既有結構之餘，某種程度削弱了政黨的動員能力。這都是身處二十一世紀初的我們，應該注意到的新事實。

總而言之，儘管不可諱言，政黨迄今依舊扮演重要的政治角色，人民似乎亦只能被動地從政黨提供的有限菜單中去挑選自己的未來，我們仍須關注，即便這種挑選過程或許也可稱為是種「自由」，它能否充分滿足我們的要求呢？更重要的是，如果各位無法滿意這種現狀，到底應該努力自我適應，還是找辦法去改變它？

116 水門事件（Watergate Scandal）乃是一九七二年位於華盛頓特區水門大樓民主黨全國會員會遭到非法入侵的事件，由於涉及現任總統尼克森（Richard Nixon），最終迫使後者在一九七四年辭職下台。

117 赫伍德（Andrew Heywood, 1952-），英國著名政治學教科書作家。

118 裴洛（Ross Perot, 1930-2019），美國商人，曾於一九九二與一九九六年兩度參與總統大選。

119 社群主義（communitarianism）是一種提倡民主，但與個人主義和自由主義對立的政治哲學，強調個人與群體之間透過社會認同強化連結，相關理論可溯及杜威（John Dewey, 1859-1952）。

制衡：如何防止權力不被濫用

儘管不守規矩和耍特權乃是部分政客們最喜歡做的事情，還好這個世界還沒有淪落到讓他們為所欲為的地步；在政客之外，還有兩股可以和他們抗衡的力量，其中之一是喜歡作白日夢同時還經常不切實際的政治學者，另一個則是想法不見得很清楚，但手中卻握有關鍵武器（選票、輿論與人口多數）的人民。至於政治世界就在這個三角平衡（永遠由政客控制政府，學者們不斷提出理想，而人民則偶爾發飆來懲罰政治人物）之下，逐漸浮現出目前正在運作中的制度來。

請注意以下幾個名詞：內閣制、總統制、三權分立、公民投票、民意調查

內閣制：副署、倒閣與解散國會

不管大家選擇了什麼樣不同的民主體制，總要想辦法讓那些擁有權力者負起政治責任，或至少限制他們濫用權力的可能性；對此，前面雖曾有過初步介紹，此處還是從「制衡」角度切入，詳細說明各種制度內部是如何來進行設計的。

一般來說，除了少數例證（例如瑞士的委員制）之外，目前存在的民主制度（也就是排除獨裁、威權與社會主義政權）大體可區分為「內閣制」與「總統制」兩大類；其中，**所謂內閣制指的是以「立法機關」（國會）為政治核心的一種制度**（英國乃顯著例證，這也是目前全球採用比例最高的一種制度）。在這種制度中，人民首先投票選出國會議員，然後根據國會中各個政黨的比例與結盟狀態，決定由誰來組織中央政府（請參考前一章敘述）。屆時負責組織內閣者不但是由各政黨國會議員中挑出的菁英份子，他們在進入內閣負責政務同時，仍兼具議員資格；因此，更精確的描述是，**內閣制的設計乃是由國會議員來兼任政府中分管部門的政務官員**。

在此種制度的制衡設計方面，首先，多數內閣制國家都擁有「雙首長」特徵，也就是同時擁有一名僅負責「代表國家」的虛位元首（例如英王），以及一名真正具實際權力並負責執行日常政務的行政首長（後者多半乃多數黨主席或是由多數政黨聯盟推舉出來的領袖），**為保證國家元首的虛位性（不具任何實權），內閣制通常有所謂「副署」的設計，亦即當國家元首依法公佈任何法律命令時，必須有行政首長簽名才能夠生效**。當然，在那些沒有雙首長設計的內閣制國家（例如被稱為總理制國家的印度）中，也就沒有這樣的東西存在。

俗話不是常說「天無二日，民無二主」？一個國家為什麼要有兩個首長？對於這個疑惑，或可以從兩方面來解答。**首先是「歷史性因素」**。例如在一些歐洲國家，儘管基於民主化壓力致使它們先從君主專制轉向君主立憲，然後再朝虛君立憲（也就是今日的雙首長內閣制）邁進，但在過程中，特別是因為若干歷史情感因素（考量到王室過去所帶來或創造之國家民族光榮），或受到王室本身行為自律性的影響（感念或回報某些王室主動交出政權），使其在邁向民主化後，依舊選擇保留王室，從而形成某種非常荒謬而矛盾的政治現象（世襲且擁有國家保障特權的王室，顯然直接挑戰了強調階級平等的最起碼民主條件）；這時，「副署」便成為保證這些王室不會走復辟回頭路的一種制度設計。

其次是「凝聚性因素」。也就是說，我們必須考慮到民主過程之競爭性可能帶來的效果。由於在民主制度中，所有執政者都必須經過選舉考驗，但競選過程又無法避免黨派之間相互惡性攻擊，不論誰執政，在國內都勢必存在一定比例的不滿意選民，從而不僅造成政策執行過程的隱性阻力，甚至破壞了國家的整體凝聚力。正因如此，**一個客觀且超越黨派的國家元首或許有其必要**（這是一些原來擁有虛位君主的國家，儘管廢除王室後，還是保留雙首長特徵的緣故，例如德國與法國）；當然，同樣為了防範元首超越其象徵性功能，副署也是個必要的設計。

進言之，除針對「雙首長」特徵進行制衡工作之外，更重要的還是分別為立法與行政機關的權力加諸限制。在行政機關方面，首先為確保內閣能夠尊重民意，一旦它有剛愎自用的嫌疑，在野者便可透過「**信任投票**」（有兩種方式，其一是直接投票來表示信任與否，其二是透過否決執政者所提重要議案來間接表達不信任，但後者常由執政者自己設定）方式來決定是否讓其繼續執政。值得注意的，**由於多數內閣制國家都有「集體責任」的原則，亦即是當不信任投票通過時，內閣便須「總辭」（而非只有行政首長下台）以示負責**；除此之外，特別是在諸如德國等部分多黨制國家，由於其政府本來便因經常具備聯合內閣特徵而趨於不穩，為了怕在野者不斷以倒閣投票來擾亂政局，因此有著所謂「建設性不信任投票」的設計，也就是國會在提出倒閣案同時，必須以多數決選出繼任者，否則內閣首長就算不信任案通過也不需要辭職。

相對於國會（立法機關）對內閣（行政機關）的制衡，內閣對國會絕非毫無對應的辦法，此即「**解散國會**」設計，主要用於當國會可能進行不理性的倒閣行為時（在野者只有找政府麻煩才有機會接替執政，所以胡攪蠻纏也算「理性」），只要執政黨自認有道理，也覺得比較受人民支持，便可以主動宣布解散並改選國會來嚇阻在野勢力。這種設計所以具有嚇阻力的原因是，光是倒閣的話，只會帶來政府改組的效果（有時在野者便可趁機入閣），國會並不須改選，相對地，倘若突然解散國會重新舉辦大選，對普遍存在籌募競選資金劣勢的在野者不啻一大挑戰。因此在野者若想提出不信任投票，首先得估算好自己的實力才行。

總統制：固定任期與三權分立

相較內閣制，**所謂總統制指的是以「行政機關」（總統）為政治核心的一種制度**（美國就是個顯著的例子）。與內閣制最大的不同是，它不僅擁有「**單一首長**」特徵，**這個首長通常是由全體公民直接投票所選舉出來的**（唯一例外是美國，不過，它雖採取「選舉人團」的間接形式，由於選舉人必須遵守「委任」精神，亦即只能按照選民意志來投票，實則隱含直接選舉性質）。[120]相對地，內閣制首長的產生則擁有間接性質，特別是在多黨林立而必須組織聯合政府的國家，選民投票時不可能知道未來誰將會出任內閣首長。

由於總統制國家採取「三權分立」制衡設計，也就是將權力大餅均分為行政、立法與司法三大塊，然後讓這三個部分形成彼此牽制或至少是各管各的關係，這使它不可能也不需要如同內閣制之「倒閣」或「解散國會」設計，因為後者暗示在某種情況下（例如由單一強勢政黨組織多數政府或出現不穩定的少數聯合政府），行政或立法機關可能具壓倒對方的優勢，從而改變不同權力機關之間的「均衡」姿態。從某個角度看來，正因總統被賦予不可挑戰、甚至受任期保障的行政權，從某個角度看來，他跟所謂「民選的皇帝」幾乎沒有兩樣，差別僅在於不能終身任職也不能世襲罷了。儘管如此，在美國最初進行總統制設計時，主張中央集權的漢彌爾頓事實上就建議讓總統為終身制；[121]後來雖因為聯邦派反對而規定了四年的固定任期，最終沒有給予連任限制（在一九四七年通過第二十二條憲法修正案確認連任以一屆為限之前），也暗示著終身制不是不可能與不能被接受的。

當然，美國最初所以對總統連任限制不加規定，主要或還是由於它是第一個總統制國家，也是第一個接近現代民主意義的國家；從美國制憲領袖成長背景，以及十八世紀末期全世界都還處於君權時代的歷史環境看來，由於貴族政治傳統依舊深入人心，何況所謂「終身制」亦並非是個完全不理性的制度設計（如果沒有更好人選的話），且已經有四年一次的重新選舉機制作為制衡。儘管如此，畢竟美國的獨立本來就具有反殖民與反貴族思想背景，**由於「權力必將使人腐化」的**

民主觀念逐漸成為共識，更重要的是華盛頓與傑佛遜等開國元勳的以身作則，留下了相當珍貴的憲政習慣，在華盛頓於一七八九年當選首任總統，到一九五一年前述憲法第二十二條修正案開始生效的一百六十二年間，總統連任僅限一次成為美國一個不成文的政治傳統；除了威爾遜總統企圖打破此慣例但未能成功（一九一九年底嚴重中風迫使其打消念頭），唯一突破傳統的便是小羅斯福（從一九三三到一九四五年共擔任了三任又三個月的總統）。

相較內閣制國家政府往往隨著國會大選而進行內閣更迭，理論上雖然有著固定任期，假使出現解散國會狀況，則必須重新大選而導致任期中斷，其次，只要同一政黨不斷獲得執政地位，其黨魁也可以持續擔任行政首長而沒有次數上限（限制主要來自政黨內部之黨魁任期規範），**固定任期與連任限制顯然是總統制國家特有的制衡設計，其原因是總統所擁有包括國家元首、行政首長、三軍統帥與首席外交官等廣泛權力，比起內閣制首長來得大許多的緣故。**

值得注意的是，總統雖有任期限制，從全世界實施總統制的國家來看，到底一個任期可以幹多久並無共識，一般規定大多在四到八年之間（由於模仿美國的緣故，四年成為最多選項，其實沒有特別道理）；其次，對於連任次數的限制同樣沒有共識。以仿效或抄襲美國為主的中南美洲（不包括加勒比海地區）為例，二十個國家中就有十九個選擇了總統制，但其中十個國家根本不允

120 選舉人團（Electoral College）是美國的特有制度，目前定制共五百三十八人；投票雖採取「委任」原則，歷史上仍有六次選舉出現共一百五十八位「失信選舉人」（faithless elector）。

121 **漢彌爾頓**（Alexander Hamilton, **1755-1804**），美國開國元勳與憲法起草人之一。

許連任，且一生僅能夠當一次總統，另外四個國家雖然允許再任一次，但不能連選連任，還有五個國家則允許連選連任一次（跟美國一樣）；由此可見，總統的任期設計是相當多樣化的。

當然，由於總統乃是總統制國家的政治核心，制衡考量主要環繞著總統來作設計可以想像；不過，除了透過任期來限制其權力，此類國家一般讓立法機關擁有可以牽制總統的部分權力。首先，相對於總統擁有的不完整立法權（主要是透過「行政命令」來直接裁量），國會不但被賦予相當全面的立法能力，同時可經由正式立法來追認或修改（也就是抵制）總統發布的命令，甚至在通過立法時還可清楚地說明法律的用意及其基本原則，避免行政機關自行解釋或為所欲為；其次，國會擁有諸如宣戰、批准條約、同意若干行政官員的任命，以及推翻總統對國會立法之否決建議等權力，幾乎具備與總統相對平行之制衡地位。儘管如此，**一旦總統與國會多數成員同屬一個政黨，後者能否有效提供牽制總統的力量，不免值得懷疑。**

總而言之，相較內閣制國家傾向「行政與立法合一」（主要行政官員都由國會議員來兼任）以及讓立法與行政機關相互牽制的制衡設計，總統制則堅持「三權分立」（行政與立法人員完全分離），主要以分割權力方式達到制衡目的。對於這些不同制度之間的差異，是一定要搞清楚的。

必須指出，坊間還有一種所謂「雙首長制」的說法，定義相當模糊，亦經常引發政治爭議（台灣一度如此），因此這裡有必要對這種論述作個簡單說明。首先，希望大家先把「雙首長制」這個名詞放到一邊，儘管學者們對於這種制度稱呼不一，不管是「半總統制」（國家元首具有類似總統的權力）或「混合制」（直接點出這種體制同時具備內閣制與總統制的雙重特徵）的說法，都比所謂「雙首長制」來得好，主要原因是：既然內閣制也有雙首長特徵，是不是也可以稱為雙首長制？其次，此處不希望特別突出這種政治設計的原因是，**所謂「制度」必須具有長期持續使用的固定性才行，相對地，前述混合體制顯然有著「過渡性」的特徵存在**（暗示著它會繼續演變下去）。

這又是為什麼呢？例如，法國在起自一九五八年的第五共和時期率先採用了這種制度，便提供某種背景暗示。正如前章提及，由於法國在第三共和與第四共和時期曾因為複雜多黨內閣制陷入不斷政治動盪，結果致使它在二次大戰遭到幾乎等於亡國的悲慘命運，政黨持續傾軋也讓它無法凝聚重回大國地位的力量；正因如此，戴高樂等人期盼透過強化中央集權來解決這個困境。不過，非但制度改革不可能一蹴可幾，想在本即紛亂的政壇裡凝聚共識更是件難事，最後只能採取折衷的途徑，**也就是在大體保留內閣制與多黨體系特徵的前提下，強化總統這個本來應屬「虛位」性質之國家元首的權力**；至於辦法則是讓人民直接選舉總統，縮小副署範圍，並讓總統擁有國防與外交等方面的干預權限。

由於國家元首權力被擴大了，以致這種設計似乎同時擁有總統制與內閣制的雙重特徵，被稱為「混合制」似乎無可厚非，但個人認為，「半總統制」或許更能說明此一制度存在之「過渡」性質。換言之，所謂半總統制其實只是從內閣制過渡到總統制過程中的休息站罷了，採取此種設計的國家（包括法國與台灣在內）無不以邁向總統制作為修憲的最終目標。對此，應該是我們要加以注意的。

司法審查：經常被忽略的一環

在討論如何透過制度來限制政客們的權力時，相較一般焦點所集中的行政與立法機關，憲法與司法機關經常扮演著被忽略的角色；其原因是什麼呢？儘管「憲法」常被稱作為「國家的根本大法」，這又是什麼意思？它對憲政運作的過程究竟能夠發揮什麼樣的作用？再者，作為國家法律的執行者與把關者，從制衡角度來看，司法機關究竟應當如何設定自己的地位？

首先要說明的是，**憲法所以經常遭到人們忽視，主要原因是：憲法雖然總是透過法律形式展現出來，卻根本是個政治妥協下的產物**。從社會功能角度來看，由於法律主要目的乃排解人際紛爭以維護社會安定，因此就算夠不上是個「真理」，最起碼也必須是個講得過去的「道理」；可惜（荒謬的不得了）的是，相對一般民法或刑法之儘可能符合上述原則，理論上作為國內所有法律「母法」的憲法卻經常離這個原則相當遙遠。如果各位有興趣稍作比較，將發現**不僅在所有國家的憲法裡頭，不精確、闕漏或曲解之處經常出現，更甚者，「有憲法而無憲政」的情況更堪稱比比皆是**（除少數維持專制君主制者之外，全世界百分之九十八以上的國家都擁有一部標榜人民至上的憲法，但能確切落實者只是相對少數）。

究其原委，正如赫伍德所言：「**憲法變遷不過是權力與政治權威的重新分配**」。由於憲法的制定與修改往往並非政治穩定下的產物，而是為了因應政治或社會結構變遷的結果（例如政治革命或社會轉型）；更關鍵的是，儘管人民權利的保障當然也是討論憲法內容時的重頭戲，「形塑制度」無論如何都是憲法的工作焦點。進一步來說，透過制憲或修憲帶來的政治變動，表面上看起來可能只是某種制度選擇的問題，但因制度本身隱含著權力如何分配的意義，在憲法變遷過程中必然會出現得利者與失利者；當然，由於擴張與掌握權力乃所有投身政治者的最大目標，從而讓修憲過程自然成為競爭激烈的角力場。據此，不難得出兩個結論：**首先是沒有任何一部憲法會是完美無缺的，其次亦正因為如此，所有憲法便都有「再解釋」的必要。**

由此衍伸出所謂司法審查（judicial review）。事實上，不管內閣制或總統制，雖然一般學者都把觀察制衡設計的焦點放在行政與立法機關的互相牽制上，「司法獨立」或者「法律至上」無論如何都是此種制衡能否達成的前提。其原因是：由於制衡設計本身就是一個法律規定，因此如果政客們不守法，這些設計當然也就形同具文。由此可以發現，法官扮演著兩個非常重要的政治角色：第一，他們必須確保政客們都能夠遵守現行規範（雖然多數政客特別在面對可能不利自己的審判時，一定會高呼政治迫害）；第二，他們必須有效地去履行解釋憲法的神聖任務。

當然，憲法的需要「再解釋」不僅僅是因為其不完美性而已。

首先，**憲法需要解釋的原因，是由於它是透過文字來書寫的**。有人或許會問：這種說法非常奇怪，憲法如果不用文字來寫，又該怎麼來表達？當然，用文字書寫確實是憲法最好的表達方式，不能忽略的是，文字雖是人類發明的表意工具，發展迄今也有上萬年歷史，實際上始終難趨真正成熟（亦即可充分準確無誤地表意）；換句話說，我們腦中所想與口中能說的，依舊遠比能寫下來的東西多得多。正因文字本身的不成熟性，出現「法律漏洞」乃在所難免。

其次，**文字運用能力的明顯不對稱也是一大挑戰**。為了精確描述以減少漏洞，法律所使用文字顯然比一般大眾使用的語言來得聱牙難懂；在這種情況下，法律漏洞或許被補起來了（更或者根本沒有），但多數人民由於文字理解力的限制，跟法律之間的距離更遙遠了，反而讓政客有機會「知法玩法」或透過詭辯曲解來滿足自己的利益，反正人民也搞不清楚。這時，法官能不能適時主持公道，便相當關鍵。

最後，**面對必要變遷時大多無力及時回應乃憲法的普遍困境**。從長遠歷史看來，由於人類社會內涵不斷處於變遷狀態當中，更因為所有制度都必然是社會的產物，或者必須配合社會變遷的腳步，因此一旦出現明顯情況變化，一般法律或甚至憲法當然有跟著修改的必要。儘管如此，正如前面提過的，由於每一次修改憲法的過程都必然存在激烈的政治角力，想獲致妥協與共識不啻是高難度甚至不可能的任務；如果這時憲法又偏偏非改不可，那麼由法官根據時代意義來重新詮釋，也就成為一條解決問題的捷徑。無論如何，自從美國大法官馬歇爾在一八〇三年首度使用司法審查權來捍衛憲法的最高地位之後，[122]這種被稱為「司法積極主義」的動作便成為司法機關在政治制度中最受矚目的制衡表現。[123]

即便司法機關擁有上述制衡功能，只有在兩個前提下才能獲得最有效的發揮：**首先是法官必須真正而嚴謹地獨立在政府或政治力之外**；這顯然極其困難。雖然所有憲法都會明文規定，法官必須不受到黨派力量影響，完全根據法律原始精神與理性進行獨立審判；問題是，這種獨立性該如何去達成？一般做法是規定法官不得加入政黨或不得參與政治性活動，只不過政治取向根本就是一種自我心理活動，只要他們不明說，又有誰能夠知道呢？

其次則是所有黨派都必須尊重憲法與法律的崇高性。坦白說，這點更幾乎根本作不到。當然，我們不想抹黑所有政治人物，但就像食肉動物進行掠食一樣，想像一隻吃草的獅子也挺怪的。

如同一再強調，擴張權力本即政客「本性」，因此，曲解法律以迎合自身利益自然成為家常便飯。舉例來說，比如當大法官會議（理論上是解釋憲法的最高機關）完成釋憲案後，目的原本便是要解決若干因為憲法沒寫清楚引發的衝突，不過就像大家必然看到的，各黨各派一定會立即各自表態，重新解釋一次大法官解釋完畢的憲法問題；這真是個讓人絕倒的景象，因為他們若非不尊重大法官會議，就是不尊重人民的理解能力（認定大家看不懂大法官的解釋）。

複決與民調：由下而上的消極監督設計

講了半天，各位應該不難發現，前面雖一直討論著各種有關權力制衡的設計，但這些制度（無論是行政、立法或司法）幾乎都屬茶壺裡的風暴，明顯跟人民的關係都不算太大。可是，現下不是正處於所謂「民權」時代嗎？難道人民連一點點發言或關心的機會都沒有嗎？

嚴格來說，答案當然不是完全否定的。

無論從盧梭等古典理論家所提倡的「直接民主」形式，或者自一九六〇年代末期以來，由巴柏等提倡的「參與式民主」論點看來，[124]**既然我們談的是「民主」，也就是「由人民當家做主」**，

122 馬歇爾（John Marshall, 1755-1835），美國政治家與法學家，曾任眾議員、國務卿與首席大法官。
123 司法積極主義（Judicial Activism）指法官應主動審判而非迴避案件，且應廣泛運用自身權力，尤其透過擴大平等和個人自由手段去促進公平性。
124 巴柏（Benjamin R. Barber, 1939-2017），美國政治理論家，以主張參與式民主著稱。

如果在一個所謂民主制度國家中，人民只有按時去投票這麼消極的參與程度，對理論本身不啻是絕大諷刺。正因如此，如何提昇人民的參與度並使其擔任一個有效的制衡機制，就成為許多人關注的焦點。對此，至少到當下為止，目前存在的人民制衡設計大約有五種，其中四個是體制內的（明文規定在法律當中），另外一個則屬於體制外運作。

在四個所謂的「體制內設計」（並非所有國家都具備這四種制度）中，**首先最簡單的就是「投票」，也就是人民按照政客們的任期，定期透過「再投票」方式來幫他們打分數**；一旦多數人認為某些政客實在不適任，他們便可能因為無法累積足夠連任票數而遭到淘汰。不過，投票雖然是最起碼的制衡辦法，顯然存在兩個缺點：第一是人民並不能在政客濫用權力時給予立即的監督或懲罰，雖然「**罷免**」經常是投票的配套設計，往往因為程序繁複並受困於人民的惰性（因為人民懶得搞連署，所以乾脆決定下次不選就算了），因此使用頻率實在不高；第二，就算投票是人民自以為最常用的制衡辦法，由於多數國家都陷入政黨對決的困境，難免出現「劣幣驅逐良幣」效應，[125] 亦即若干菁英由於無法取得政黨奧援，人民又接受政黨動員，於是只有被犧牲的命運。

第二個體制內設計叫「複決」，也就是人民針對行政機關提出的政策或立法機關所通過的法案，進行「再表決」以求確認的過程；最常見的是針對新憲法或憲法修正案的複決。並非所有國家在通過憲法或實施重大政策時都有類似規定，一般而言，這種複決過程多半出現在具高度爭議性的政治態勢下，亦即若非政府的正當性不足（例如可能屬少數聯合政府），需要藉助複決過程來強化其地位，就是某些政策（例如禁酒、墮胎或減稅問題）無法在政黨之間達成共識，只好丟回給人民解決。

第三個體制內設計叫「公投」。首先必須澄清，儘管巴特勒等學者把「複決」和「公投」直接當成是英文名稱不同的同一件事情，[126]又因「公投」經常被若干獨裁者（例如希特勒）濫用來擴張權力，因此傾向用「複決」這個名詞來包涵上述兩件事，個人還是覺得把它們分開說明會更清楚些。原因是：相對於「複決」一般對象主要針對法律與公共政策，同時具有相對被動特徵（先有政策與法律，再要求人民表示意見），所謂「公投」不但具有主動特徵（政府在提出公投案時多半採取開放態度去聽取人民意見），其討論的對象若非屬於具高度政治性的議題（例如批准國際條約、加入國際組織或決定主權地位），就是在政府「擬定政策前」提供人民意見作為參考（此即一般所謂「諮詢性公投」，但結果是否具有約束政府的效力，各國規定又不太一樣）。

最後一個體制內設計是「創制」，也就是由人民代替政府來進行立法的動作。一般可分成主動與被動兩種：前者指的是由人民透過一定數量公民連署提出法案後，再透過公開投票過程來決定是否將其通過為正式法律；至於後者則是指由政府提出法案後，並不依正常程序交由立法機關來審議，而是直接訴諸公民投票來決定。

值得注意的是，理論上雖存在前述四個體制內設計，除了投票機制被普遍採用（無論是真民主或假民主國家），擁有常態性複決與公投機制者主要是部分歐洲國家，美國從未實施過全國性

125 劣幣驅逐良幣（Bad money drives out good）又稱葛蘭辛法則（Gresham's Law），源自經濟學中解釋劣質貨幣所以淘汰良質貨幣的一種理論，但亦廣泛運用於非經濟層面問題。

126 巴特勒（David Butler, 1924-2022），英國社會科學家，牛津大學教授，被稱為「現代選舉科學之父」。

公投，而許多歐洲以外的國家則經常只使用複決來通過新憲法，或使用公投來決定脫離殖民地位（特別是第三世界國家，例如一九九九年的東帝汶）或改變主權歸屬而已（例如二〇一四年的克里米亞與蘇格蘭，或二〇一七年的庫德斯坦與加泰隆尼亞）；相對地，創制（人民立法）的使用僅主要集中在美國地方各州。換言之，全世界絕大多數國家，在透過人民進行制衡的設計上都是非常消極甚至缺乏的。

不過，正如前面提到過的，**人民用來制衡政府的辦法，除了透過體制內設計外，還有體制外的辦法，此即所謂「民意調查」**。

最早的民調大概出現在一八二四年，當時是由美國賓夕法尼亞州的報社記者到處詢問人民可能把票投給哪位總統候選人，其後，隨著民意調查技術（主要是抽樣辦法）的進步，以及特別是專業調查機構（例如像蓋洛普民調中心與許多研究單位成立之民意調查機構）如雨後春筍般出現，民調本身不僅成為非常重要的一種行業，甚至調查的問題對象，也慢慢從政治議題延伸到民生議題上頭。儘管如此，我們這邊關心的還是以政治民調為主。

正如各位看到的，多數民主國家進行選舉前，或者當政府可能推出重要的民生政策之際，來自各種管道的民調結果就會如雪花般滿天飛舞起來。不過，儘管民調似乎已經成為當前民主生活不可或缺的一部分，以下幾個質疑依舊普遍且關鍵：首先，民意調查的準確度到底有多高，它是否真的能忠實反映民意？以目前具備技術來看，或許學者們的確已把調查過程中可能產生的誤差值降到最低，即便如此，**民調準確與否之癥結不僅在於諸如抽樣統計或問卷內容設計等技術問**

題，而是操作者本身的心態。由於幾乎所有民調機構都有賴於接受委託案件來維持運作開銷，因此委託者是否會將其主觀意願加諸在民調機構身上（希望作出有利於己的結果），既難預料也很自然，難怪各政黨委託民調結果會差距那麼大了。

至於第二個質疑則是：民調結果到底有多大的影響力？這顯然很難回答。因為民調目的本來就是去調查人民的意願，這暗示人民本來都已經有了成見，所以前述問題好像有點邏輯上的毛病；更正確的問題應是：**民調結果到底對那些還沒有定見者有什麼影響力**？從部分國家規定在選舉投票前若干時間內不得發表民調結果看來，它對所謂游離選票或許還是有影響的。不過，假使從更多例證分析，**民調結果的政治影響力與競選過程的緊繃性大致上成正比**，也就是在競爭愈激烈的選舉當中，民調的正負影響與所謂殺傷力也就更大。

總之，在上層制度設計隱含的制衡原則外，各國人民似乎也有著一定的制衡能力存在；可惜的是，這些能力多半相當消極，更因甚少使用以致政治影響力有限。這也是大家必須注意的現實。

中篇　從對立視野中反覆思考

理想與現實：平行線還是有交叉點？

相較其他大自然界多不勝數的動物，人類的長於思考可說是我們終於能夠脫穎而出，衝破生態食物鏈束縛，榮登「萬物主宰」寶座的關鍵。但或許也出於同樣原因，使人類不但成為自然界中首屈一指的「吵架高手」（殊不知只有人類才懂得辯論這檔子事），甚至還經常因為吵到無法開交後繼之動手相向，從而造成數以萬計的無辜者生靈塗炭。問題是：人類為何這麼愛吵架？我們總是為了什麼吵架？還有，難道我們真的沒辦法不吵架嗎？

請注意以下幾個名詞：理想、現實、自然法、社會契約、認知

進階目標：既要淺出，更須深入

在結束上篇的「頭腦暖身操」後，這裡還是要再嘮叨一次：大家真的搞清楚政治到底是個「啥玩意」了嗎？如果各位的答案是「對」的話，那我真有點擔心了！

當然，這不代表前面講得不夠充分，或設下了某些誘導性陷阱；但就像在小學裡安排有數學課，進中學又看到數學課，甚至還有人特別進大學去讀數學系一樣，想學會能應付日常生活的加減乘除四則運算其實是件還算簡單的事；問題是，這個世界本來就不只是柴米油鹽醬醋茶那麼單純（如果真是的話該有多好），除了要學會怎麼算清楚自己買了多少錢，以及人家到底該找回多少錢之外，大家還得要知道銀行怎麼算利息，自己又該如何在不同理財管道中去做出平衡投資，以及如何能夠設法摸透詐騙集團（包括可惡的不肖歹徒以及政府的稅務機關）那套充滿偉大數學原理的邏輯說辭。

以下就讓我們言歸正傳吧。儘管上篇的主旨是：「我們不僅希望輕鬆而簡單的帶領大家進到政治的世界中，也期盼能傳授一點政治防身術，讓各位不會隨便被巧言令色所迷惑」，這個世界好像並不是靠一點點防身術就可以安身立命的。正如在犯罪率不斷高漲與槍枝到處氾濫的現代社會中，即便身為荷槍實彈的警察或武功深不見底的拳術高手，也不一定百分之百保險，何況是能力有限的一般市井小民？

從某個角度來看，政治爭議跟社會犯罪問題雖不能完全相提並論，卻又頗類似：**其中都充滿著一些想破壞既有秩序，進而操控別人的野心家。**例如加爾布雷斯便這麼說過：[127]「任何經濟、社會與政治體制下的既得利益者，無論是個人或團體，都會依照他們的需要來塑造社會道德和政治安定，……這些既得利益者的信念都是為了服膺他們持續的自滿，而當時的經濟與政治觀念也會加以配合，結果便出現了一種汲汲於取悅這些既得利益者，並努力確保其既得利益的政治市場。」

講得更淺顯白話一點，**這些既得利益者不但是許多衝突的來源，由他們所創造的「規矩」也深深鑲嵌進一般人的日常生活中，更重要者，部分規矩非但只為了滿足極少數人利益所設計，甚至為了滿足少數私慾，有時即便犧牲別人也在所不惜。**儘管在歷史上不乏針對這種運作模式爆發出來的憤怒抗議，可想像且能預期的是，自私自利依舊將是這批少數人的主要心態。面對這種老是失去平衡的人際發展，以及不斷因遭受侵犯而導致損失的個人利益，我們難道不需要對這個世界多付出些觀察與瞭解嗎？

最初構思這本書時，我經常想起美國演員羅賓威廉斯詮釋過的一個「心靈醫生」角色，[128]他所想表現的是，醫生不應該只是一個隱藏在寬大白袍與嚴肅面容背後的專業人士，而是能夠與病患分享心情並共同走完治癒旅程的心靈夥伴。或許，政治的世界也是如此，我們需要的並非是那些高談闊論口沫橫飛利慾薰心的政客，以及看似飽讀典籍滿腹經綸出口成章的學者，而是更多能夠體會彼此需求，攜手走過層層迷霧與陷阱，一起邁向美好終點（如果存在的話）的人生伴侶。當然，橫亙於大家面前的絕非只是別人設下的藩籬而已，**有時我們真正無法跨越的乃是自己莫名所以的一種心理障礙，亦即經常把某些困難的事情想得過於容易，然後把另一些似乎簡單的不得了的事情搞得極其複雜。**

總之，「**是什麼，就是什麼**」，應該是我們解決所有問題的出發點。

一個既真實又虛幻的世界

儘管如此，想搞清楚什麼是什麼，還是得花點功夫才行。

正如眾所周知，即便是目前最好的高畫質顯像技術，其敏感度可能還不及人眼的千分之一。在物體影像透過光線進入我們的眼睛後，它們會經由角膜和晶體加以聚焦，在視網膜上形成影像，然後在數百萬個視覺神經元的合作下，將所得到的影像轉換成神經脈衝，接著沿視神經傳入我們的大腦。當然，或許人類擁有的視力算不了什麼（特別是比起像老鷹之類具有「千里眼」的動物），我們可還有在大自然界裡頭最最先進的腦部結構。的確，包含著一百五十億個灰質腦細胞的大腦，不僅是整部人體的控制中樞，負責思考、記憶、言語和情緒表達等種種複雜功能，更是人類這個奇特物種得以稱霸世界的關鍵；它讓人類創造出具有複雜文法結構的語言系統，想出種種藉以克服生存困境的絕妙點子，把那些智慧結晶層層累積在腦部組織中，然後，在必要時刻將它取出來克敵制勝並一再創造奇蹟。

127 加爾布雷斯（John K. Galbraith, 1908-2006），生於加拿大之蘇格蘭裔美國經濟學家、進步主義者，多次擔任美國總統經濟顧問，專長為制度經濟學。

128 羅賓威廉斯（Robin Williams, 1951-2014），美國演員，一九九七年獲奧斯卡最佳男配角獎；此處所引角色來自一九九八年上映的《心靈點滴》（Patch Adams）一片。

進一步來說，腦部結構裡的額葉乃神經系統中最晚演化完成的部分，[129]也是最重要的一部分，它負責執行大腦中最先進且最複雜的功能，也就是思考和協調，藉此讓我們在自然環境中，得以確定知覺內容、設定生存目標、制定完成目標的計畫，組織執行計畫的方法，監控並評估執行過程與結果，然後以此作為下一階段決策基礎。如同美國哲學家杜威所言：[130]「**人類和低等動物的最大不同，在於人類擁有過去的經驗，過去種種會在記憶中復活，然後反射到關於未來種種的計畫中。**」這恰恰是額葉的主要功能。正因此一組織只有在人類身上出現如此顯著的發展成果，有人乾脆以「額葉時代」來稱呼整部人類發展史，甚至稱它為「文明的器官」，以推崇額葉對人類締造如此璀璨文明的偉大貢獻。當然，畢竟本書主旨乃是教大家懂得什麼叫政治，對於神經科學家們的人腦組織研究成果，我想暫時提到這兒就好了。

問題是：我們真的都能夠看清楚眼界所及的所有東西嗎？

在此首先要提醒各位，這是個自然科學似乎當道的時代。這句話的意思是，儘管由於近代起源於歐洲大陸的幾次歷史震盪，包括文藝復興、法國大革命和工業革命，使得人類（包括歐洲人以及全世界受到歐洲式思想支配的人）在改變社會結構之餘，也加快了生活步調，甚至以為可以透過「科學方法」找出萬事萬物的答案，然後據以繼續改善自己的生活品質，**太過推崇科學的結果卻經常讓我們出現思考上的盲點**；在這兒絕沒有一丁點否定科學的意思，只是想強調，所謂（真正的）科學或者確能解決人類大多數甚至所有的問題，不過若以為「現在的」科學便可以做到這點的話，或許也只是過度想像罷了。進一步來說，在科學家眼中，人類的感覺與認知器官或雖足以在自然界中傲視群倫，但這可能有那麼點言過其實。**事實上正因人類常常看不清楚自己「以**

為已經看清楚的東西」，從而也帶來一連串的麻煩、糾葛和彼此衝突。

就像前面提過，人類乃自然界罕見的「吵架高手」，這話的重點不僅是凸顯人類擁有吵架這種特異功能，此處的問題其實是：人類到底是為了什麼緣故吵架？

關於這個疑問的答案，可透過正、反兩個方面來思考：從負面來看，發生爭執很可能由於人類為了求生存而引發的自私心態所致；如同上篇的闡釋，除了主觀配合週遭地球既有環境需要之外，在爭取最終生存機會的過程中，人類還得面對客觀自然環境設下的限制，其中最重要者便是「資源稀少性」，一方面由於物種存續需要各式各樣資源的不斷挹注，另方面這些生存所需的資源又大多相當有限，於是高度競爭甚至引發衝突便成為某種自然現象。

儘管如此，除了前述可用來解釋歷史上多數戰爭的負面邏輯外，人類發生爭執經常只是「理念」不同的結果。例如，有些人從體諒患者痛苦的角度支持拔管安樂死，另些人則反對任何人有權替患者本身決定終結生命；又如有人接受在教育過程中加入適度體罰來提高學習效率，另一些人則堅持學童只有在充滿愛的環境中才能快樂成長。也就是說，**或許他們都堪稱「擇善固執」，但因每個人認定的「善」不一樣，又因為每個人都認定只有自己的「善」才是『真善」，於是衝突便爆發了。**當然，由於擇善固執引起的爭執，看起來總比那些根源於利慾薰心的衝突來得正面一

---

129 額葉（Frontal Lobe）位於脊椎動物腦結構前半部，但未必所有動物都具有類似組織，該結構一般被認為與人類語言形成和意思表達能力有關。

130 杜威（John Dowey, 1859-1952），美國哲學家與教育家，並為實用主義哲學代表。

些，若能想辦法儘可能降低對立的話，豈不是更好？

倘若暫時不理會那些導致人類爭吵的心理因素，有時衝突不過來自某種「**誤解**」罷了。舉例來說，就像「瞎子摸象」的寓言，摸到鼻子的人以為大象長得像一根水管，摸到大腿的人聲稱大象長得像一根柱子，至於摸到肚子的人則堅持牠根本有如一堵高大的牆壁；問題是，這些揣測其實都是「似是而非」且「既是又非」，亦即它們雖然都不是正確答案（無法正確描述大象的長相），卻未必跟正確答案無關（真的都碰觸到了真相的一部分）。

如果只是由於觀察不足導致「誤解」而發生爭執，還算是好的，人類其實更常因「**錯覺**」（optical illusion）而彼此僵持不下；例如，曾經有人到盛傳出現水怪的英國尼斯湖進行實驗，[131]讓一根圓柱狀物體載浮載沉地蕩在湖面上，然後誘導人們去觀察它，結果多數人都以為自己看到了水怪（儘管畫出來的形體各不相同）。不過，相較「誤解」或者「錯覺」，由於「**偏見**」致使許多問題缺乏轉圜空間，影響更為嚴重。對某些人類學家來說，大腦的主要能力其實不是用來儲存感官輸入的知覺資料，而是對輸入訊息進行高度選擇性的過濾與解釋。儘管科學家們對於偏見的起源與特性並無定見（例如來自社會結構特性、族群傳統、性別歧視，或是人類演化經驗的累積），他們大致認為，由於人類的神經系統傾向主觀地幫自己建造所相信的「真實性」，這些系統的特性既無可避免地造成我們對世界的個人見解（習慣用自己的辦法來觀察環境），最終亦讓人性出現深不可測的偏見黑洞（只接受自己對「所看到」事情的解讀方式）。

總而言之，這是一個「既真實又虛幻」的環境：我們的「靈魂之窗」看似可將五彩繽紛光怪陸離的大自然一覽無遺，實則**人類便是在無以數計的誤解、錯覺與偏見（或許再加上點真實）當**

中建構起一個「自以為是」的世界，然後在這個被扭曲的環境裡頭進行幾乎永無止境但又無聊透頂的鬥爭與對立。事實上，答案再簡單不過的：只要人類能夠找出脫離這個錯誤漩渦的辦法，就可以邁向充滿幸福快樂的人生康莊大道；從歷史上看來，曾經朝此方向努力過的前輩不少，最後依舊還都以失敗告終。

到底問題出在哪裡呢？

理想：人類勇往直前的動力來源

據說尼采曾這麼說過：[132]「人因為有夢想而偉大」。仔細想想，這句話還真有那麼點兒道理。格勞秀斯則指出：[133]「當然，人是一種動物，但人是高級動物，……因為在人的特有屬性當中，存在著一種不可抑制的社交要求，也就是和他的同類過一種和平且有組織的生活。」關於人類所以選擇群居生活型態的理由，在上篇已經充分交待，在此不擬重述，必要強調的是，人類並非由於選擇了群居生活便顯得有多麼高級（選擇類似生活型態的動物還有非常多），而是因為他們具有促進這種生活內涵的獨特能力。

131 尼斯湖（Loch Ness）是位於蘇格蘭高地的一處淡水湖，長三十七公里，寬僅一點五公里，也是連接北海與大西洋之克里多尼亞運河（Caledonian Canal）的一部分，一九三三年以來不斷有水怪出沒傳言。

132 尼采（Friedrich Nietzsche, 1844-1900），德國語言學家與哲學家，對存在主義與後現代主義影響甚大。

133 格勞秀斯（Hugo Grotius, 1583-1645），荷蘭法學家，現代國際法和海洋法開創者之一。

生物學家史密斯曾對此作過更深入陳述：「過去一萬年來，農業環境取代野生植物群落帶來的改變，雖不如六千五百萬年前白堊紀末與第三紀初行星撞擊地球那麼出人意外，也不像更新世冰河前進時規模浩大，仍足以與其他改變地球的力量相比。」換言之，儘管人類的狩獵者祖先曾經跟其他動物一樣，在這塊大地上流浪了不知道有幾百萬年，由於「農業革命」的結果，終於讓部分人類得以免於在環境中掙扎求食，甚至有機會創造文明。值得注意的是，農業革命的出現只能讓人類似乎變得高級，無法替我們帶來偉大，真正使人類有機會「偉大」的乃是後來的兩個發展：首先是我們學會了撰寫「歷史」，其次則是從歷史中找到了「願景」所在。

如果暫時不去管那些被書寫下來的內容是什麼，歷史可說是人類透過不同角度與途徑觀察文化演變過程的結果。例如黑格爾便曾說：「自然界沒有歷史」。他的意思是，相較人類的生活內涵與組織型態會隨著時間演進，發生不同階段的變化，大自然看起來似乎並不是如此。當然，自然界絕非一成不變，但人類對於自己生活不斷變遷的觀察，則首先構成了歷史記載的重點，然後藉此組織了對自己的認識與瞭解，接著再以這種瞭解為基礎，建構出對於未來的想像與憧憬。儘管盧梭曾經如是說過，「**至少我個人這麼認為，在人類擁有的知識中，最有用但最落後的是人類對自己的瞭解**」，就憑著這一點點有限又落後的自我瞭解，甚至包括對自然環境的長期迷信與誤解，人類還是堅毅不拔地逐漸創造出現代文明。

可以這麼說，**支撐我們不斷披荊斬棘並克服萬難進行演化的，是人類追求的兩個永恆目標**：「**長生不老**」**和**「**進入天堂**」。首先，無論是「護身符」的發明（例如一張寫著神秘難懂文字符紋的紙張，或是危險動物的牙齒和指爪），到處尋找所謂「仙藥」（例如派遣使節團搜尋仙境，或者根據不知道從哪邊來的秘方去煉石補丹），還是寄希望於「死亡儀式」（例如對死者屍體進行特殊處理，或將墓室佈置成有助於追求永生的樣子），這些看似莫名其妙的舉動不僅指出人類與一般動物的最大差異，同時是包括建築技術與社會習俗等文明的主要內涵，甚至因為這種鍥而不捨的盲目追求，從而亦奠定了現代醫學的基礎。

至於「進入天堂」的目標，更直接反映出人類在自然界奮鬥過程中，既不滿又無奈的艱難處境。特別是在信仰發展上，幾乎所有宗教都有關於不管叫做天堂、桃花源、烏托邦，或者是極樂世界的記載，雖然內容大同小異，目的都是想辦法描述一個無憂無慮而且沒有時間感的環境。值得一提的是，無論所謂天堂有著何種多元想像空間，它們都構成人類不斷修正政治制度過程當中的思考來源。換言之，由於不知道到底能不能，以及究竟該怎麼進入天堂，百思不得其解的人類只好退而求其次，想辦法自己來創造一個類似的虛擬天堂，這也正是「自然法」觀念的淵源。

所謂「自然法」被認為是在某種「自然狀態」中所存在的一組規範。如同巴斯卡所言：[135]「在這個世界上居然有人會在摒棄了上帝和自然的一切法律後，自己制定法律並要求大家嚴格遵守，實在是件不可思議的事情。」德崔維斯則認為：[136]「我們可以把自然法看成是種哲學學說，也可以把它視為一個理想或騙局，總的來說，它自命具有某種價值，而這種價值不僅存在於某一特定時空

134 史密斯（Peter Smith），英國生物學家與全球生態系統模型研究者，主要關切氣候變遷問題。
135 巴斯卡（Blaise Pascal, 1623-62），法國神學家、哲學家、數學家與自然科學家。
136 德崔維斯（Alessandro Passerin d'Entr ves, 1902-85），義大利自然法學家、政治學家。

當中，甚至具有橫亙古今的普遍性。」

那些接受自然法觀念的政治哲學家普遍認為，在人類開始建構政治社會之前，曾經存在一個和平與理性的自然狀態，儘管當時缺乏可透過文字表達之制度規範，接受某種自然規範的人們仍舊生活簡樸且操守高尚地共同生存在一個美妙的樂園中，直到一部分不尊重自然規範者將它破壞殆盡為止。包括荷蘭法學家格勞秀斯和英國哲學家洛克，都是前述自然法觀念的支持者，他們均堅稱，在自然狀態中存在著足以約束每一個人的自然法管轄，其中，由於所有人的地位都是平等且獨立的，因而彼此之間能夠理性地維持著某種和平善意與互助共存；在洛克之後的盧梭也強調必須「歸返自然」的重要性。從這個角度來說，人類經營政治生活的最主要目標，便是想辦法帶領大家「重返」那個被設定為「黃金年代」的所謂自然狀態。

現實：或許是殘酷而讓人無法接受的

洛克等人的想法並不是什麼共識，例如與他幾乎同時的另一個哲學家霍布斯雖然也同意「人生而平等」的假設，但認為根據他自己的觀察，當人類在面對現實環境的限制與挑戰時，會很自然生出兩種感覺來，亦即慾望和厭惡，前者基本上指那些似乎有利於生存的東西，由此生出像愛情、快樂、希望和勇敢等行為，至於針對因為可能危害人類生命而被厭惡者，憎恨、憤怒、恐懼和甚至失望等感覺則油然而生。總之，霍布斯認為人類為了滿足「自保」這個理性目標（也就是每個人都是愛惜生命的），往往根據「趨利避苦」的標準來決定什麼該做，以及什麼不應該做。

當然，所謂「該不該」並不等於「對不對」。例如霍布斯曾說：「我認為所有人到死為止，都永遠在追求不斷增加自己的權力，這並不是因為人們把追求權力本身當成是一種快樂，亦未必由於他們不滿足現在所擁有的權力，而是因為他們都假設如果無法擁有絕對權力，將不能保證美滿的生活。」從這個角度來看，他不但認為人類天生就是一種自私自利的動物，即便是能力弱小的行為者同樣會想盡辦法保護自己。儘管他也接受在某種情況下，人類或許可藉由一定程度的理性作用而達成暫時的和平協議，甚至找出一個可以共存共榮的合作規範，由於缺乏可以強制執行這些規範的政治機制（亦即國際間始終處於無政府狀態當中），爆發直接衝突或甚至走向戰爭之路，似乎仍是個無可避免的悲劇選項。

很顯然地，相較洛克等人想像的完美的自然狀態，以霍布斯為代表的另一批哲學家則設計了一個「人人為戰且人人為敵」的衝突場面。儘管他們都指出，這種自然狀態會衍生出一套相對應的自然法，相對於洛克聲稱人類會自然理性地安排好彼此之間的關係，霍布斯則指出這根本就不可能。或許有人會認為，雖然洛克看起來好像是理想了過頭，霍布斯未免太悲觀了些，人類真的有那麼壞那麼差勁嗎？事實上，即使是洛克也承認，人類總會有點兒偏見和私心，如果讓每個人來判斷關於自己的事情時，難免會有不公道的地方，再加上所謂自然狀態中並不存在任何成文的法律，因此問題叢生也是可以想見的。

無論如何，為了解決各自所想像出來的問題，這兩派人馬居然想出了同一個處理的辦法！也就是：**讓大家締結一套「社會契約」（social contract），然後將權力集中在一個被設計好的制度裡頭**。

不同處在於，洛克主張大家把自然權力交給一個代表社會全體的機關，目的僅在謀求公共利益，不代表人民必須永遠服從政府，因為國家雖然表面上將權力集中到立法者的手上，立法者不過應該是個「忠實的被委託人」罷了；換句話說，如果立法者違背當初被委託的目標，人民仍擁有隨時將他們撤換的權力。這正是今天「代議民主」的理論出發點。

霍布斯的想法則有點不一樣。他雖然也主張，為了擺脫因為無政府狀態導致的永無止境的衝突，人們應該把權力交出來，然後形成一個只有集中性的單一「主權體」，並承認它的行為就代表大家的共識，但是，他認為這個主權體一經成立，便必須擁有至高無上且不受限制的權力，不僅我們不再能夠改變它，它也不需要向任何人負責。他的理由是：「儘管主權者擁有這麼大的權力，可以想見一定會帶來很多不好的結果，如果想到把它推翻了之後，我們可能重新回到那種永久性戰爭狀態的話，豈不是更慘？」換言之，人民其實只有兩條路可以走，那就是：要麼完全服從政府的權威，要麼就得回到充滿衝突性的戰爭狀態。斯賓諾莎的想法有點類似，[137]他雖然認為國家應該維持人民的言論和思想自由，仍舊堅持人民無論認為國家的決定有多麼不公道，還是必須選擇加以服從，正所謂「兩害相權取其輕」，唯有如此才能幫大家脫離互為仇敵的自然狀態。

從某個角度來看，洛克的想法好像是今天民主制度的基礎，霍布斯等人則似乎不過是在幫專制獨裁者找出壟斷權力的藉口罷了。倘若果真如此，在民主理論當道且民主化浪潮似乎正席捲全球的當下，我們為什麼不乾脆將這些看來「根本錯誤」的想法直接丟進垃圾桶算了？幹嘛還有些人要花那麼多時間去繼續討論它？事實上，霍布斯式想法所以繼續存在的原因是，它不僅讓我們瞭解到還存在著這樣的一種思考角度，這些論點也不啻點出了某些大家或許不敢承認的殘酷現實，也就是眼下生存的世界真的不如想像中那般完美。

的確，人或許因為有理想而偉大，但更須面對現實才能解決問題。

擺盪在理想與現實之間

正如牛頓所說：[138]「若說我比別人看得更遠，那是因為我站在巨人的肩膀上」，對某些人而言，學習哲學之目的主要在透過前人的智慧累積，以便找到最終解決問題的辦法，我總覺得，哲學不過是一面用來觀察自我的鏡子。如同認知心理學家所言，能夠去完成一個目標的能力，取決於我們是不是能夠正確評估自己以及生活週遭中別人的行為；值得注意的是，決定目標的前提經常是「我要」，而非「它是」，換句話說，我們的人生計畫通常源自於我們想要過怎樣的生活，而不是我們應該過什麼樣的生活。

儘管如此，在我們決定想要過哪種生活時，它的前提又是：我們到底對自己瞭解多少？就像前面曾經提過的，雖然身為主要靈長類動物的人類擁有對於自然環境最敏銳的觸覺之一，往往不自覺或無可避免在無以數計的誤解、錯覺與偏見當中建構起一個「自以為是」的世界，由此引發一

137 斯賓諾莎（Benedict de Spinoza, 1632-77），猶太裔哲學家，與笛卡兒和萊布尼茲齊名之理性主義者。
138 牛頓（Isaac Newton, 1643-1727），英國科學家與現代數學與物理學奠基者，提出萬有引力與三大定律。

個問題：我們真能看清楚眼前的世界，瞭解自己和這個世界之間的關係，然後據以建立正確的人生目標嗎？

有時看來，答案或許是令人懷疑，甚至是否定的。

從理想主義與現實主義的哲學論戰中，不難發現，人類具備強大的創造能力，可以透過無窮想像來自由設定對於週遭環境的感受。「心靜自然涼」就是一個例證，不管現實溫度有多高，抑或每個人有多麼不同的耐熱能力，有時只是一種心境轉換，單單換個角度去想想問題，世界便因此變得截然不同；儘管誰都知道環境根本不可能隨人心變得這麼快，人類用心理而非生理機制來適應環境的能力的確讓人驚艷。

更重要的是，無論哲學家們對所謂自然狀態有什麼不同的詮釋，釐清到底自然狀態長什麼樣子根本不是重點所在。從某個角度來看，其實洛克和霍布斯的想法差不多，都認為人類正處於一個問題重重的世界裡，且至當下為止還找不出解決的辦法，但是基於人類具有以智慧對抗挑戰，不像其他動物只能夠屈從自然演化力量的特質，猶如其他哲學家般，他們試圖竭盡所能找出突破困境的道路，差別在洛克傾向用「託古諷今」（如同孔子筆刪春秋，或者清朝末年康有為藉由《孔子改制考》來反擊保守派等）的辦法來說服大家，[139]霍布斯則相對地透過赤裸裸地揭露人類為求目的不擇手段的本性，先將最根本的問題定調，然後再提出他自己的解決建議來。

這些想法凸顯出人類即使面對艱難環境，依舊不屈不撓的奮戰精神，也讓我們瞭解到人類所面對理想與現實差距甚遠的困局。換句話說，**我們認為在人類之間確實存在著鬥爭的必然性（未必是天性），但同時存在合作的根本需求，這也是人類所以創造出各種制度的緣故，其目的本來就**

在於提供合作架構以創造多贏的機會；儘管這些制度到目前為止都還沒有辦法讓人滿意，制度內涵的持續進步卻是不爭的事實。在此情況下，我們必須肯定前人智慧累積的成果，亦須切記不能自滿於現狀，因為自滿經常是人們所以原地踏步甚至走回頭路的來源。

當然，進步絕不是一件輕鬆容易的事，本書亦不奢望能提供這樣的偉大力量。個人只期盼提供大家一個「照鏡子」的機會。透過整理過去曾經存在，或甚至迄今依舊繼續當中的一些思想爭辯，在搞清楚我們對所謂「現實」曾經有過那些理解（究竟怎麼去看待彼此以及與環境之間的關係）之餘，接著找出人類對未來曾經出現何種理想、憧憬與解決問題的建議，然後試著去看看它們究竟只是一些永無休止的各說各話，抑或畢竟可能存在一些曖昧不清的共識。必須慎重提醒大家，這段思想旅程的結果也可能不過讓我們掉進一個左右為難的迷魂陣中，至於如何撥開重重迷霧去發現最後的答案，絕對攸關著我們的未來。

現在，就讓各位繼續這段有趣的大腦冒險吧。

139 康有為在一八九七年出版該書，強調「凡六經，皆孔子所作，昔人言孔子刪述者，誤也」，強調孔子不過假託堯舜的言論來宣揚自己的改革思想，至於康有為則藉此支持清末維新運動。

人民與政府：到底誰才是政治生活的重心？

如同許多哲學家明示或暗示的，正由於為了逃離那個充滿流血仇殺可怕陰影的所謂「無政府狀態」，因此人們終於決定締結一個「社會契約」，然後藉此成立一個政府來終結亂象。無論這種想法是有根有據還是純憑想像（後者的機會顯然大些），總之，在歷史上可知的過去當中，人們一直隸屬於各式各樣性質互異的政府，而且事實是，絕大多數人不但幾乎從來沒有懷疑過這個現象，甚至對於政府所下的指令，大多數情況下也從來不敢不從。

請注意以下幾個名詞：社會契約、多元主義、萬能政府、統合主義、無政府主義

脫離自然的人類與其所創造的國家

上篇曾以專章討論了關於「國家」的概念，主要目的除了說明人類如何基於生活需求創造出社會，並開始了政治生活之外，同時希望釐清人民與國家之間的關係。值得一提的是，**儘管我們接受人類應該是理性而自願地建立社會的假設，社會的擴大與甚至是國家的建構，卻未必或根本不曾以大家的集體同意作為基礎。**

從某些角度來看，個人接受洛克的推論（參考前一章），他認為所謂自然狀態其實就是個無政府狀態，因為「人類雖然因為理智（集中力量來解決生存困境）而生活在一起，事實上並不存在著對他們具有仲裁權的共同領導者」；可以這麼說，正由於缺乏仲裁者以致很可能讓大家陷入紛爭吵鬧不休的窘境，因此人們決定透過某種形式（社會契約）將保護自己生命財產的權利交給一個團體（政府），然後讓它來公正客觀安排所有人的生活。洛克接著指出，由**於每個人都將他在自然狀態中擁有的權力，集體轉交給一個位居所有人之上的統治者，政治權力跟著出現了**。不過，為了避免接下來出現若干顯而易見的流弊（權力的濫用），因此他也主張：「政治社會本身如果不再具有保護大家的能力，亦即處罰那些侵犯別人財產之犯罪行為，它就不應該繼續存在下去」。

此處得提醒大家，洛克畢竟是三個多世紀以前的人了，前述說法雖不無道理，那個時代哲學家最常犯的錯誤是，**經常把從純粹想像得來的假設，與自以為可能發生的現實混淆在一起**（現在許多學者何嘗不是）。最簡單的證據是，例如上一章提到霍布斯與洛克之間對於自然狀態的不同詮釋：根據當代考古學與人類學研究結果，別說是將近四個世紀以前，即便現在，學者們恐怕仍不一定搞清楚在遠古所謂「自然狀態」中，到底人類過的是什麼樣子的生活，何況是十七世紀的歐洲古人？我們承認，如果非得要求有一分證據才能夠說一分話，科學發明或將永遠原地踏步，但在「大膽假設」之餘，總要再加上一些些「小心求證」才對吧。

其次，這**些哲學家們更經常忽略演化的現實，將人類、社會、政治社會、國家與政府等概念用等號連接起來使用**。倘若真要根本弄清楚這些名詞，所謂「人類」乃是從自然環境的客觀角度出發，指稱我們這群體質大致相近，但彼此存在些許差異的靈長目動物；其次，「社會」這個名詞是用來描述人類這種動物最終選擇了較有秩序群居生活方式的現實，「政治社會」則是指出在人類複雜的社會活動當中，為處理紛爭並解決問題所衍生出來的政治關係；至於「國家」的意思大體上與政治社會相當，只不過相對政治社會主要從社會結構出發，然後凸顯出其中之一的政治面向，國家的概念則純粹是個政治名詞。最後在更常出現的一般用語中，國家與所謂「政府」幾乎是混淆不清的，例如美國總統甘迺迪的名言「不要問國家為你做了些什麼，先問你為國家做了什麼」便是一例，[140]事實上，作為集體人代名詞的國家並無行為能力，真正能做事而且有義務幫人民解決問題的應該是政府才對。

儘管人類共組國家乃至少迄今為止存在的現實，問題是：到底個體人（individual，即每一個人）與集體人（collective man，國家）之間應有著什麼樣的關係？這個問題的重要性在於，**人民與國家間關係的設定將直接決定我們覺得比較能接受的政府形式**。

赫伍德曾整理並列舉以下四種國家理論：**多元主義式國家、資本主義式國家、巨靈式國家與家父長式國家**。其中，與家父長制度相關之理論經常被女性主義者攻擊是種充滿「父權中心」的不平等想法，[141]也是人類政治史上君權階段的理論基礎，指稱一種強調由男性壟斷統治（性別歧視）與根據社會階層（階級歧視）分配權力的方式。例如古代中國政治觀念中「君父vs.子民」的對比便是一例，正如周知，一個「勤於政事」的皇帝固然可以打個八、九十分，真正能得滿分的評語卻是「愛民如子」，充分反映出家庭觀念遭到扭曲後被硬塞進政治制度的結果。本來嘛，皇帝就是皇帝唄，何必一定要假裝當全民的爸爸呢？

接著出現的是直接反映「集體人」觀點的巨靈式國家，[142]顧名思義，此種觀點認為國家乃是一大堆人的集合體，往往以社會公益為名，不斷試圖侵入甚至控制個人生活的各個層面。其明顯例證經常出現在諸如「國家興亡，匹夫有責」，以及要求人民為了國家而「拋頭顱，灑熱血」之民族主義口號上，結果則是人類歷史上無以數計的戰爭。無論如何，這種觀點的邏輯陷阱是，人民或許可以基於「唇亡齒寒」的理性思考，為捍衛集體人而奮鬥，一旦真的為國捐軀，除了獲頒撫卹、「入祀忠烈祠」並且「在春秋兩季獲得公祭供奉」外，實際好處究竟是什麼？

從馬克思的角度看來，國家的形成則源自生產關係與階級性社會運作之結果，他認為「一般來說，物質生活的生產方式制約著社會、政治與智力生活的過程，事實是，並非人類的意識決定了自己的存在，而是社會階級位置決定了他們的想法」，換言之，日常經濟生活組成的「下層建

140 甘迺迪（John F. Kennedy, 1917-63）為美國第三十五任總統，一九六三年成為第四位遇刺身亡的總統。
141 家父長制（patriarchal system）原指稱過去以父權為中心的人類社會結構，如今泛指由上而下的管制。
142 源自霍布斯以所謂「巨靈」（Leviathan）來比擬國家與社會之概念用法。

築」將決定社會結構，甚至政府組織的內涵。必須指出，馬克思同時具有肯定與否定國家的雙重想法，儘管他推論（或希望）因為無產階級在鬥爭中獲勝並終結了階級對立，以致國家將跟著消失，卻同時支持以「無產階級專政」方式來作為「暫時的」政府型態，亦即利用國家機制過渡到他設定的最後階段。

最後，相較因為共產政權普遍轉型而似乎式微的馬克思主義，主流的自由派思想則只將國家當作一個抽象名詞，習慣從社會契約角度出發，將政府視為多元社會中解決人類習慣性爭吵不休之仲裁者與秩序維護者，然後以「權利」與「義務」概念串連起人民與政府之間的關係。正如史瓦茲梅特所言：[143]「國家乃是社會的僕人而非主人」，因此國家機器（也就是政府）應該依照普遍輿論趨向去履行服務公共的政治責任，否則便須根據政黨輪替競爭原則，讓人民決定其去留。

總的來說，把國家、政府或元首予以「父親化」，固然是相當不理性且不應該被接受的想法，將國家利益放在個人利益之上，甚至為了保障所謂集體利益，不惜以個人生命作為犧牲品的做法，根本上同樣莫名其妙（在兩次大戰中被無辜犧牲的上億人類正是如此）；除此之外，馬克思派從經濟層面著手來設法理解政治的看法，或許有著一定程度的說服力，麻煩在於，他們並沒辦法正確指出一條「從現在通往未來」的道路（也就是理想到幾乎想不出有實踐的可能性）；最後，目前居於主流的自由主義者其實犯了跟馬克思派類似的毛病，亦即過於理想化，只不過差別在於：**馬克思派企圖建構一個「理想的未來」**，**自由派則以為目前有個「理想的現在」**。

正如前一章提醒過的，唯有掌握「是什麼，就是什麼」的基本原則，才可能看清眼前的世界並作出適當的決定。那麼，究竟現在的世界是什麼樣子呢？

除了少數維持絕對王權或君主立憲制的國家外（或許加上一些依舊掙扎在共產主義理想邊緣者），目前世界上絕大多數國家若非介於多元主義與巨靈式理論之間（那些比較民主的國家），便是介於巨靈論與家父長主義間（那些比較不民主的國家）。特別是前者，雖然表面上都揭櫫「責任政治」理想（做不好馬上換人），甚至透過民主機制維持一定程度的「反饋」功能（多少總要理會人民的想法），無論如何，由於政府深深滲透進所有人食衣住行育樂的生活各個層面，此種情況往往被稱為「萬能政府」或者「奶媽國家」，即便大家確實享受著一定的服務便利性，偶爾也會讓大家有點喘不過氣來的感覺，或許不像歐威爾筆下的「老大哥」那麼驚悚可怕，政府也絕不是個乖乖地站在主人身旁，謙卑有禮且謹守分寸的公僕而已。

政府的出現：通往不平等的道路

人民與國家關係的設定將直接決定我們覺得比較能接受的政府形式，於此同時，唯有搞清楚到底人民跟政府之間事實存在與應該存在什麼樣的互動，才能符合人類「不吃虧」的生存要求。在此，雖然個人已然指明當前國家結構的主流特性（事實上介乎多元主義與巨靈論之間），接下來仍希望進一步透過回溯性的歷史演進角度，來瞭解當前人民與政府關係的形成過程，期盼藉此找

143 史瓦茲梅特（John Schwarzmantel, 1947-），英國政治學者，著有《意識形態與政治》。

出兩者應該存在的適當互動位置。

埃立克認為，[144]無論人類是在何種情況下進入並選擇農耕生活，此種發展都帶領人類進入一個相對複雜的社會生活中；首先，它增加了一個區域的可供養人口數量，並提供另一些有助於促進人口成長的條件（例如嬰兒因為更容易取得斷奶食物，使得婦女在減少哺乳期的情況下增加懷孕次數與機會），由於出生率增加導致人口過剩，多餘人力開始轉往不同職業發展，於是促進了勞力分工現象，並形成更複雜之社會內涵。更重要的是，無論由於某些自然因素所致（例如山脈、海洋與沙漠等天然屏障限制，或捨不得離開資源豐富的地區），還是來自政治作為的結果（例如透過戰爭形成奴隸或社會階級制度），由**於人類不但選擇了定點群居生活，甚至被迫無法隨性進行遷徙，於是奠定了國家機器的基礎**。

事實上，不僅馬克思主張從經濟面向來思考政治問題，比他早了將近一世紀的盧梭也有類似的看法，後者認為，**社會的形成乃是由於人性貪婪的結果**，因為「從人們發現擁有更多資源的好處開始，平等便消失了，私有制則跟著出現」；接著，在這個不平等的社會中，「有錢人迫於情勢想出了一種堪稱深謀遠慮的辦法，利用那些可能攻擊自己的人們（社會下層的窮人）來幫自己服務，將原來的敵人設法變成自己的保衛者，然後灌輸他們一些格言（政治意識形態）並替他們建立一套制度，當然，這些制度都是對富人有利的，正如強調平等原則的自然法對富人有害一般」。大體而言，盧梭的想法可說回應了國家源自「限制性政策」（特別是政治限制）的現實，同時指出了這些限制性政策的來源，也就是那些既貪婪又有能力的富人（過去一般稱之貴族階級）。

總的來說，由於人口數量因為農業革命而不斷增加，人類面對的環境壓力也跟著加大，為了將家庭更積極整合進以村落為主的小型經濟體以便提升生存能量，必須有更強勢的領導者來負責組織勞力，並與其他族群談判。進一步來說，在這種情況下的族群競爭既惡化了大家賴以謀生的自然環境，也讓人類必須勻出部分人口來從事某些非農業活動（例如行政或警衛工作）；同時，為了養活這些非生產性的人力，國家機器必須要求每一個家庭交出部分經濟剩餘作為稅收來源，儘管繳多少稅根本沒有任何客觀標準（從來只有少補而不可能多退），擁有稅收權無疑提升了領導階層的權力。接著，為確保稅收來源以維護國家（與領導階層）的安全，統治者傾向繼續強化前述限制性政策（例如建立戶口制度、擴大攔關設卡與想出更多徵稅名目），從而讓人民與國家的關係緊密到幾乎無法脫離的程度。

相較盧梭主張政治起源於階級剝削，馬克思進一步強調統治者透過控制生產關係來進行階級剝削之特徵，個人則認為，其實是生存需求，迫使多數人接受統治者透過控制生產關係來進行階級剝削；換言之，統治與被統治的政治互動本來就是種「一個巴掌拍不響」的關係，如果只有上層階級絞盡腦汁，而沒有下層民眾默然接受的話，這種不平衡也不理性的關係怎能夠一直維繫到現在？

當然，統治者（政府）光靠「生存需求」是無法對人民予取予求的，特別是當他們的需索透過苛徵雜稅而威脅到一般人生存時，由此或將引發歷史上不斷出現的革命或起義行動。為此，國

144 埃立克（Paul Ehrlich, 1932-），美國生物學家，專注人口增長與有限資源之間的互動。

家機器必須透過下面幾個途徑之持續演進來強化控制能力。

首先是宗教信仰。顯然，人類乃是自然界中唯一發展出宗教、倫理、道德紀律與行為準則的動物；值得注意的是，政治與宗教的出現儘管都代表著人類對死亡的恐懼，**由於宗教因涉及未知領域而創造出更多的神秘感，統治者又認為利用這類神秘感有助於提升控制優勢，於是，透過政教合一模式達成「以順從取代可能反抗」的目標，便成為中古時期許多國家發展的方向。**例如大家熟知的「君權神授」觀念，便是最直接的一個例證，宗教建築（廟宇）成為僅次於統治者居所（皇宮）的最大公共設施，更是在世界各地到處都看得到的一種普遍現象。

除了宗教信仰外，戰爭不啻是促使國家機器演化的另一個動力來源。雖然戰爭經常源自人類對有限資源的爭鬥過程，但這指的是那些「理性」的戰爭行為；從內部環境驅動力的角度來看，包括轉移輿論焦點以維持統治者的領導地位（例如美國總統柯林頓以轟炸伊拉克來對付國會彈劾案）、搶奪他國資源以滿足國內少數人士的特殊需求（例如為搶奪美女海倫而引發特洛伊戰爭）、傳播宗教或特定的意識形態（例如十字軍東征或回教發動聖戰）、解決國內人口過剩問題（如歐洲近代海外擴張），或只是為了滿足某種莫名其妙的威望觀念（例如霸權國家認為自己該擔任國際警察角色）等，可以發現，這一連串「不理性」因素非但充斥在無數的戰爭藉口中，事實上戰爭的最大犧牲者始終是人民，得利者也永遠是統治階層，因為每一次戰爭都為集中權力提供更多的合法性理由，上位者亦藉此不斷得到擴權的機會。

絕地大反攻：當代民主的源起及其邏輯

或許有人會問：難道我們就只能從負面來看待政府的角色嗎？

儘管答案當然是「未必如此」，不過，從已知早期國家的形成過程當中，我們的確發現它與社會階級、宗教意識形態以及戰爭結構之間的密切關係，即便因為人口不斷增加而使諸如灌溉系統、交通網路與貿易規範等公共財設施變得更為急迫而重要，顯而易見的是，國家還是決定將最大部分的預算與勞力比例抽調並運用到建造皇家園林、金字塔、神殿與帝王陵墓等對民生無益，但與統治利益直接相關的大型工程上（例如慈禧挪用海軍經費去修頤和園）。更甚者，自古以來，無論聲稱「普天之下，莫非王土」或「所有土地均屬於國民全體」，統治者多半認定大部分乃至於全部土地都屬於統治者或政府所有，據此，國家既建立起足以威嚇人民（特別是安土重遷的農民）的力量，也構築出一套以稅收為主的「寄生」制度（讓少數統治者得以透過國家機器長期向人民汲取必要資源），不過美其名為維護公益罷了。總之，**由於人類數量持續攀升的趨勢，使族群間對於資源有限性的認定更趨於緊張，加上文明程度日漸提高，這些都讓領導階層有更多的藉口與能力不斷去改革政治制度內涵，以便繼續攫取資源來維持統治。**

無論如何，情況在十七、八世紀的歐洲出現了一些變化。雖說所謂政府自古以來一直由少數人把持，並對多數人民實施既不公道亦根本不平等的統治，在科技進展緩慢的情況下，僅能掌握相對有限技術的統治階層，除了大量利用心理戰術（特別是將君權崇高化、神秘化與宗教化）來進行操控，僅能儘量不擾民（無為而治）以避免引發無謂之衝突與反感。不過，在殖民主義運動引起部分歐洲國家升高競爭，工業革命則讓人類文明獲得爆炸性進展後，這些先驅者首先利用新情勢與新科技順勢強化了中央控制，同時利用民族主義口號掩護他們提高對人民需索的問題，並麻痺可能的反抗，從而埋下後來一連串軍國主義鬥爭的伏筆。

表面上，不僅從拿破崙戰爭以來，有數以百萬計的人民犧牲在歐洲王朝對抗與民族統一大業的戰場上，甚至二十世紀初的兩次世界大戰，還造成無數的軍人與平民因此死傷，在此情況下，歐洲的國家機器雖然沒有被推翻，甚至其內部分工結構還愈來愈精緻化，但人民與政府的關係已然開始產生某種微妙的化學變化，只不過：**變遷的動力並非來自厭戰心理，而是由於資本主義生產體系取代了傳統農業架構的緣故**。

可以這麼說，**戰爭固然直接威脅到人類的生存，受威脅之人口比例遠不如因為受工業體系吸引而出現的勞動人口**。這句話的意思是，工業部門雖然可能提供更好的生活條件（更高的薪資水準與更便利的都市環境），相較「有土斯有財」的農業時代，無可避免的景氣循環其實隱藏著高度不穩定性，特別在這種革命將大多數人從鄉村引誘進都市之後，也因隨時可能衝擊勞工生活而引爆一次又一次的生存危機與階級衝突。

正如左派人士英格羅所言：[145]「**現代民主制度乃是階級鬥爭的結果**」；普蘭查斯也曾說：[146]「社會主義應當是民主的，否則它就不是真正的社會主義」。如同周知，所謂社會主義本來就是為了解決資本主義深化貧富懸殊的重大流弊才跟著應運而生；至於它衝撞既有體制的結果也算成效卓著，特別是讓盤據人類政體主流寶座數千年的君權制度宣告終結，不能不說是一大輝煌貢獻。

緊接著，當代民主制度也跟著登上了檯面。

從歷史上看來，儘管君權思想基本上是垮台了，人民首次在理論層面被置於政治運作核心，社會主義運動其實並沒有為大多數人爭取到自由。正如前面提過的，當前的國家結構特性乃介乎在多元主義與巨靈論之間，更甚者，即便主流的多元主義理論將民主視為一種準市場機制，也就是把人民當作是消費者，政客則是爭取人民選購他們所提出議題的企業家，例如麥可佛森便指出：[147]「把民主當成人類進步的動力毫無意義，因為參與這回事根本不是更有意識的人希望獲得的價值，民主企圖表達的是人民的願望，而不是他們希望怎樣」；道爾也不得不說：「**即使選舉很少反映大多數人的意願，它依舊是個非常重要的政治過程，因為藉此可保證政治領袖能稍微回應一下公民的偏好。**」換言之，所謂當代民主不過是種「理論上的民主」罷了。

對多元主義（也就是主流民主理論）來說，政府的立場應該是中立的，亦必須扮演人民（全體選民）的僕人；儘管決策權可能還是握於菁英手中，普通公民確實有機會使盡渾身解數來設法控制統治者。必須這麼說，相較君主擁有無窮權力，人民則經常活在潛在暴政陰影之下的過去，多元主義提供的自由民主架構儘管大體上仍僅是種理論，實際運作也進展有限，還是為多數人民提供了對於未來很大的樂觀想像空間。問題是，這樣真的就夠了嗎？

---

145 英格羅（Pietro Ingrao, 1915-2015），媒體工作者與義大利共產黨代表人物之一。
146 普蘭查斯（Nicos Poulantzas, 1936-79），希臘裔法國馬克思派政治社會學家，歐共運動提倡者。
147 麥可佛森（C.B. Macpherson, 1911-87），加拿大政治學者，著有《自由民主的經驗與時代》。

萬能政府與民主噩夢

事實上，從韋伯到上世紀初的熊彼得，乃至於近期如施密特、[148]史德本，[149]以及帕尼契等政治學者，[150]都提出過一個共同的疑問：**當下的自由民主國家是不是真的就是民主國家**？例如，帕尼契便曾經指出，由於所謂自由民主制度的明顯衰退，以及利益團體在政治領域中的興起，早就讓部分學者不得不認為，公民社會自在十九世紀末與二十世紀初，便建立起一個以功能性社會組織為基礎的新秩序，這些社會組織不但彼此之間被結合起來，而且和以政府為主的國家機器相聯繫，以便維護整個有機社會的功能性階層組織。值得注意的是，這種想法經常認為所謂統合主義的安排，[151]或許逐漸在實際運作面上取代了自由民主制度。

那麼，統合主義又是什麼東西呢？應該這麼講，統合主義是希望在繼續維持國家作為一個「公益團體」（如同早期自由民主制的假設，國家與政府存在的意義是為人民謀福利，而不是為少數上層階級服務）的前提下，重新組織並讓國家與社會關係更為緊密的一種制度安排。當然，早期統合主義例證通常被與「不民主」畫上等號，例如一九三〇年代出現在歐洲與拉丁美洲的一些法西斯獨裁政權，正因為這類政府經常有意甚至有計畫去控制社會團體，往往被加上頭銜而成為「威權統合主義」。

除了將統合主義直接視為是種不民主的象徵之外，必須同時關注兩個思考角度。首先，**統合主義乃是種來自於「競爭」與「追趕」想法下的自然產物**。正如大家都看得到的，歐洲在進行工業革命、建構資本主義體系並跟著發動全球性擴張之後，一方面帶來所謂「全球化浪潮」，亦讓整個世界進入「永恆競爭」的狀態中，從而使強化「全球競爭力」成為所有國家無可避免的政策努力方向。儘管如此，就算大家都拼命追求所謂競爭力，事實是所有國家不可能站上某種齊頭式平台，何況「強者恆強，弱者恆弱」本來就是資本主義競爭邏輯下的自然後果，在這種情況下，特別是那些落後但又不想放棄的國家該怎麼辦呢？

進一步來說，**相較「自由開放」被當作領先國家的護身符**（因為自由開放暗示著弱者的不受保護，並意味強者可以打遍天下無敵手），**那些落後但又不想放棄的國家或許只能選擇「集中管制」一途**，因為若可以將手中有限資源作最大可能利用的話，似乎還有放手一搏的機會，但其前提是，政府必須以代表國家與人民為名，廣泛滲透進社會各個層面，然後設法把所有可資運用的資源（包括物力與人力）都挖出來，且即時下指令去重組這些資源。更重要的是，**假如有人以為統合主義只是一種落後國家不得不然之選擇的話，那麼就大錯特錯了，它事實上是種普世皆然的現象，只不過有時被稱為「萬能政府」罷了**。導致此一發展的背景是，當前全球競爭激烈的程度非但迫使大批後進國家使盡渾身解數來追趕，即便領先國家亦不免背脊發涼地認為，倘若自己無法一直上緊發條的話，很可能隨時都會被人趕上。

148 施密特（Philippe Schmitter,1936-），美國政治學者，以比較政治與威權轉型研究著稱。

149 史德本（Alfred Stepan, 1936-2017），美國政治學家與民主理論研究者。

150 帕尼契（Leo Panitch, 1945-2020），加拿大裔英國政治學家，關注全球資本主義擴張及其影響。

151 統合主義（corporatism）源自拉丁文 corpus 一詞，強調由社會中各種專業社團共同協調政治過程，但因現代實際版本往往存在「由上而下」特徵，也出現國家統合主義或威權統合主義之討論。

根據現代民主由階級鬥爭與推翻君權而來的歷史現實，主流的多元民主理論經常將保護個人自由視為民主政府最重要的工作，這也是為什麼要制定憲法的緣故，目標便在於捍衛有限政府的理念，因為「做事最少的政府」理論上對人民的危害也最少。儘管如此，如果接受道爾「選舉很少反應大多數人意願」的說法，顯然它反映的自然是社會上少數人的意願。接下來的問題是：一個事實上只能反映少數人意願的政治過程，該如何和那個主張應反映多數人想法的理論相平衡呢？

對此，**居於少數的民主統治者雖以聲稱「取得人民同意」為基礎，企圖藉此解決因無法回應需求所接踵而來的挑戰，但這是不夠的，因為人民的生存需求不可能望梅止渴地單單以心理治療途徑就想蒙混過去。**

為了滿足更大多數人民的要求以維持政治穩定，政府既被迫擴大對於經濟與社會生活的責任，同時為了處理因為（社會福利）責任不斷擴大帶來公共支出暴增的結果，又得不斷提高稅率來因應；正如前面所言，稅收本來就是統治者得以獲致權力並寄生在人民頭上的原因，擴張賦稅權當然代表了政府對人民掌控能力的提升。例如那些眾所周知又為人所忽視的現實，例如從來沒有人質疑過，為什麼我們買了房子後要按時繳納契稅、房屋稅與土地增值稅，買車子後要按時繳納牌照稅與燃料稅，上街買東西要附加營業稅，甚至到遊樂園玩或看個電影都得交娛樂稅（雖然因為普遍被商家內含在售價中而容易被忽視）。總而言之，在這個「萬萬稅」的時代中，政府自稱可以管轄的範圍不僅多如牛毛，甚至多到足以麻痺人民心靈的地步，結果是多數人往往習慣不加思索地接受命令。

從某個角度來說，政府不斷增加公共支出所隱含的超載風險（亦即挑戰不止債留子孫而已，甚至包括國家破產與大規模經濟蕭條）固然是個問題，但在單純的經濟面思考外，更須重視的或許是隨之而來的，屬於政治面向的政府權限持續擴張暗示。儘管在二十世紀最後二十年中，曾出現過許多針對前述危機而大聲疾呼要求改革的浪潮（例如新右派的主張），目的是希望藉由貶抑所謂「奶媽國家」的主流公共價值，來縮減政府權限以避免可能發生的經濟崩潰，從而解決「民主政治的經濟矛盾」或所謂「福利國家的財務危機」挑戰，以便讓自由民主機制繼續運作下去，事實上談何容易。

自古以來，政府得以擁有如此龐大權限，除了來自人們的容忍與惰性（捨不得付出對抗成本），同時由於人們對於具有更高能量的機制（無論是國家機器或者是宗教宣稱之形而上力量）普遍具有恐懼與高度依賴性的關係。換言之，如果人們所依賴機制的能力持續上升，大家的依賴性將跟著上升，這正是在難以逆轉之「萬能政府」潮流下，我們必須嚴肅面對的問題。

正如人們在習慣電氣化的工業社會生活後，大概很難坦然回到過去那種沒有自來水也沒有供電的傳統生活型態一般（這也是現代都市不斷擴大的原因），即便瞭解萬能政府存在若干問題（間接剝奪或無視人民自由），慣於有問題就期盼政府出面協助解決的我們，恐怕很難戒除這種習慣。反過來說，如果人們只是不斷將問題丟給政府，然後乖乖地等政府提供解決辦法，那麼今日所謂的民主（雖然它並不是很民主）還能夠繼續維持下去嗎？

一個被迴避的問題：政府可以取消嗎？

在前面的討論中，我們首先確定了當前人類政體的主要形式（較民主的國家介於多元主義與巨靈理論之間，較不民主的國家則傾向介於巨靈論與家父長主義間），接著說明政府所以擁有控制人民權力的來源（亦即人們基於生存需求並懾於壓迫而接受了少數統治現實），當然，我們特別將焦點放在工業革命對人民與政府關係的影響上（工業社會的不穩定性升高人類的生存需求，從而衝垮無法滿足需求的君權政體），藉此釐清當前人民與政府關係之特性與困境（隨著人民愈發依賴政府，自主性跟著降低，最終將威脅既存的民主邏輯）。

進言之，有關在政治過程中人民與政府孰輕孰重的問題，其實涉及我們對於「個體人」與「集體人」關係的界定。大體來說，一個多數人似乎都接受的觀念是，儘管「人不自私，天誅地滅」，理論上代表所有人的政府當然比僅代表自己的個人來得重要，關鍵在於，如果政府其實並不能公正地代表所有人，前述邏輯還能繼續存在嗎？

這的確是個相當尷尬的問題。正如前面所述，自古以來，**所謂政府雖然普遍存在於人類社會中，甚至自然地就像我們必須呼吸空氣才能存活一般，事實上，大多數政府的不理性程度已為人類帶來經常性的傷害，有時連最起碼的公共秩序都無法維持**（各國政府都投入龐大資源去遏制輕微的非法行為，例如路邊臨檢酒駕等，對於重大暴力犯罪卻似乎無力地選擇性辦案，只能集中力量處理那些震驚社會的大案件）；正因政府「主持公道」的能力實在有限，難怪有那麼多社會自助團體會出現（例如守望相助巡邏隊，或甚至是淵遠流長的地下幫會與黑道組織）。

在這種情況下，我們真的還需要這種政府嗎？一個有趣的例子是，比利時政府曾在二〇一〇年六月起，由於政黨傾軋導致政府關門長達創下世界紀錄的五百四十一天，事實是在這短期間，預算照樣通過，甚至連「公車都行駛得比平常準時」；這暗示或代表了些甚麼嗎？

早在兩百多年前的十八世紀，葛德文便曾直接指稱，[152]國家不過「是一部具有獸性的機器，根本只是禍害人類的根源」，即便太平盛世的政府都是個禍害，何況是平日的國家機器？普魯東則首先提出「無政府」一詞，[153]他認為「奴隸制度根本是種暗殺，私有財產制度則不啻是種搶劫行為」，即便表面上主張平等的共產主義亦不過是「弱者壓榨強者的結果」，因此人類應該回歸自我管理的自然狀態。至於克魯泡特金則根據歷史事實指出，[154]國家本來就不是人類自古便有的東西，政府制度且是阻礙人類社會進步的首要原因，更甚者，從犯罪事件層出不窮且幾乎無法遏止看來，政府組織連維持社會秩序這個最起碼的功能都無法達成，更別說是其他生活需求了。最後，這些主張都被歸納在「無政府國際」一八八二年會議宣言中：[155]「我們的統治者乃是我們的仇敵，

152 葛德文（William Godwin, 1756-1836），英國記者與小說家，也是功利主義與無政府主義提倡者。

153 普魯東（Pierre-Joseph Proudhon, 1809-65），法國共生論經濟學家，首位自稱無政府主義者（anarchist）的人，主張「財產就是犯罪」與聯邦契約論。

154 克魯泡特金（Peter Kropotkin, 1842-1921），俄羅斯貴族、革命家與地理學家，主張「無政府共產主義」並著有《互助論》（Mutual Aid: A Factor of Evolution）等書。

155 無政府國際一般稱為「第一國際」（First International），由國際工人聯合會（IWA）於一八六四年創建，馬克思也是創始人之一，一八七一年主導巴黎公社運動失敗，一八七六年解散。

我們的仇敵是地主階層，因為他們使農民在壓迫下工作；我們的仇敵是工業資本家，因為他們在工廠裡填滿了勞動奴隸；我們的仇敵是國家，因為無論是君主、寡頭或民主，它們都用官吏與特務來控制我們；我們的仇敵是任何一種權威性思想，因為教士已經利用這種名義長期統治著誠實的人們。」

值得注意的是，這類主張取消**政府的說法固然振聾發聵，直接點出政府儘管可能是種「理性的社會演進結果」，重點是迄今為止，它們的確仍然無法完成當初所被設定的功能**，這也是上篇提過的「制度悲劇」問題。換言之，如果政府都能夠好好做事，數千年來也不會有前仆後續的思想家接力浪費口水去討論那麼多政治問題了。

話說回來，就算政府總是成為被少數人用來滿足私慾的工具（至少在長期的君權階段中確實如此），很少能公正為人民排難解紛（因此才有那麼多體制外解決途徑，政府還經常逃避責任地以節省公家資源為名，鼓勵人民自己私下和解），甚至不時濫用權限（不努力管好國庫，一沒錢就想方設法編造名目要提高舉債上限），或者根本不珍惜人民的寶貴生命（隨便將人民送上戰場，或無法提供足夠的社會醫療救濟）；但是，真的可以乾脆把政府直接取消掉嗎？不能不說：這麼做還是有點兒危險。

當然，倘若有更好的替代方案（例如藉由科技進步的助益，透過網路架構重新思考如何處理人際關係），或許我們可以毫不猶豫將政府棄若敝帚；但在此之前，考慮到政府目前對於社會秩序的最低維持性，更重要的是人類基於實際需求與歷史經驗，對政府存在之高度依賴性，一旦既存政治結構陡然崩解，後果恐怕不是那些無政府主義者的完美理想方案所能解決。儘管如此，在想法上我們最好還是將目前的國家機器視為「不完美現狀」或「過渡性的政治型態」，因為只有更理性地正視人民與政府之間的長期不合理關係，才能讓統治者有所警惕，也可以將民主邏輯從單純的理想拉進現實面，更有機會讓政府真正朝原先被設定的目標邁進。

如果真能如此的話，豈不是很好嗎？

民主與獨裁：人治與法治的界線何在？

根據「自由之家」（Freedom House）在後冷戰初期的調查結果發現，或許由於出現所謂「第三波民主化浪潮」的緣故，全球民主政體的數量在一九九一年首度大幅超越了其他各種政治體制型態（後者經常被極俗氣地總稱之為不民主政體）。這個事實除了反映出「民主的勝利」這個流行看法外，更發人深省的也許是，其實歷史上大多數人類一直處在被詛咒或被認為是種錯誤的政治結構當中，問題是：人們究竟是不敢反抗，還僅是默認此種結果？

請注意以下幾個名詞：權力極大化、獨裁、父權主義、法西斯主義、法治

權力及其引發的問題

一提到「權力」這個奇妙（或莫名其妙）的東西，大概許多學者都會從人類的行為特性（或本性）來著手瞭解。例如曼恩便認為，人類這種動物有著慣於「無休止、有目的與理性地為增進生活當中的美好事物而鬥爭」的個性，並指出這正是權力的本源。當然，根據動機模式來理解人類行為（追求權力之目標乃為了自保）或許確有一定程度的說服力，其實只能解釋權力問題的來源，無法直接讓我們瞭解權力現象。

從現實面看來，為了讓生活過得更好，人們多少都會跟週邊環境產生一點「權力互動」，也就是每個人總能影響其他一些人，小則一家一室，大則一鄉一里，只不過絕大部分人擁有的權力都受限於日常生活範圍，這種權力值一方面相當有限，與上層政治結構的關係也不大。**反過來說，更引起我們注意並值得討論的乃是權力的「集中」現象，也就是社會當中的極少數人透過某種方式而擁有極大量權力的結果。**正如上一章闡釋的人民跟政府關係，永遠被一小撮人掌握的政府，反映出來的就是這種現象。

無論是布克哈特所謂的「大人物」，或米爾斯所稱之「上層圈子」，少數的權力菁英份子既構成了政治運作重心，也是實際上操控政治制度的人。由此可以看出，政治權力除了具備滿足人類提高生活水準需求的「**目的性**」，第二個特徵可說就是「**寡占性**」（只有人口中的極小部分有機會掌握）。擁有權力並不代表可以馬上滿足政治目的，必須再透過一個轉換過程才行，由此凸顯出權力之第三特徵，亦即「**支配性**」，換言之，權力乃是一種透過支配別人與周邊環境，以追逐並達成人類生活目標的能力。

最後，由於權力看來是種人見人愛且充滿著誘惑的東西，所謂「懷璧其罪」，[156] 必然會引發各方爭奪與競爭；為了降低因為爭奪權力必須付出的成本，於是「**制度性**」這第四個運作特徵跟著浮上檯面。也就是說，擁有權力者都會設法去創造一個有利於自己的制度架構（例如過去的皇帝用「君權神授」理論來解釋「家天下」的不合理現象，現在的政客則喜歡拿民主形式作為護身符），然後把它當作保險箱似地存放並捍衛著自己的權力，藉此儘可能降低其他人的分享機會。

不過，在瞭解政治權力的「特徵」後，接下來要討論的則是：那些少數人究竟如何取得並鞏固他們的權力？英國學者曼恩接著提出所謂「IEMP模式」來加以解釋，這個名詞其實是由意識形態（ideology）、經濟（economic）、軍事（military）與政治（politics）等四個英文字的字首組成，從某個角度來看，它們正是政治權力最重要的支柱所在。首先，意識形態是種來自社會習俗又超越社會規範的一組想法。就說君權神授吧，人類由於受到家庭觀念影響，加上某種源自英雄崇拜的心理因素，因此在產生世襲制度後，便順勢建立了以君權為主的政治結構，但是，到此為止勉強還算理性的一段發展，卻因統治者悄悄地將宗教與神權的觀念，偷樑換柱地引進君權運作的過程中，結果讓原來的社會習慣朝不理性方向翻轉了一百八十度，人民也從統治基礎變成被奴役的對象。更重要的是，**這種將社會習慣「意識形態化」的細緻過程，通常是在人民被蒙在鼓裡的情況下所進行的。**

當然，意識形態對人們所帶來的影響絕非只是種古代現象。正如瓦特金斯將一七七六年稱為「意識形態元年」（當年美國革命發表《獨立宣言》，經濟學名著《國富論》也在同年出版）一般，

[157]其實比起過去，現代意識形態可說更為「直接而恐怖」，相較古代統治者只敢潛移默化偷偷摸摸去塑造政治文化，現代統治者不但每天將自認為正當的意識形態掛在嘴邊，甚至發起群眾運動來支持自己。說實話，如果這些舉措目的真在追求落實理想也就算了，事實是它們經常不過為那些習慣「說一套，做一套」的人物提供遮掩野心的護身符，這種狀態自然是不是接受的。

即便意識形態是一種可用來控制心靈的政治工具，畢竟受到「信者恆信，不信者恆不信」的影響，因此，政客必須進一步從人們無可遁逃的層面下手，特別是日常經濟生活。有關經濟控制，過去的討論常環繞在「階級」主題上打轉。**其實「階級」的形成並不乏理性的出發點**，例如來自於人類天生不平等的現實（總是有人能力強些，另一些人則差了點），且做為人類進行群居生活的必要產物（必須有人拿主意做決定），**但萬萬不能接受的是，某一群人透過後天之貴族或門閥制度而取得永遠比別人高一等的地位，或者建立諸如派系政治的參與篩選制度而控制了權力分配管道**。其後果則都是在將多數人們置於「下層」地位後，透過經濟控制與予取予求，讓他們沒有翻身餘地；例如在君權時期，統治者固然可用「普天之下，莫非王土」之準公有化理論隨時取得人民的經濟剩餘，即便進入所謂民主時代，豈不見政府依舊不斷用企業減稅來「刺激經濟成長」，另方面又偷偷變相加稅，從多數民眾荷包中掏錢來彌補國庫損失。問題是：真正從政策中獲利者

156 語出《左傳．桓公十年》：「周諺有之：匹夫無罪，懷璧其罪」，一般比喻懷才而遭人嫉妒陷害；另外也可參考《韓非子》〈和氏第十三〉所載關於「和氏璧」的故事。

157 瓦特金斯（Frederick M. Watkins, 1910-72），美國政治學家，著有《意識形態的時代》。

到底是（可能與政客關係匪淺的）企業，還是一般人民？

無論如何，從不斷動盪的人類歷史看來，儘管多數統治者都毫無例外地同時使用意識形態與經濟控制手段來鞏固其權力，人民也總是不斷在被逼急了（吃不飽穿不暖）後決定揭竿而起，冒著生命危險去和執政者搏鬥，必須這麼說，後者情況畢竟還是少數中的少數，畢竟統治者還擁有軍事和政治正當性這兩個殺手鐧。大體來說，**所有政府都會建立軍事組織，來動員暴力這個最遲鈍又最富集中性的權力工具，而它也是政府唯一不願意與人民分享的權力來源。**殊不見除了極少數個案（例如美國），大多數國家都禁止民眾私下擁有武器；雖然不願分享絕不代表人民就沒法取得（後者可以落草為寇或建立地下黑道組織），在正常情況下，人民能擁有的軍事能力確實落後政府一大截。

弔詭的是，軍事武力雖是唯一在法律上被政府所壟斷的權力工具，被使用率同時是最低的一個。相較無時無刻不在的意識形態幽靈與經濟控制，動用武裝部隊經常被政府視為在非常不得已情況下的「最後手段」，這凸顯了軍事手段的「雙面刃」性質，**因為它雖然可以在最短時間內最有效地撲滅反政府勢力，但可能埋下足以削弱統治合法性的積怨，亦非短期間可以煙消雲散的；**這正是政治手腕所以重要的緣故。為了儘量減少軍事手段的使用率，政府必須建立一套具「回饋」能力的行政系統，使其可以隨時將部分人民需求傳到執政者耳中，雖然行政效率不彰乃是放諸四海而皆準的常態，政府仍有機會藉此一定程度「治標地」因應大家的要求，以抑制人民的不滿情緒。

總之，在這種情況下，權力被壟斷了，而政治也開始了。

從民主到獨裁：早期政治發展的普遍路徑

必須指出，此處雖嘗試強調權力不斷遭到壟斷並濫用（甚至經常危害人們的生命財產安全）的事實，並不否認人類歷史的進步趨向，亦即我們的生活內涵確實似乎一天比一天來得好。問題是：在權力不斷被誤用的長期現象下，人們理論上應該隨時生活在水深火熱當中才對，怎麼還可能會進步呢？

前一個段落主要透過「個體主義」角度來觀察並理解權力問題；據此，**權力一般被設定是人類為了求生存而合理衍生出來的一種自保工具，而且為達到絕對能維持生存的目標，「權力極大化」一方面成為非常自然的邏輯結果，同時埋下人類社會中所以衝突不斷的根源**。儘管如此，若沒有相對補上「集體主義」觀點，恐怕還是無法徹底瞭解權力運作引發的問題。就後者來說，雖然求生存在人類的行為動機中有著無可質疑的地位，正如我們的近親黑猩猩一樣，早自遙遠的狩獵採集時期起，人類便開始了相互攻擊的歷史，由此，人類一方面發展出極複雜的意識形態、語言與道德制度，並透過在靈長界獨一無二之自我檢討功能，產生對於暴力行為的正反評價（它既有其需要，又得加以控制），儘管如此，具破壞性的暴力舉動仍繼續普遍存留在社會當中，甚至帶來的毀滅性還隨著文明進展而愈發嚴重。

如果單純從「父權主義」入手，認為「**侵略行為只不過是雄性動物為爭奪地盤與生殖權力而產生的自然本能**」的話，未免過度簡化了戰爭的起源，也無法據實反映出人類行為的複雜性。前一章曾提過，無論是由於自然因素所致（例如山脈與海洋等天然屏障限制，或捨不得離開資源豐富的地區），抑或來自政治作為的結果（例如透過戰爭形成奴隸制或社會階級制度），人類不但選擇了定點群居生活，甚至由於被迫無法隨性進行遷徙動作，於是奠定了國家機器的基礎。

正如博托爾直言：[158]「可以這麼說，是戰爭締造了人類的歷史」；雖然這種講法不免稍嫌武斷，許多社會學家還是認為，**人類政治所以會朝向有系統的國家制度發展，顯然與頻繁的戰鬥有關**。從經濟觀點看來，戰爭無論如何都是一種「奢侈行為」（與提升生活福祉並沒有直接相關），無論想發動戰爭還是純粹只想避免戰爭，所有人類團體都必須在平時便開始累積必要資產。更甚者，隨著戰爭規模持續擴大，一方面必須投注的資金更加可觀，由此，人類也得想盡辦法讓自己的制度「更有效率」，以便讓好不容易獲得的人力、物力與財力可以被充分運用，使其有機會克敵制勝。

進一步來說，所謂「更有效率」意味著幾件事情：首先是基於「人多好辦事」的理由，一方面必須限制人民的流動（當然也可說是為了維護安全起見），同時不斷提升社會結構的緊密度（例如建立戶口制度），以便確切掌握可資運用的人力。其次為募集戰爭資財並籌畫相關活動，於是開始有人負責扮演組織者，向大家徵收生活剩餘物資（理論上是剩餘物資）並賴此維生（或寄生），接著以公益為名，聲稱自己擁有對付那些反抗徵收者的權力，這也是政府的起源。其後，為了儘量減少那些可能浪費時間的「無謂討論」，以便爭取更充裕的應變機會，菁英政治（也就是將政治完全託付給少數有能者）乃應運而生。在這種情況下，**一般人民愈來愈被隔離在決策過程之外，少數菁英則趁勢利用前述冠冕堂皇的合理藉口來包裹自身私慾，致使人類政治史因此進入從建立世襲君主制到出現君權神授學說之長期倒退狀態，讓多數人類陷入不可自拔的被奴役困境。**

古羅馬的歷史發展正可來說明這樣的推論過程。自西元前五〇九年正式建立共和制度以來，為了抵抗來自高盧、希臘甚至北非地區的侵略勢力，羅馬開始發展出一套嚴謹的政府系統，並將政治權力集中到所謂「執政官」身上。儘管理論上他們每兩年就改選一次，但對內負責一般行政，對外領導軍隊作戰，同時有權召集元老院與公民大會進行立法工作的執政官還是擁有相當大的影響力；特別是羅馬為了因應「緊急情況」，規定執政官可暫時將權力讓給一個期限只有六個月的「獨裁者」，不啻隱藏了一個權力擴張的危機，一旦政治局勢不甚穩定（例如獨裁者在六個月內根本無法將事情搞定），獨裁權限的延長便成為君權制度的開端。從西元前八八年蘇拉上台執政，[159] 一直到西元前二七年屋大維以「奧古斯都」頭銜而獲得終身權力，[160] 正是個明顯例證。至於在中國歷史上，由帶有民主味道的堯舜「禪讓政治」到夏朝初年的建立世襲君主制，似乎也可以說明前述過程。

無論如何，就算獨裁或許有其合理的發展源頭，它終究沒有辦法解決人類面臨之衝突困境；特別是由政府主導，針對特定國家、社會、民族、人種或宗教團體進行大規模謀殺計畫的舉動，

158 博托爾（Gaston Bouthoul, 1896-1980），法國戰爭研究權威，著有《論戰爭》等。
159 蘇拉（Sulla, 138-78BC）為古羅馬將領與羅馬共和時期首位以武力奪取政權者，繼任者為凱撒。
160 屋大維（Octaviaus, 63BC-14）為凱撒（Caeser, 100-44BC）養子與羅馬帝國時期開創者。

在人類社會中屢見不鮮且歷久不衰。無論是蒙古西征時常見的屠城景象，歐洲移民在美洲與澳洲大陸上對原住民（印地安人與塔斯馬尼亞人）進行的趕盡殺絕舉動，[161]第二次世界大戰期間德國殺戮猶太民族與日本在中國的南京大屠殺（包括雙方彼此進行之慘無人道的大轟炸），甚至二十世紀末在非洲盧安達與東歐前南斯拉夫地區所出現的種族滅絕（genicide）行為，在在說明了「集體屠殺」乃是人類在特定環境下的自然行為模式之一。更重要的是，**或許正是這種行為模式深深影響了人類的潛意識，使「被迫害妄想症」成為一種普遍現象，從而一方面讓戰爭衝突成為永無止境的惡性循環，同時讓「集中權力以便隨時應付危機」變成無法替代的政治制度教條，致使政府權力的擴張跟著無法遏止。**

從這個角度看來，相信大家已經發現，儘管擁有高度思考力的特殊性讓人類得以創造文明，並透過不斷反省而獲得比一般動物更高的「理性」，這種所謂理性顯然在早期人類的政治史中，主要扮演了將人類帶往奴役之路的負面角色，亦即將原先被認為應該僅具暫時性質的權威，最終變成了永久性的強制權力。正如曼恩的描述：「政治史中最巨大的保護交易開始了，也就是：只要接受我的權力，我就會保護你免於受到更壞的暴力侵犯。」正是在這種「退而求其次」與「兩害相權取其輕」的集體「理性」思考（免不了還有執政者充滿私慾與縝密辯論技巧的威脅利誘），分布在世界各地的人類終於陸續且紛紛從民主前線潰退下來，而具有高度集權特徵的君主獨裁制則跟著堂皇登場。就這樣，人類政治史上的黑暗時期來臨了。

從獨裁到民主：當代政治發展的邏輯趨勢

或許有人會問，前面說了半天還是沒有回答上個段落前面提出來的問題：在權力不斷被誤用的長期現象下，人們理論上應該隨時生活在水深火熱當中才對，怎麼還可能進步呢？例如在促成美國獨立的聯邦會議上，富蘭克林便曾說：[162]「在人類面臨諸多事件時，總會受到兩種具有巨大影響力的感情所支配，亦即野心與貪欲，這也帶來人們對權力與金錢的喜好。」梅森接著指出：[163]「基於人性，我們可以相信大權在握的人，一旦有機會總會設法增加權力」。漢彌爾頓則認為：「由於人愛好權力，因此若將權力賦予多數，多數一定會壓迫少數，反之將權力賦予少數，少數也不會放過多數。」表面上，前述推論既說明了某種「現實」，也暗示著一個永恆的政治發展困境，亦即人類幾乎沒有機會解決權力的內在矛盾。可是別忘了，正所謂「需求乃發明之母」，如果人類是那種遇到麻煩問題就準備投降的動物，怎麼可能演化成為稱霸地球的萬物之靈？因此前述問題的答案是：別擔心，人類總是會找到辦法的。

從發展歷程來看，相較「英雄崇拜」看似提供了獨裁制度的起點，「君權神授」則不啻為獨裁

---

161 以英國為主的歐洲移民在一八〇四到一八三〇年間，與塔斯馬尼亞島原住民產生的一系列衝突，有時被稱為黑色戰爭（Black War），但也有人認為導致原住民滅絕的並非屠殺，而是流行疾病。

162 富蘭克林（Benjamin Franklin, 1706-90），美國政治家、科學家、發明家與獨立運動領導者之一。

163 梅森（George Mason, 1725-92），獨立運動領導者之一，也被稱為「美國權利法案之父」。

提供了理論高峰。正如卡萊爾所言：「這部記載人類在這個世界所完成事業的歷史，基本上就是那些曾經在這個世界上工作之偉人的歷史。」嚴格說來，**人類所以存在偶像崇拜心理的原因，來自對於「追求生存」這個艱辛工作的深沉無力感**；由於在現實中的相對競爭劣勢，人們自然對那些具較高解決問題能力者產生特殊感受，希望能夠在他們帶領下度過重重難關，亦正是在這種偶像崇拜心態的支撐下，作為君權制度核心的「終身制」與「世襲制」設計相繼出現，一方面實現了權力集中的最大可能性，另方面也將多數人類納入具絕對從屬性的政治框架當中。

儘管如此，獨裁君主的作為還是離人們的期望有著很大一段距離，原因首先是由於他們在前工業時代缺乏相關實現願望之必要工具（相對地，在現代科技輔助下就比較能心想事成），其次，權力世襲制度無法保證統治者素質也是個致命關鍵（特別是透過近親通婚以便保障「血統純淨性」的習慣，更容易造成素質每況愈下）。在此情況下，人民的期望落空既帶來「相對剝奪感」，同時埋下朝代興衰更迭伏筆。不過，如果大家以為一大堆無能君主和永無止境的政治動盪，可以提供人民充分的反省機會並因此帶來民主發展契機的話，可就大錯特錯了。

事實證明，少數菁英在統治人民方面確實有他們「獨到之處」，其中最重要的一項政治發明，便是結合宗教意識形態而創造出君主權力來自神明授予的學說。雖然這種說法一丁點兒「科學根據」也沒有，奇怪的是人們也好像不太質疑，**就算被迫發起推翻暴政的革命，緊接著而來的往往還是新君主登場，所謂民主則多數人連想都沒想過**。現象所以如此荒謬，或許來自人類的思想慣性吧；可以這麼說，正如「習慣法」在法律制度演進過程扮演的角色，人類因為希望建構一個可預測的穩定環境，而非常重視慣例的存在（以前老是怎麼樣，現在便還是該怎麼樣），基於同樣理由，即便不幸遇上愚蠢的壞皇帝，人們通常也極其寬容地把它當作單一個案，不會馬上將批判集中在制度上。

問題是：如果統治者們如此懂得駕馭人民，人民行為又深深地受慣例支配，現代民主又是怎麼發生的呢？對此，摩爾的一段話不啻提供我們一些想像空間：[164]「**現代民主制度的一個決定性的先決條件，乃是在君主和貴族權力間出現了粗糙的平衡，在這種平衡下，君權雖依然佔有優勢，同時給貴族留下了一定程度的獨立自主性。**」也許大家看到這段話時會有點摸不著頭緒，君主和貴族之間的平衡究竟關民主什麼事情？道理很簡單，正所謂「惡人自有惡人磨」，它的意思差不多就是這樣。

如果大家還記得前面提過所謂權力「寡占性」的話，應該明白，能在政治圈子中擁有權力者永遠只是人類中的一小撮人，他們雖然以「共犯結構」的姿態，透過「分贓制度」來分享權力，由於分配內容不可能均衡（誰都想獲得更大一部分），特別在獨裁體制造成權力最大程度集中之後，矛盾與鬥爭乃自然而然地潛藏並擇機爆發出來。進一步來說，**相對於缺乏權力也沒有合法機會來爭取權力的一般人民，弱勢貴族顯然在對抗君權時具備了更強烈的動機（因分贓不均引發的忿恨）與抗爭性（他們多半擁有一定的軍事能力），只不過必須等待適當機會來臨罷了。**

---

164 摩爾（Barrington Moore, Jr., 1913-2005），美國政治社會學家，著有《民主與獨裁的社會起源》。

不可否認，擁有相當對抗能力的貴族乃是君權的主要挑戰來源；例如在中國的歷史上，從西元前二二一年秦始皇建立帝制結構的兩千多年來，在歷次改朝換代中只有漢高祖劉邦與明太祖朱元璋屬於罕見的「人民革命」型態，其餘幾乎都是中、高階貴族挑戰上層統治者的結果。必須這麼說，從事實發展看來，或許正如多元論者所言，獨立貴族乃是近代歐洲民主成長中的一個基本歷史要素，另一個不可諱言的現實是，很難想像貴族革命怎麼會帶來民主的結果，因為在邏輯上，貴族發動抗爭既來自心理上的「欲求不滿」，結果應僅止於上層結構透過改朝換代的重新洗牌，事實上這也是漫長君權階段中的主要歷史內容。

從某個角度看來，現代民主的出現或許只是一場意外罷了。

儘管對多數將民主視為理想的政治理論家而言，當然無法接受這種推論（他們傾向一廂情願想像民主革命來自人民的共同發動），但事實是所謂民主最初只是種「歐洲現象」，至於這種現象又是中古封建體制解體與近代海外發現運動（兩者缺一不可）的互動產物。首先，歐洲的舊封建制度因城市興起而逐漸趨於解體（例如十三與十四世紀間的萊因同盟、士瓦本同盟與漢薩同盟……等，[165]都是城市透過經濟結盟來對抗封建單位的例證），其次是中上層貴族聯手挑戰舊權威（神聖羅馬帝國皇帝與羅馬教皇），然後建立起全新的國家政治結構（王權與貴族力量同時獲得增長），並透過「議會」這個新的設計來平衡王權、貴族與城市之間的三角關係。[166]

接著，由於進行海外殖民擴張運動的緣故，西歐君主需要利用貴族與城市資本家的力量協助，後者在擴張過程中分享到的經濟利益則讓其逐漸擁有制衡王權的實力，由此所謂「議會」的權限便在王權不斷遭到衝撞的情況下持續上升。於此同時，在擴張運動所累積資金（特別是幸運地從拉丁美洲獲得大量貴金屬）與文藝復興交互激盪之後，工業革命與資本主義體系接著奠定歐洲崛起基礎。更重要的，為提供工業革命與資本主義所需的大量勞力與消費市場，一方面必須想辦法解放農村人力，同時得透過私有財產制度來刺激更多的經濟投入；於是就在這場歐洲政經結構的革命性變革悄悄形成某種「全民運動」型態時，民主的可能性也跟著出現了。

鮑爾斯與金蒂斯傾向將現代歐洲個人權利與財產權的擴張視為一種「邏輯」，而不是簡單的「歷史法則」，[167]換言之，這個歷史演進過程雖可以被清楚地加以說明，其本身並不具備必然性（想複製歐洲經驗是不可能的任務）。事實是，**透過海外殖民運動而獲得更大能量的貴族在與城市居民聯手後（他們經常採取暴力革命途徑），一方面獲得制衡王權的機會，至於貴族為了向市民妥協或給予後者合作的回報，於是有限選舉權便在這種情況下被釋放出來，埋下了未來慢慢邁向民主體制的伏筆。**值得注意的是，由於帝國主義勢力在十八到十九世紀之際的蔓延世界各地，於是原本極單純的一種「歐洲現象」，後來居然演化變成一種「全球浪潮」。

---

165 萊茵同盟（Rhine League）乃起自一二五四年，位於萊茵河流域的城市同盟，目的在保護城市商人對抗封建主，士瓦本聯盟（Swabian League）則在一三三一年由奧格斯堡、紐倫堡與部分瑞士城市共同組成，兩聯盟一度於一三八一年合併，但在士瓦本聯盟於一三八八年被迫解散後，萊茵聯盟最終也在一四五〇年瓦解。至於漢薩同盟（Hanseatic League）則是自十二世紀末起，從須德海、芬蘭、瑞典、挪威到日耳曼北部地區，逐漸成形的大型城市同盟，最後在拿破崙戰爭打擊下瓦解。

166 相關細節可參見拙著《蹣跚走來的民主》。

167 鮑爾斯（Samuel Bowies, 1939-）與金蒂斯（Herbert Gintis, 1940-2023）同為美國行為經濟學家與分析馬克思派經濟學研究者，共著有《合作性物種：人類的互惠及其演進》。

民主vs.獨裁：消失不見的一段爭議

在前面三個段落中，我們逐一介紹了權力爭議源起，以及由於權力鬥爭所引發的問題，同時試圖簡略說明人類政治史從早期（希臘羅馬式）粗糙民主走向建立獨裁君主政體，以及從由君權神授學說所支撐的君權高峰，一路走向近代（西歐北美式）民主的過程；可以明顯發現，前述過程多數還是發生於少數菁英集團內部的「茶壺風暴」。

這些經驗除了凸顯來自權力分配不均所衍生之衝突外，其實「民主」與「獨裁」分別代表著兩種不同的政治邏輯；**前者指在儘可能接納多方意見並充分進行討論後，藉此提高政策「品質」的一種作法，後者則認為在政治範圍擴大且必須解決的問題跟著增多後，唯有集中決策權力才可能提供足夠的政策「數量」以滿足人們需求。**進言之，前者重視的是政策的「共識性」，亦即希望減少日常生活中不必要的衝突，避免多數人的利益遭到犧牲，而後者則強調「時效性」問題，認為及時解決各種問題與挑戰才是政治生活的真正焦點。

類似爭議在一九三〇年代曾集中在關於「法西斯主義」（fascism）的討論上。儘管這個名詞來自義大利政客墨索里尼創設的「法西斯戰鬥團」組織，[168]後來且成為發動第二次世界大戰之侵略者的代名詞，但法西斯主義者最初目的是想結束階級鬥爭，並在社團或企業財團基礎上建立一個新國家，然後授權（絕大部分權力）政府來解決當時國家面臨的經濟危機。誠如達根所言：[169]「其實是意志，而非理性形成了法西斯主義者的世界。」墨索里尼也曾說：「對我來說，生命就是鬥爭、大膽與決心。」這一方面顯示法西斯主義不可能採取緩和漸進的政策，甚至為建立起這樣一套決策模式，首先必須存在全體一致的「領袖崇拜」才行。從某個角度來看，所謂法西斯主義不啻是繼君權神授理論後，讓獨裁政體再創高峰的一種意識形態；與過去相同的是，它依舊傾向將統治者塑造成「神格化英雄人物」，但不同處在於，**相較於傳統上習慣由上而下來推動並維持極權統治印象，法西斯政權則透過媒體革命（大規模造勢與宣傳活動）把群眾帶進形塑統治基礎的過程中，然後透過這種「自我催眠」，讓人民甚至願意犧牲生命來捍衛領袖與不理性的政策**（日本的「神風自殺隊」尤為其中代表作）。

儘管法西斯主義隨著二次大戰落幕而被與邪惡畫上等號，但在戰爭前夕顯然並非如此，主要原因或是在面對經濟大恐慌浪潮時，法西斯政權的表現似乎比民主政體來得好些的緣故。甚至墨索里尼還曾直接抨擊西歐式民主說：「法西斯主義否認多數能領導社會，人類之間的不平等絕不可能利用向普遍選舉般那樣簡單的程序來磨平，所謂民主政體不過是每隔若干時日給予人民一種主權在民的幻象罷了。」平心而論，墨索里尼對民主的批評並非毫無道理，問題是他必須證明法西斯主義比起來要更好才行。更甚者，該種理論在一九三〇年代的確風靡一時，例如當時的中國領導者蔣介石便當面推崇過法西斯主義，由他主導的「復興社」更公開宣稱：[170]「法西斯主義是我們對症良藥，法西斯獨裁是中國的唯一救主。」

168 墨索里尼（Benito Mussolini, 1883-1945），義大利王國首相、法西斯主義創始人與獨裁者。

169 達根（Christopher Duggan, 1957-2015），英國歷史學家，專長為義大利現代史。

170 復興社為「中華民族復興社」的簡稱，又被稱為「藍衣社」，一九三二年於南京成立，強調「一個主義、一個政黨、一個領袖」，推動對蔣中正之個人崇拜。

無論如何，特別是多數共黨國家在一九九〇年代初趨於瓦解，許多第三世界國家又恰好於此時一起展開民主化後，不僅所謂「第三波民主化」成為時髦流行用語，在缺乏足夠對抗力量的情況下，民主理論亦似乎在政治意識形態中定於一尊，福山提倡之「歷史終結論」便是明顯例證；由此，一方面民主慢慢獲得「不可批判性」，所謂獨裁也僅剩下負面政治標籤的性質。進一步來說，**為凸顯在民主運作過程中「法治」觀念的重要性（政府一切作為均依多數決定與法律規範行事），獨裁政治被形容成一種充滿著「人治」色彩（政策總隨著少數統治者喜怒哀樂而變幻不定）的不理性過程**。但是，事實真是如此嗎？

儘管伍爾費格聲稱，[171]「我不認為投票率高低，可以被用來測量一個共和國是否健全」，多數所謂先進民主國家投票率偏低仍是個不爭事實；以美國為例，其一九九〇年代總統選舉投票率只有不到四成，國會選舉投票率不及三分之一，參與其他公民投票者更連百分之十都不到。如果考慮到具投票權者佔全國人口比例，以及在投票過程中不同意見的統計結果，最後所謂「得票多數」比起全國總人口更是低得可憐，致使**所謂多數其實經常根本就只是少數**。當然，有人認為不投票本身也算是一種自由，甚至可以被解釋成人滿意現狀的結果，但它顯然跟民主理論的假設背道而馳。

其次，雖然密爾等部分古典民主理論家強調，「任何形式政府擁有的一個必要條件是，先提升人民本身的德性與智慧，然後促使人民充分表達政策意願」，菁英主義在當前民主政治中依舊無處不在，主流的託付說代議理論便是一例。該種理論主張，一旦某個政黨贏得選舉，便獲得人民託付，授權他們實現在競選活動期間提出的政策主張，至於人們則可根據該政黨對政見的落實程度來決定下次是否繼續投票支持。換言之，**少數菁英已經取代了人民根據民主理論應有的決策地位。**

由於為了儘量採納多元意見，民主經常被認為是一門高深的「妥協藝術」，實則妥協的最終達成通常並非來自理性辯論，不過是「分贓」的結果。更甚者，**妥協不僅是以談判各方權力分配作為基礎，人民往往也因為居於權力弱勢而必須向政府妥協**，至於自由裁量權與緊急命令權則是政府擴張權力時的「尚方寶劍」。特別在現代工業科技輔助下，統治者擁有比過去君主更大的活動空間，在媒體革命的掩護下，亦練就更高級的推諉塞責功夫，因此被稱為「民選的皇帝」絕對當之無愧。換言之，當代民主的法治程度未必比所謂獨裁高多少。

當然，關於前述民主與獨裁似乎「形異質同」的推論，許多學者認為這不過證明了當前民主政治的不夠成熟罷了，並不能否定民主理論本身擁有的價值。個人對此種說法倒也不是完全不能接受，但始終認為：第一，在探究未來的理想政治途徑時，民主與獨裁論戰應該還是有意義的，至於焦點似乎不宜集中在所謂「人治與法治」的抉擇上（這會有誤導的嫌疑），而應思索前述「共識與時效」如何兼顧的兩難處境（設法讓大家意見一致固然重要，同時別忘了所有事情都有程度不一的急迫性）；第二，我們固然承認民主確實比獨裁來得「理性而可靠」，前面所以不厭其煩故意挑戰民主理論，一方面是希望更明白地釐清民主的真相，再者則是期盼刺激大家的思想活力，畢竟人類花了那麼多力氣才從長期君權獨裁的死泥潭中走出來，如果馬上陷入另一個思想醬缸，導致動彈不得，恐怕也非人類之福吧。

171 伍爾費格（Raymond Wolfinger, 1931-2015），美國政治學家，以投民行為分析著稱。

群體與個體：社會生活的真正意義究竟為何？

政治生活當中一個既明顯又隱晦的現象是，每一個人既都是個擁有獨立自由意志的「個體人」，也都是國家結構這個「集體人」的一部分。儘管大多數人都非常能習慣這種雙重身分，我們絕不能夠因此便不去理會其中蘊含的內部矛盾，也就是：前者暗示著「自由極大化」的人類本性，後者則指出了人類必須綑綁此種本性，以接受某種必要的「不自由」。

請注意以下幾個名詞：政治哲學、人本、個體王義、集體主義、第三條路

政治哲學中對於「人」的論辯

我們在前面探討了人類在不斷邁向未來的過程中，始終掙扎於生活理想與環境現實之間的困境，同時說明在政治過程（目的本為藉此解決前述困境）出現後，隨即接踵而至的另一個挑戰，亦即究竟該如何釐清政府和人民之間的「主從」關係（這亦是目前最核心的政治問題），不過，或因人類長久以來實在面臨了太多生存危機，致使前述關鍵主從邏輯始終被擲到一邊，從而將焦點挪移到如何先建構出一個可以解決問題的政治架構上，於是出現了有關民主與獨裁的辯論（參考上一章敘述）。值得注意的是，所謂民主與獨裁的辯論，表面上看來似乎是針對如何組織政府所引發的歧見，實則差異存在於它們對社會生活重心的不同看法，也就是說，前者重視社會的組成份子（個體），後者則關注社會本身（群體）。

為了搞清楚這方面的爭辯，得請各位暫時從現實政治跳脫出來，先討論一些有關思想層面的問題。當然，一談到所謂「思想」，可能很多人馬上聯想到一堆枯燥無味甚或不知所云的東西（不可否認，有時候這確是事實），儘管如此，我們還是希望能用最簡單的敘述方式，帶領大家輕鬆地跨過這道思考門檻。

政治哲學的研究方向可大略分成兩大類，首先是「人類想解決的問題」，其次是「人類認為可以解決這些問題的辦法」；據此，我們不妨將政治哲學或政治思想做個綜合定義，也就是「**人類藉以企圖解決問題的一套思考邏輯**」。雖然這種定義方式不免有點太簡單，倒也算是切入問題焦點核心的不錯途徑。

在進行正式討論前，先提出對於政治哲學的定義有其目的。因為所謂「人類想解決的問題」不外乎就是「衝突與和平」，其中，**衝突可說是多數問題的源起，和平則相對是所有人類共同期盼的理想目標，至於政治哲學，便是一套企圖將人類從衝突困境引導向和平境界的指導方針**。在此所謂「衝突」採取的乃是廣義解釋，也就是泛指人類社會中所有「不和諧現象」，涉及人際關係衝突、政治權力挑戰，當然也包括戰爭在內。正如前 章的討論，為了解決這些層出不窮且困難重重的問題，在政治哲學領域裡也形成了一個幾乎永無休止的論戰，亦即「人治」與「法治」之爭。

在西方政治哲學的發展歷程中，此一論戰可遠溯至古希臘時代。代表人治主張的一方是所謂「哲人學派」，[172]據稱為其開山祖師之一的普羅達哥拉斯曾經說過：「**人乃萬物的準則**」，[173]意思是所有對環境的感覺都來自人類自己所設定的標準，甚至世間道理的是非曲直，也不過都是人類的判斷而已。總而言之，這種說法點出了所謂哲人派思想的精華，由於它是古希臘時代首次將「人」作為一個研究單位搬上政治思想檯面，因此對人治論思考途徑也具有革命性的影響。

就當時而言，哲人派必須對抗的是居於「正統」地位的法治主張，代表人物包括柏拉圖以及亞里斯多德，其中，後者曾留下「**人類天生就是政治動物**」這句名言，雖然前面這句話表面上將人的位置擱在前面，實際上政治才是思想主體所在。大體來說，法治派思想承襲了希臘的歷史文化內涵，認為「城邦」乃是人類社會活動的中心，一切活動都不應逾越於城邦範圍之外，至於政治哲學家的研究目的，則是想辦法維繫城邦秩序的和諧與穩定。

例如，柏拉圖在《共和國篇》完全表現出其思想中的「制度取向」，也就是希望超越（或可說是忽略）人治與法律的力量，直接以客觀制度來規範人類的生活；但因這種想法根本否定了政治發展的漸進過程（就算改革也得一步一步來），幾乎等於妄想，因此在《政治家篇》中還是回到現實，將理想寄望在「哲學家皇帝」（philosopher king）的統治上；從這個角度看來，此時的柏拉圖不啻有點兒「反法治」的味道在內。值得注意的是，這時哲人派代表斯洛辛馬可士也正好將反法治思想發揮到了極致狀態，[174]例如他曾說「法律乃是統治者為了保護自己所設計的，權力亦不過是統治者的利益罷了」，進一步來說，「法律其實就是強者的命令」，另一位哲人派學者卡力克利斯更補充說，[175]「強者擁有權力以統治弱者，本即天公地道」。無論如何，柏拉圖畢竟是個法治主義者，因此在短暫與人治派合流後，晚年創作《法律篇》時，其核心主張還是重新回到以法律來規範社會生活上。

儘管「人治」與「法治」的區別帶來兩種對於解決人類問題的極端對立主張，仍可這麼說，政治思想的基礎還是「以人為本」的。其原因是，政治哲學的起源本來就是想解決在人群社會中發生的問題，因此「人」當然是其規範的主題（無論是統治者還是一般人民）。**止如霍布斯指出，人類既是國家的「製造者」，也是國家的「構成體」，這種雙重身分的詮釋可說更加強了人本政治哲學的基礎**；至於人治派似乎掌握了此種思想的重心，只不過，這既是人治派思想優點所在，也

---

172 哲人學派（Sophists）又稱辯士學派或詭辯學派，但實際上並未真有此一派別，而只是泛指在古希臘哲學中的一種跨流派態度，強調「真理越辯越明」。
173 普羅達哥拉斯（Protagoras, 490-420BC），生於色雷斯的古希臘哲學家。
174 斯洛辛馬可士（Thrasymachus, 459-400BC），經常出現在柏拉圖《共和國篇》中的古希臘哲學家。
175 卡力克利斯（Callicles），西元前五世紀末古希臘哲學家，對日後尼采哲學影響深遠。

是其致命傷，因為他們純粹從現實著手的思維模式，經常將其帶往「懷疑主義」的不歸路，一方面否定普遍性真理之存在，卻又如希比阿斯所言：[176]「法律乃違反天性，且強加在我們身上的專制君王」，進而強調法律結構的實證性質，並拒絕承認任何先驗性的法律秩序。這種極端理性（是什麼就是什麼）的思考方式雖然沒錯，終究讓簡單而又籠罩在神秘主義之下的希臘城邦，由於找不到任何共識而被摧枯拉朽似地破壞了，所以我們說這也是其致命傷所在。

相對地，**法治派的制度取向研究法則延續柏拉圖在《共和國篇》中的論點，悄悄離開人本哲學基礎，轉而試圖以「制度」來取代「人」在社會中的主宰地位，從而逐步形塑了當前西方的政治思想主流**。從柏拉圖區分君主、專制、貴族、寡頭、民主與暴民等政體，與亞里斯多德稍加修正後提出的立憲政體（polity），到羅馬初期波利比阿斯的倡導政體循環論與「制衡」，[177]可謂一脈相傳。其中，波利比阿斯更強調制度的優良，乃羅馬最後終究擊敗希臘的關鍵原因。可以這麼說，前述制度研究取向與以法治為主的觀念，多少年來始終支配著西方思想界，並形成其主流；從許多學者乾脆將「政治學」稱為「政府學」（Governing）看來，這種觀念確實非常深入人心。

究而言之，不論是人治派的唯心觀念，抑或法治派的法律至上主張，基本上都是為了解決現實社會問題而產生的，只不過前者從純粹頭腦體操與思想辯論方式出發，希望幫助人類從尋找自我定位來發掘根本解決之道，但因理解能力有限與知識內涵不足，終究無法自圓其說，後者則從人類所處的外在環境規範著手，希望藉由建構秩序將人類帶往理想境界，當然，這也是迄今人類能力不及的事情。

此處所以花費篇幅去討論兩千多年前古希臘時代人治與法治兩派的辯論，原因在於它可說是人類思想架構的一個縮影，無論政治生活變遷帶來多少理論爭議，大體上都是由這個出發點演繹出來，也很難離開這個基本範圍。誠如史奈德與威爾森所言：[178]「和平與戰爭的最後答案，厥在於人們的心思結果」，由此可見，「人」這個變數實在是政治界的一個決定性要素！麻煩的是，這個變數又實在是太不容易捉摸，學者們雖自我臉上貼金地在社學科學上冠以「科學」二字，實則我們對人類行為的掌握，與科學所要求的精確程度相去甚遠，基於篇幅限制，對此就暫時不提了。

三段式交錯跳躍的思想演進歷程

前一段落主要在於說明，無論焦點放在統治者身上的人治派，抑或重視建立制度規範的法治派，兩者立論基礎都脫不開「以人為本」的出發點與觀念範疇。接下來，我們便嘗試針對十六世紀迄今個體主義與集體主義之辨證分合，進一步加以探討。

自從馬基維里寫成《君王論》提倡權力政治與民族主義，霍布斯也以《巨靈論》肯定國家主權說之後，某種集體主義氣氛便開始瀰漫在歐洲的政治社會中，並逐漸衍生出民族主義這個「西

176 希比阿斯（Hippias），西元前五世紀末哲人派學者，往往被柏拉圖描寫為自大的人。

177 波利比阿斯（Polybius, 200-118BC），生於伯羅奔尼撒之古希臘政治學與歷史學家，著有《歷史》一書記錄地中海周邊歷史，也涉及密碼研究，「波利比阿斯四方」（Polybius Square）即以其命名。

178 史奈德（Richard Snyder, 1916-97）與威爾森（H. Hubert Wilson, 1909-77）為美國政治學者，共著有《政治行為之根源》一書，強調從心理層面分析人類行為。

歐產物」。**在此之前，無論西方的歐洲與阿拉伯世界或東方的中國體系，幾乎都傾向從「大一統」觀念來界定國際秩序與規範，除了習慣將人們視野所及的世界視為一個不可分的整體，唯一藩籬乃「文化水準」，目的是用來區隔文明人與野蠻人。**在此情況下，所謂集體主義只有一個模糊不清且未成形的概念，反而個體主義在政府能力受限下，以「帝力與我何有哉」的心理現象而慢慢浮現雛型。儘管如此，至少在歐洲地區，情況在十七世紀中葉開始有了改變，由於一些中小型現代國家逐漸成形並自我強化，它們彼此衝突不斷也讓民族主義初步發展起來，再加上一六四八年《西發里亞和約》催化，[179]一個新的國際秩序架構跟著來臨了。

總之，歷史的漸進發展影響了一個新的思想階段，對此，我傾向用「三段式交錯跳躍歷程」來形容此時期的思潮進展，主要借用黑格爾的「正反合辯證法」以說明個體主義、集體主義與兩者交互衝擊的時代等三個階段，至於把它描述為「交錯跳躍」，是因為這三個階段之間的關係並無一定規則可循，到底孰先孰後，完全要看當時社會背景特徵與人們接受與否而定，但大體上還是可分成以下幾個階段來觀察。

在十五世紀末至十六世紀初的第一個階段中，代表人物包括馬基維里與法國學者布丹，他們象徵著初期的集體主義，論述重點在於強調國家主權概念。此階段思想的基本態度來自對中古時期基督教會過度專制之反動，一方面「二劍論」被轉化來凸顯世俗權力，[180]由此君權神授理論跟著甚囂塵上，於此同時，前述理論極端化的發展（君王愈來愈被神格化）也在社會中引發再反動的抵制力量，此即「反君權論」的背景。

思想之為物，好比一把雙鋒利劍，它能給人類福利，也能帶來禍害。事實上，**思想最要緊的**

立場乃是維持「中庸」，一旦逾越此立場而走向極端，一定會在引發交相激盪之後跟著產生衝突。

起自十六世紀中期的第二階段情況正是如此。在此一階段中，包括反君權運動先鋒的布坎南，[181] 前述強調國家主義的霍布斯，寫作《烏托邦》的英國學者摩爾，[182] 乃至於憲政自由主義者洛克等，有的主張民權，有的致力於捍衛君權，有的甚至企圖遁世到桃花源般的理想當中，這些交相衝擊的思想環境為個體主義與集體主義首度爆發論戰提供了必要場景，最後以十七世紀後期「民權時代」來臨作結，從而進入另外一個百花齊放且思想家輩出的階段。

以「民主」觀念作為核心的民權時代，從某個角度看來，它的來臨似乎是奇妙而難以解釋的。在古希臘城邦時期的「半民主」（semi-democracy）文化消失，緊接著在歐洲出現君權形式的兩千多年後，民主概念成為新時代潮流，或許代表了該地區人口素質一定程度的提升，但事實又不全然如此。在此時期中，代表思想人物包括孟德斯鳩、[183] 休謨、盧梭與亞當斯密等人；值得一提

179 西發里亞和約（Peace of Westphalia）乃由神聖羅馬帝國主導，為結束起自一六一八年之「三十年宗教戰爭」，於一六四八年推動簽署之一系列和約，一般被認為是現代主權觀念與民族國家之始。

180 二劍論（Doctrine of Two Swords）為基督教會在十二世紀從《聖經》演化出來的一套政治理論，最初被教會用以說明自身凌駕世俗之上的地位，後來則被世俗統治者援引作為正當性來源。

181 布坎南（George Buchanan, 1506-82），文藝復興時期蘇格蘭人文主義者。

182 摩爾（Thomas Moore, 1478-1535），英格蘭社會哲學家，因反對亨利八世宗教改革被處死。

183 孟德斯鳩（Baron de Montesquieu, 1689-1755），法國啟蒙運動思想家，與伏爾泰和盧梭齊名，且為現代西方國家理論與法學說奠基者，著有《法意》一書。

184 法國發明家巴本（Denis Papin, 1647-1712）在一六七九年製作了現代蒸汽機的原型後，直到一七六五年瓦特（James Watt, 1736-1819）才據此改良出可供量產的蒸汽機。

的是，由於一七六五年的成功改良蒸汽機，[184]讓十八世紀的歐洲政治思想發展加進了產業革命與資本主義等經濟因素，從而使其焦點集中在鼓吹個體解放與擴大產業自由上頭。總的來說，從十七世紀末到十八世紀初的第三階段，大體可說屬於個體主義的時代。

至於繼個體主義而起的下一階段，是另一個集體主義的時代。其中，最具震撼性的發展，毋寧是一七七六年美國獨立運動與一七八九年的法國大革命。其時雖然出現相當多的新思想家，但可以分成兩個部分來討論：首先是革命思想家，例如潘恩[185]與傑佛遜等人，[186]而另一批則屬於民族主義思想家，例如費希特[187]與黑格爾等；前者主要希望透過理論來支持革命成果，後者則專注在理論建構本身。最後在兩者共同推波助瀾下，被稱為「民族主義時代」（age of nationalism）的十九世紀隨之降臨。值得深究的是，何以從盧梭以來所推動的思想解放與個體主義風潮，後來卻奠下了集體主義的時代環境基礎？若想討論這個問題，最好換個角度，轉而從縱剖面方向來進行觀察。**儘管有部分學者認為，政治思想可以帶動社會風潮（如同英雄造時勢），實則思想往往僅是時代的產物（多半就是時勢造英雄）**。

換言之，政治思想基本上是因應時代需要產生的。

個人雖不傾向強調某種歷史必然論，不過，十八世紀末到十九世紀初的歐洲社會可說正經歷著一個「脫胎換骨」的關鍵時刻；在這個過渡階段中，歐洲逐漸從一個絕不原始但仍舊略嫌粗放的社會，轉化成後來被稱為「現代結構」的社會型態；此一新型態的特色首先是政府機能的複雜化與再加強（不像過去只是個被動的公共財角色），以及個人角色的重新定位與調適（人民不再可能半隱居地存在於國家某一角落），由於此時期的階段性工作（因應變局以求生存）必須授權政府來完成，集體主義乃很自然地應運而生，目的在於藉由全體人民的認同與支持，透過提高國家的抽象地位（主權），以便強化資源徵集能量來應對競爭挑戰。

無論如何，就在國家透過民族主義意識形態集合個體力量，然後全力進行海外擴張殖民運動的背景下，社會結構轉型（以中產階級為主的社會興起）引發的問題也受到另一批思想家的注意；由此，初期「社會主義」開始萌芽。

由英國運動家歐文提倡的烏托邦社會主義，[188]首先帶動了一個新思想潮流，繼之而起的包括法國的聖西門、[189]傅立葉、[190]蓋佩等人。[191]不過，相對初期社會主義仍具有和平的集體主義傾向，在馬克思、蒲魯東、[192]巴枯寧等，[193]先後提倡諸如共產主義與無政府主義等反體制想法後，目標在推動

---

185 潘恩（Thomas Paine, 1737-1809），英國政治活動家與激進民主主義者，曾參與美國獨立運動，以及法國大革命後組織的國民公會，著有《常識》等書。

186 傑佛遜（Thomas Jefferson, 1743-1826），美國《獨立宣言》起草人與第三任總統。

187 費希特（Johann G. Fichte, 1762-1814），日耳曼哲學家與唯心主義奠基者之一，在政治哲學方面的思考讓他被認為是現代德國國家主義源起。

188 歐文（Robert Owen, 1771-1858），英國企業家、慈善家與烏托邦社會主義者；一八二三年曾在美國印第安那州短暫進行過共產式勞動公社實驗。

189 聖西門（Henri de Saint-Simon, 1760-1825），法國社會思想家與運動者。

190 傅立葉（Charles Fourier, 1772-1837），法國社會思想家，抨擊資本主義並強調婦女解放。

191 蓋佩（Etienne Cabet, 1788-1856），法國社會思想家與伊卡里亞運動（Icarians movement）創始者，目標是以工人合作社取代資本主義生產體系。

192 蒲魯東（Pierre-Joseph Proudhon, 1809-65），法國互惠共生論者，首位無政府主義者。

193 巴枯寧（Mikhail Bakunin, 1814-76），俄羅斯思想家、革命家與無政府主義者。

「國家消亡」之個體主義隱然成為此時期社會主義的終極目標。其宣傳重點包括，不需要政府、法律不可靠，以及貧富階級間無可避免的衝突等，並紛紛要求解放個體以達成最完美的自由與平等狀態。大致說來，這些中期社會主義思想家固然都有其理想憧憬，由於在實施步驟部分缺乏深思熟慮，以致最終多只能為社會帶來動盪不安；更甚者，為對抗此類極端個人主義，還反向地導引出另一股更具災難性的政治力量，亦即法西斯極權獨裁思想。

從前述不同階段思想主流演進的討論中，可以發現：**政治思潮的演進往往是互為因果的。正如前面強調，如果無法維持中庸，某種政治思想的被奉為神明或加以極端化發展，結果經常是激起反動並帶來另一股對立性思潮，**至於此種思想循環的不斷發生，不啻暗示人類對自己腦中想法既往往無法控制，更經常如同「事後諸葛」般，傾向接受某種後設式正當性；例如，由於斯巴達戰勝了雅典，於是「斯巴達式共和」一度成為羅馬學者眼中理想典範，而美國由於帶領盟國贏得兩次世界大戰，於是「美國式民主」同樣成為今日政治學者口中不可逆之主流。

總而言之，**鑑往無法喻今，或為人類雖有思想，卻始終無法臻於完美的主因；**個體主義與集體主義之間的激盪，正是個明顯例證。

若以前述政治哲學中的「人本」思想加以貫串，或可發現，前述這兩種看似不同的途徑，不過是用來解決人類問題的不同方法而已，目標其實完全一致；個體主義固然著眼於個人價值的自我實現與肯定，集體主義雖表面上重視整體利益，內涵上還是包括了個人利益的實現，只不過「偶而」需要自我犧牲罷了。進言之，**前者的缺點在於自掃門前雪，經常在導致一盤散沙後造成整體目標的挫敗，後者的短處則在於實在沒辦法太信賴政府的機能與中立性，因此個人利益必須另**

找一套系統來加以保護。只有同時瞭解這兩種途徑之優劣，才能在整理好思緒後，繼續往歷史的下一個階段邁進。

時代環境背景與人類的選擇

正如本章前言提及，每個人既是具有自主意識的個體人，又因人類選擇了群居生活方式，不能不成為集體人的一部分。關鍵在於，個體人與集體人邏輯並不完全一致：**對個體人而言，「人不自私，天誅地滅」乃是生活指導原則，但是對集體人來說，則「國家興亡，匹夫有責」經常被用來說服個體人藉此進入「忘我」境界，以便在必要時進行犧牲奉獻**。問題是：個體與集體主義往往透過某種比例調和而並存在社會中，一旦個體主義力量太強，國家就會失去凝聚力，反之，要是集體主義成為思想主流，個人又常在不理性政策下被迫犧牲，到底怎樣才能調出一個最佳比例呢？進一步來說，到底群體與個體孰重孰輕？亦即群體必須為服務個體而存在，還是個體應該為捍衛群體而在必要時捨棄自我？

當然，前述問題的答案在思想界並無共識，人類亦只能想辦法找個比較符合時代環境需要的東西來因應挑戰。正如前面段落透過古希臘與近代歐洲社會變遷來說明思潮走向一般，思想主流的交錯跳躍性，確實反映出人類無法把持中庸的困境。

在此或可再以近代中國為例，進一步說明這種選擇的過程。

顯然，十九世紀中葉的中國面臨著一個重大轉捩點；危機的解決辦法很簡單，也就是作一次自我轉型以因應來自歐洲的新挑戰，但問題是，當時的清朝執政者或未能真正察覺危機的嚴重性，於是變局的發生乃無可避免。就西方標準言，十九世紀的中國只具有某種粗放的集體主義，由上而下之「天朝觀念」乃其政治運作指導原則。儘管鴉片戰爭的結果使得以英國為首的歐洲力量，成為左右中國朝政與國家發展的外力侵入者，最大的衝擊還是來自中國內部。外力壓迫首先讓中國這個原本到處存在縫隙的海綿體變得較為紮實，例如本來存在的種族差異轉而砲口向外，結果是長期倡導「反清復明」的會黨竟諷刺地成為「扶清滅洋」的急先鋒，至於知識份子的反應則分成兩派，其中一批人只知道自我膨脹地大聲喧囂，另一批人則基於與歐洲國家的接觸經驗，相對比較瞭解現實狀況。由於前者多半代表「執政當局」，導致中國政府習慣帶著有色眼鏡來看待中外關係，在政策趕不上時代變遷的情況下，最後受苦的還是一般市井小民。

無論如何，中國的知識份子並非全然毫無反應，例如，被派往廣東禁煙的林則徐便請人翻譯並整理出《四洲志》一書，[194]希望讓大家更瞭解真實世界的樣貌。從某個角度來看，翻譯書籍不啻是吸收異文明的第一步，嚴復正是當時的佼佼者，不僅翻譯的《天演論》對近代中國思想界有著巨大影響，[195]他提倡的「信雅達」也成為翻譯準則。儘管如此，當時知識份子對中國改革的影響卻是微乎其微的，例如王韜與郭嵩燾等雖能認知世界局勢，只能鬱鬱然終其一生，至於主宰所謂「自強運動」者，則是像曾國藩、左宗棠與李鴻章這些稍有見識但其實視野不廣的中興名臣。

相較西方的思想發展歷程，此際中國大致處於集體主義「從粗放走向昇華」的過程當中，為因應變局，政府的權威自然跟著提高。只不過，畢竟自強運動在十九世紀末的甲午戰爭後遭逢挫折，由此出現了兩種更積極的主張：立憲運動與革命運動。其中，因為主張漸進式改革並學習西式君主立憲的康有為和梁啟超，在一八九八年保守派抵制並發動政變後以失敗告終，接著，由孫文等人領導的激進革命運動跟著登場。事實上，孫文與其說是個革命運動家，還不如說是革命思想家更為貼切（他實際參與的革命行動寥寥可數），至於其思想代表則是所謂「三民主義」。[196]倘若排除嚴謹的邏輯檢視標準，這套想法的獨特性在於，它雖承襲了西方的政治思想，也具有濃厚適應中國環境背景的味道，不妨將它看成是一種東方式的民族主義。

基本上，孫文對中國近代危機的觀察是全面且徹底的；他認為民族、民權與民生乃當時必須同時解決的三個問題，其中，民族問題又屬燃眉之急。這種想法代表著某種雙重意義，首先，它無疑將中國帶入近代由歐洲主導的民族主義運動洪流中，其次從學說內容看來，也充滿著明顯的集體主義傾向。正如孫氏所言：「如果不想辦法來提倡民族主義，中國將來不但是要亡國，或者要滅種，所以我們要救中國，便先要想一個完善辦法來恢復民族主義」。這種用社會達爾文主義式優勝劣敗邏輯來形塑整體利益優先性的說法，當然具有十足集體主義傾向；或許這是為因應當時局勢之不得不然的做法，只不過，在民族問題方面如此，在民權與民生問題上是否也有類似思想傾向呢？

194 林則徐在一八三九年請人翻譯英國人穆瑞（Hugh Murray, 1779-1846）的《世界地理大全》，乃近代中國首部相對較有系統之世界史地書籍，但未及出版；後來成為魏源在一八四一年出版《海國圖志》之資料基礎。

195 一八九八年出版的《天演論》，譯自英國學者赫胥黎（Thomas Huxley, 1825-95）的《演化論與倫理學》。

196 所謂「三民主義」（民族、民權、民生）概念源起於一九〇五年〈民報發刊詞〉，最終確定於孫文在一九二四年所進行的一系列演講內容。

在民權觀念方面，孫文首先討論的是「自由」的意義。一般來說，所謂自由有著兩個層次，第一是國家自由，例如孫文認為「民族主義是提倡國家自由的」，其次是個人自由，但這部分被他否定，理由是「歐洲人從前受了不自由的痛苦，所以要爭自由，中國人向來很自由，所以不知自由」。孫文先舉〈擊壤歌〉作為例證，接著闡釋說：「自由這個名詞萬不可再用到個人身上去，要用到國家上去，個人不可太過自由，國家要得完全自由。」由此看來，其集體主義傾向似乎昭然若揭。但於此同時，孫文又指出「今則主權屬於國民全體，政治主權在於人民」，應「將政權完全交到人民手中，要人民有充分的政權」，這種說法不啻在另一層次上彰顯了個體主義想法，至於其「直接民權」主張也有類似的矛盾現象。

至於在民生觀念方面，「人本哲學」的表現便愈發明顯強烈。孫文指出：「人類求生存是什麼問題呢？就是民生問題，……所以民生問題乃是社會進化的原動力。」他非但強調生存是人類歷史奮鬥的重心，在討論所謂民生問題時的口吻，簡直也和早期社會主義者同一模樣，最後，從他將結論歸諸於土地與資本的分配問題看來，這部分思想中的個體主義成分也更加濃厚了。

當然，孫文不見得可作為近代中國知識份子的代表，但從所謂三民主義內涵中集體與個體主義交互激盪的現象，可以發現，思想家在面對現實環境問題又希望找到理想解決方案時的天人交戰。作為革命倡導者，孫文不可避免必須使用情緒性、甚至煽動性語言來凝聚力量，集體主義傾向因此自然浮現，此乃時代潮流力量使然；但作為一名思想家，純粹理性思考又必然導引他從人民利益著手，去建構一個理想完美的政府體系與社會秩序，終究讓個體主義的影子揮之不去。

透過前述充滿矛盾擺盪的思想歷程，大家應該可以瞭解，如果想對市面上琳瑯滿目的政治思想有所領悟，如何掌握其「時代背景」乃首要關鍵所在；見招拆招或扣帽子式的思想解剖不僅沒有意義，反之則應該從歷史研究入手，再由背景襯托下去深究理解那些思想學說的內涵；其次，則必須儘可能「**瞭解思想希望解決的問題究竟是什麼**」，正所謂「家家有本難唸的經」，與其把思想看成是一種可放諸四海而皆準的東西，還不如看看那些思想家在進行推論時，眼前到底盯著些什麼難題。或許在這樣的反覆思考訓練之後，說不定真能找出一條中庸之道來。

第三條道路？

正如前述討論中再三強調：**思想既是時代環境的產物，也是為了解決人類社會中的種種問題而產生的**，相對地，其目的絕不應是製造問題。從這個角度來看，對思想進行精細解剖非但不必要，甚且是多餘的。如果同意「人本」乃政治思想之基礎，個體主義顯然與此較為貼近，因為它強調「人」是宇宙的主宰，也就是說，社會不過是手段，個人才是真正目的所在。儘管如此，這種完全以人為中心的想法，雖然看起來與人本思想頗契合，卻不免有點過頭；人類往往重蹈極端化的覆轍而毫不自知，個體主義正是其中一個顯著例證。

的確，**人類誠然是萬物之「靈」（最聰明的一種），但絕非是萬物「主宰」**；我們必須體認，**人類不過僅是地球上芸芸眾生的一部分，也是大自然生態平衡中的一個環節罷了**，有權利憑一己私慾去破壞整個世界的平衡嗎？隨著人類大肆擴張自己所謂的「生存空間」，動植物大量滅絕也形成一個弔詭，致使後世子孫只能透過紀錄片或博物館陳列室去瞭解過去的生態體系。在地球危機逐漸加劇同時，我們也該做些深沉反省了：人類是否「天生」有權利去破壞自然平衡狀態？是否有權利將自己視為地球主宰，然後無限制地擴張生存環境？是否有權利建立自我中心，完全不顧社會中其他人群的存在？以及是否有權利將自己視為優秀團體，任意去宰制其他弱勢群體？

自十九世紀以降，人類開始不自覺為自己帶來雙重威脅：**首先是資本主義與殖民主義的興起，使人類足跡遍佈全球，在探險家蜂湧至世界各地後，雖拓展了視野，卻也挑起人類征服萬物的雄心，其次，在民族主義成為時代潮流後，諸如「白種人的負擔」等狹隘概念此起彼落，部分社群的過度自我膨脹既帶來法西斯式極端民族主義，也鼓舞了自以為是的侵略擴張，最終埋下兩次大戰與今日諸般衝突的伏筆。**

面對此等變局，顯然人類必須自我轉型才能因應。正如《莊子．齊物論》所言：「天地與我並生，萬物與我為一。」重點在於人類必須想辦法與自然萬物調和，讓人與物彼此互為目的與工具；至於在人與人之間，則我們雖承認個人應具有不可侵犯的尊嚴與權利，為了達成社會整體和諧（畢竟人無法脫離社會而生存，特別在工業化今日），人類也必須學習自願放棄部分權利以達到互助共生目標。從「相對」角度來看，由於孤立存活於世界上並不容易，無論如何都須特定社群關係與生物環境配合才行，因此人類必須除去自私的個體主義，更多地去思索周遭的世界。

當然，可能許多人會認為，這不過是種過度理想化的幻想罷了。我們必須承認，事實或許真是如此，畢竟「人口品質」一直是人類無法突破的發展瓶頸之一，**不但人的理性思考能力未必能讓其瞭解自己在萬物中的定位，即使有部分人真能領悟，長期培養出來的自私習性也會抑制人們無法自願交出一部分權利。**當下的民主思想正是一例。儘管二十世紀以來，民主政治已漸成全球政治思想主流，但無論「聲稱是真民主」的西方社會、「實施著假民主」的前共產集團國家，抑或附庸風雅「自稱也算民主」的第三世界發展中國家，雖然都將民主政治與自由平等觀念奉為立國基礎，真的貫徹落實相關理念的國家究竟有多少？由此可知，在人類政治思想發展與政治現實運作之間，即便並非永遠的平行線，似乎交集點並不多。**關鍵或在於具理性思考能力與習慣的人類，始終無法在人群中佔據多數的緣故。**

無論如何，在科技愈發進步且教育比過去更為普及的今日，提升人類思想與反省能力的目標似乎不再完全是個遙不可及的夢想。自一九六〇年代以來，在西方出現之諸如婦女運動、環保運動、綠色運動或和平運動等所謂「新社會運動」之風起雲湧，[197]儘管成效迄今有限，不啻提供了若干啟發。正如赫伍德描述的，相較於由弱勢者發動，企圖重新分配利益的傳統社會運動，投入新社會運動者不但教育程度與社會地位普遍相對偏高，其關注焦點也集中在生活品質問題上，更甚者，他們同時強調應將自己的想法傳播到社會各層面。

值得注意的是，類似想法在一九九〇年代一度匯聚成所謂「第三條道路」（the third way）的說法。例如柯林頓在一九九二年美國總統大選中指出：「我們必須採取的道路既不是自由主義式，

197 新社會運動（new social movement）有著後物質主義價值取向；其提倡者認為，過去的社會運動多因人類對自身委屈不滿所致，乃一種非理性心理反射，也經常投射至政治層面，至於新社會運動則相較有更高的社會性與文化性內涵特徵。

198 紀登斯（Anthony Giddens, 1938-），英國社會學家，以結構理論與本體論研究著稱。

199 布萊爾（Tony Blair, 1953-），曾任英國工黨領袖與首相（1997-2007）。

也不是保守主義式，而是兩者的結合。」接著，英國學者紀登斯[198]與工黨領袖布萊爾，[199]正式將「第三條道路」一詞提上檯面，**強調應建立一個具合作包容性的新社會關係，透過積極公民參與（例如歐美國家普遍因政治冷感致使投票率每況愈下）和建立「治理型」政府（政府並非社會生活內涵的管理者，而是調和各種社會力量的中介者），來消弭過去在個體主義與集體主義之間的衝突。**當然，多數學者都承認一個事實，亦即迄今為止，所謂「第三條道路」仍處於概念多於倡議的情況中（雖有一大籮筐理想，究竟該怎麼走還是摸不著頭緒），難怪相關討論到了二十一世紀初開始消聲匿跡。儘管如此，我們還是肯定只有更多創意，才能在不斷嘗試後，幫人類找到一條或能真正解決問題的道路。

左派與右派：面對環境挑戰時該怎麼辦？

正如自然界裡頭的所有生物一般，人類也必須應付一連串的生存挑戰，只不過差異在於：相對於其他動植物習慣根據其基因遺傳暗示去適應環境，人類則大膽希望能夠改變自然，甚至於創造自然。值得注意的是，人類在面對自然與外部環境困境時的反應並不一致；有的人看起來比較樂觀進取，有的則好像較為審慎消極。當然，不同的態度將帶來不同的切入與處理方式，也會造成不同的發展後果。

請注意以下幾個名詞：意識形態、左派、右派、保守主義、自由主義

意識形態中的左邊與右邊

有時總覺得，我們好像生活在一個極端矛盾的時代裡頭。

舉例來說，正當現代化工業都市生活看似把人跟人的關係拉到了有史以來最近距離時（豈不見住在公寓大廈的人們，東西南北上下左右都擠滿了高密度鄰居），都市型人際關係展現出的超級冷漠感，卻也眾所周知；又如在所謂第三波民主化浪潮推波助瀾下，不僅民主似乎成為不可挑戰的普世價值，在「大家站起來」的震天價響呼聲中，人民好像被拱到政治核心位置上，但「萬能政府」的出現和干預功能不斷擴張，又讓人民陷入一種幾乎完全被動的消極聽命角色；更重要的是，隨著當前社會生活被高度文明發展搞得愈來愈複雜（或進步），多數人們也因為深深依賴科技而懶得思考自己的未來。

這些問題不但矛盾，同時更相當危險。解決的辦法很簡單：**關鍵闕在於人們腦中的想法**。這也是前一章小心翼翼地去碰觸「思想」問題的緣故。此處則企圖大膽地將層次再提升一點，從人類對於社會生活重心的不同看法出發，進一步將焦點集中在人類對於社會發展方向的不同態度上。

正如「理想與現實」一章說過，人類其實普遍活在一個「既真實又虛幻的世界」當中，由於常常看不清楚自己以為已經看清楚的東西，從而帶來一連串麻煩、糾葛和彼此衝突。所以如此奇怪，除了我們曾提過的誤解、錯覺與偏見問題之外，十七世紀英國哲學家培根試圖透過「幻象」（idol）概念來解釋這個困境，[200]他認為人類對於社會環境的理解能力一直受到四種錯誤且不合理的觀念所矇蔽，分別是：族類幻象（重視長期存在的社會傳統，並習慣讓血緣情感因素干擾理性思考過程）、洞穴幻象（容易因為個人所處環境而生出本位主義，以致無法接受更普遍觀點）、市場幻象（在人群不斷互動而發展出用來彼此溝通的語言後，語言卻也往往扮演更廣泛之溝通障礙）與劇場幻象（人類經常根據時代經驗形成某種教條主義，但忽略這些教條應該日新又新之必要）。無論上述概念幫我們解釋了多少人類社會衝突的根源，培根無疑讓我們瞭解了一個事實：**人類發展的主要挑戰或許並非來自周遭生存環境，而是我們很難理性的心理狀態**。

值得注意的是，這些林林總總的心理狀態雖不見得理性，但它們往往喜歡把自己搞得像是很理性的樣子，至少看起來有條有理、頗像一回事。例如在法國革命後的一七九七年，當法蘭西研究院學者德拉西發明「意識形態」（ideology）這個新概念時，[201]原意是希望能藉由推動某種更積極進步理性的想法來迎向時代挑戰，不過問題當然沒那麼簡單，因為在「聰明」的人類腦子裡，絕不可能僅存在著「一種」意識形態。

事實是，就在「意識形態」這個新概念逐漸形成之際，同樣在法國大革命提供的歷史場景中，由於一七八九年在巴黎召開的國民會議對於革命有著不同爭議，結果是贊成革命者紛紛坐到演講台左邊，反對者則通通坐到了右方，由此一直到十九世紀初波旁王朝復辟後，「左派」慢慢變成贊成革命並擁護共和制度的象徵，與其相持不下的「右派」則以教會價值觀為基礎，希望捍衛傳統君主體制。進言之，左派與右派的對立存在固然暗示人類在社會中難找到共識之永恆難題，我們不妨接受這種現象的正面意義，亦即真理本即愈辯愈明，何況左派與右派的區隔事實上也不斷與時俱進；例如在十九世紀工業革命時代來臨之後，所謂的「左」與「右」不再單純只代表兩種政治態度，而是更複雜地形成了四種不同意見。

首先在政治方面，左派意味著肯定人類的理性與自我進取心，以及透過政治行動來改善個人與社會生活的可能性，這代表他們傾向贊成改革，重視推動公民自由與社會地位平等，同時支持具博愛特徵的國際主義；相對地，**政治右派則對人類的理性保持懷疑態度，強調應該將人類經驗的累積（社會傳統與家庭道德）放在首要位置，**由此，他們傾向接受社會中的不平等現實，反對普遍公民自由（儘管這未必代表反民主），主張所有改革都應用最審慎態度來對待。**至於在經濟生活方面，左派延續社會平等主張，要求國家（政府）應該干預市場機制，並有義務為中下階層人民提供社會福利保障，至於經濟右派則相信國際間存在著比較利益法則，認為國家應該尊崇自由放任原則，並降低對個人與社會發展的不當干預。**看來，政治左派似乎接近經濟右派，至於經濟左派則與政治右派有點若合符節，好玩吧！

或許波比歐的看法是對的；[202]在他認為，其實左派與右派未必代表大家對於社會問題有著態度上的差異，純粹只是種「政治必然性」的結果。正所謂「黨同伐異」，來自各種利益與政策主張之間的鬥爭，本來便是極自然的政治現象，意見不一致也沒什麼大不了。更甚者，**由於「利益至上」乃核心的政治指導原則，不管來自左邊或右邊，任何想達成利益極大化目標的政治力量，都必須儘可能同時吸納來自兩邊的意見，因此使左跟右之間的區隔變得更模糊且具有彈性。**

200 培根（Francis Bacon, 1561-1626），英國啟蒙哲學家，也是古典經驗主義代表者。
201 德拉西（Antoine Destutt de Tracy, 1754-1836），法國政治哲學家，他試圖為人類產生觀念的過程，提供一個更科學之哲學基礎；所謂意識形態其實是「觀念學」。
202 波比歐（Noberto Bobbio, 1909-2004），義大利法學家、政治學家與歷史學者。

右派的形塑：保守主義及其根源

一個有趣的現象是，儘管右派政治力量經常被認為是比較「保守」的，除了極少數國家外（例如英國），或許由於它往往被跟消極或不思進取等負面意思連結在一起（甚至被視為傾向維護有錢有權階級之既得利益），很少有政黨或政治力量會在自己的名字裡冠上「保守」一詞。從概念發展看來，保守主義（conservatism）的字源當然來自保存（conservation）一詞，意思是防衛、保持和維護，至於保存者（conservator）則從十三世紀起，在西歐地區始終泛指著那些負有保障或監護某些權利的地方司法或行政官員，直到法國大革命後的十九世紀初期，保守主義者才慢慢成為一種具現代意義的政治用語，亦即「那些擁護並支持既有社會與政治秩序的黨派人士」，或者更輕蔑一些，例如舒廷格口中所稱「那些凡事都不敢輕易去嘗試一下的人」。[203]

必須注意的是，雖然「這個人很保守」的用法，不管在西方或者東方都不算是個好字眼，有時甚且意味著頑固或僵化不通，其實社會上絕大多數人都可算是保守的，理由是：**由於人類喜歡生活在可預測的情境中（因為可預測暗示有秩序，有秩序又提供了安全性），同時懼怕脫離熟悉的環境，因此一方面在心理上重視習慣遠勝於創新，也讓傳統生活與思考方式獲得相當大的影響力。**換句話說，保守心態實際上是種再自然不過且無所不在的現象，它反映出人類在求生非常艱難的大自然中，一種希望能夠長期維持現狀的想法；即便遇上理應有所變化的關鍵時刻，多數人還是期盼以「不變」為原則，這或也是人類歷史上那麼多改革運動所以終歸失敗的主要原因。

無論如何，此處重點並不是人類的「保守心態」，而是政治上的「保守主義」。兩者差別在於，前者只是種求生本能的直接反應，後者則顯然有比較複雜的思考內容。以歐洲的例子來說，在十五世紀地理發現浪潮擴展了人們的視野，十六世紀宗教改革運動也帶來啟蒙時代後，這些扭轉性進展首先悄悄影響了社會結構內涵，特別在國際貿易拓展與爭奪海外市場的背景下，導致諸如合股公司與銀行業等新部門的成立，以及一批缺乏貴族身分之新資產階級崛起；接著，新的社會結構在創造出新的對立態勢後，慢慢在十七到十八世紀間外溢至政治層面。

正如周知，**政治存在之目的本來就是為了替人民解決問題，在新時代帶來新的問題後，統治者便該以相對快的速度來加以因應**，但在當時普遍專制王權結構下，傳統主義思想看來很難完成此一目標，致使部分人士轉向激進革命途徑，希望透過徹底改變政府結構，來治本地解決時代需要，至於最關鍵進展當屬一七八九年的法國大革命。儘管如此，從「維持現狀」出發的保守份子並不這麼認為；例如此時的英國哲學家柏克（一般認為是現代保守主義主要奠基者之一，儘管他本人從來沒有使用過類似詞彙）便在革命翌年寫下《論法國大革命》一書，充分表達對革命行動背後所主張政治論點的恐懼與不安，並準確預測了法國在後革命時期中隨即浮現之溫和獨裁型態。

對激進的革命主義者來說，生活中充滿邪惡與苦難的原因，並非來自於人類的生活本質，而是由於存在不合理之政治與社會結構之故，因此只要徹底改變那些不合時宜的結構，問題將迎刃而解。正如柏林指出：[204]「每一位哲學家對人類事務抱持的觀點，最終都將受到他們對人性的觀點

203 舒廷格（Robert Schuettinger, 1936-），英國政治哲學家，著有《歐洲思想中的保守傳統》。
204 柏林（Isaiah Berlin, 1909-97），猶太裔英國自由主義哲學家與觀念學家。

所左右。」相較激進革命主義者受到啟蒙時代精神影響，對人類的「理性」與為善能力充滿無比信心，作為保守主義代表的柏克則認為，**「政治運作應遷就人性，而非人的理性，理性只是人性中的一部分，而且絕非最大的部分；我敢肯定的說，大多人都是靠直覺來做事的，我們不但不會拋棄過去的成見，甚至會非常珍惜這些成見。」**

從人類的「有限理性」出發，保守主義者進一步將「穩定的秩序」視為人類社會發展的主要目標；他們相信，沒有穩定的社會秩序，就沒有今天的自由與文明成就，反過來說，如果秩序遭到破壞，文明果實也將瀕臨瓦解。當然，保守主義者絕非堅決的反革命份子，他們也同意在經過一段時間後，任何社會制度都必須因應新的時代需要而進行調整（例如柏克擔任英國下議院議員的二十八年間，便不斷推動有關自由貿易、譴責奴隸交易與新財務結構等改革政策），但在「依賴經驗多於理性」之下，仍強調即便改革也應該遵循以下三個原則：**首先是尊重傳統**。由於個人理性有限，傳統的典章制度又多半是累積好幾代人的智慧所堆砌出來的，因此在進行改革時，「只要追隨先人的足跡而行，便可以既不徬徨，也很難會犯下錯誤。」

其次是審慎而小心地觀察環境的變化；在從事改革時，絕不應死抱某些抽象原則不放，也不要相信有什麼可以放諸四海而皆準的政策與理論，一切都必須依據當下的國內外環境來作出最適切判斷。**第三是授權政府推動漸進式溫和改革**。與激進派不同，保守主義者普遍對政府（國家機器）不存在敵意，甚至還認為它是社會秩序的主要支柱，儘管「我們對於國家的缺陷與腐敗狀況必須加以小心地研究，任何人都不該以推翻國家作為改革的目標」，於此同時，柏克等人也認為改革應當是循序漸進的，因為透過暴力革命所帶來之突然性變革，往往會使人民感到無所適從，然後讓那些野心政客有趁勢奪權的可乘之機。

值得一提的是，所謂保守主義本身其實沒有統一的定義範疇；例如在日耳曼地區傾向將國家這個有機體視為實現人類自由的最終完美手段，從而強化了族群意識與國家主義的力量（或許也埋下日後出現法西斯納粹主義的根源）；在英格蘭地區，保守主義則較靈活地形成具反教條傾向的懷疑主義（以柏克為代表），他們尊重多樣性的事實，反對任何頑固不化的死板公式，並認為只要假以時日，人類終究可以緩慢地解決自己所有的生存問題。

除了在不同「空間」中衍生出來的思想差異，「時間」的演進也為保守主義帶來新的內涵。特別自十九世紀以來，由於受到工業革命與資本主義深化影響，快速變遷的社會一度使主張維持現狀的保守主義趨於式微，**從某個角度看來（尤其經濟理念），現代保守主義的想法甚至非常接近古典自由主義，反倒是現代自由主義的發展還有點接近古典保守主義**，對此，我們將在下一個段落中說明。無論如何，自一九六〇年代以來，在美國逐漸出現一種稱為新保守主義（也被稱為新右派）的說法，目標是矯正當時顯然過度發展的極端個人主義浪潮（只要我喜歡，有什麼不可以），因此主張重建（家庭、宗教與國家等）傳統權威，以便透過確保紀律來維持社會發展的穩定性。

協調：自由主義的出現與影響

可以這麼說，**無論左派與右派的萌芽，抑或近代保守主義與自由主義意識形態的浮現，都與對傳統「家父長式保守主義」的反動有關**。後一想法既源於人類社會中長期存在的王權傳統，從世襲制出發的貴族政治與封建主義則提供其理論基礎。不過，在歐洲社會因為十六到十七世紀政治經濟發展而開啟一段快速變遷歷程後，人們跟著被迫絞盡腦汁以便解決「舊體制」無法有效因應歷史變局的窘境。其中，相對保守主義從維持君權現狀出發並主張漸進式改革，自由主義者則採納了更開放一些的選項。

根據格雷的看法，[205]所謂自由主義至少包含四個要素：個人主義（個人擁有比社會集體更高的政策優先性）、平等主義（法律之前，人人平等）、普遍主義（將解決所有人類的問題看成是同一個問題）、向善主義（所有社會制度與政治安排都可以得到糾正與改善）。值得一提的是，儘管麥可佛森認為，霍布斯乃現代個人主義的第一位也是最傑出的代言人，斯特勞斯甚至說，[206]「自由主義的創始人正是霍布斯」，但是，不僅更多學者認為洛克才是古典自由主義的開創人與奠基者，事實是當西班牙的自由黨在一八一二年首度採取「自由派」這個名詞後，[207]該詞彙才正式於十九世紀變成描述政治運動內涵的用語。

若暫時不管自古希臘時代起便斷斷續續出現的各種自由思想，或可將十七世紀以來以對抗君權神授為主要目標的一套想法稱為「古典自由主義」。**相較傳統國家的「非個人性」，洛克等古典自由主義者透過對所謂社會契約的假設，一方面強調政府因被統治者同意才能建立的原則，同時基於「人性本善」想法，承認並接受人類乃是種擁有理性的動物，因此可以完善地利用己身能力來促進社會的進步。**麥可佛森進一步以「佔有式個人主義」來形容這種觀點，它意指每一個人都是自己及其所擁有能力的主宰者，他們既不虧欠社會或任何制度，國家當然不應該過度干預個人自由。

由此看來，正如潘恩的主張：「即使處於最佳狀態下的政府，也不過是種必要的邪惡罷了。」古典自由主義者既然如此重視個人自由，認同「做事最少的政府乃是最好的政府」的說法也很自然。換言之，國家的責任被認為只限於履行「更夫式」（night watchman）監督保護任務，特別在經濟領域方面，政府的正確作為乃是以自由放任心態來捍衛私有財產制度與資本主義體系發展，除提供若干基礎建設等必要公共財外，除非人民有特殊要求，否則政府應習慣袖手旁觀。

重點是，上面關於政府該如何如何的說法不過是種「假設」而已，真正的事實是當自由主義思想浮現時，主宰歐洲世界的仍是傳統專制王權體系；在這種情況下，人民該如何想辦法讓政府變成自己想要的模樣？假使據此形塑出來的新政府還是繼續濫用權力，人民又該怎麼去解決這個問題？**如同保守派一樣，洛克也不認為暴力反抗是防止政府壓迫，或當政府無法保障基本人權時，人民唯一的自保之道**，對於前述難題，他的解決辦法首先是提出另外三個問題，也就是：政治權力應該如何被分配與節制，才能對基本人權提供最佳保障？權力的行使應該如何設計，才能被人民接受？以及，人民什麼時候才能訴諸非法手段來趕走統治者？

對於第一個問題，洛克認為只有「分權」（把原來集中在君主身上的權力分成好幾份，例如將行政權與立法權分開）才能解決，孟德斯鳩則更有創意地提出了「制衡」原則，理由是「長久經

205 格雷（John Gray, 1948-），英國政治學家與無神論者，專注於分析哲學與觀念史研究。

206 斯特勞斯（Leo Strauss, 1899-1973），德裔美國政治學家，被認為是新保守主義源頭之一；他將自己定位為一個熟稔「歷史」並從事經注工作的「嚮往哲學者」，而非哲學家。

207 西班牙的自由黨（liberal moderates）因為支持一八一二年憲法與復辟而興起，一八三四年正式組黨。

驗告訴我們，無論誰掌握了大權，都會濫用權力，並將其威權發揮到極致；……因此若想制止權力濫用，就必須讓權力來牽制權力」。至於針對前述第二個問題，自由主義者顯然比保守派更進一步，基本上主張由人民選出代表來負責制定甚至行使法律，只不過相對於洛克的「普遍性民主」概念，孟德斯鳩似乎保守多了，例如他強調所謂民主的範圍應限於那些「有能力行使民主的人」，甚至覺得「過度民主將摧毀自由」。從今天的角度看來，孟德斯鳩或許可歸類到那些「反民主人士」中，但若客觀地回到十八世紀歐洲場景（經濟生活尚未普遍提升，識字率亦極有限），他的想法或許不無道理。

無論如何，最關鍵的還是第三個問題；對此，相較孟德斯鳩像企圖逃避問題似地一句話也不說，洛克則大膽提出了「委託理論」，亦即「立法者不過是一個受人委託的權威者，……假若違背了當初的信託目的，最後取消或更換立法者的最高權力，依然握在人民手上」；換句話說，**如果政府或統治者源於自己的私慾，而非受委託目的做為行動依據時，等於跟人民處於戰爭狀態，此時人民便有權發動革命來推翻政府**。洛克進一步將「政府解體」和「社會解體」區隔開來，認為後者不過是保守派用來恫嚇人民不敢發動革命的藉口罷了。由此，洛克雖然看來倒像是個革命派，其實不然，因為他從頭到尾都不曾告訴大家，到底政府要壞到什麼程度，人民才應當起而革命。

值得注意的是，如同保守主義，自由主義的內涵也隨著時代環境變遷而有了新的面貌，甚至現代自由主義還頗接近古典保守主義。以美國為例，所謂自由主義通常不是指那種「小而美政府」，而是「大有為政府」，亦即支持政府對社會的干預。推究自由主義所以從最初支持「做事最少的政府」演變成今日論調，正如法蘭科所言：[208]「所謂社會問題，乃是自由主義者發明的東西」；**由於此派人士重視工業革命與資本主義體系帶來的新型的不平等，特別是個人與中小企業的受到壓迫，於是在放棄完全自由放任的主張後，轉而強調政府應主動積極地規劃各種社會政策，以便解決弱勢團體的生存與競爭問題。**

不管自由主義者是否真創造了「社會問題」這個概念，首先，現代自由主義者都贊成讓政府（國家機器）適當運用理性與金錢，來解決他們面對的挑戰；其次，從古典保守與自由主義以及現代保守與自由主義之間意識形態光譜位置的對調，可見不僅思想本身具有成長性，更重要者，死守某種抽象想法或本屬不智之舉。

反撲：社會主義與左派的思想主張

儘管自由主義好像比保守主義者開放許多，從「雷聲大、雨點小」的內容看來，所謂自由主義者不過是靠中間點兒的右派罷了，這也是它們的思想位置居然可以直接交換的緣故。從這個角度看來，社會主義者不啻是真正的左派。其主要差別在於，相對於右派站在「維持現狀」（支持由

208　法蘭科（Charles Frankel, 1917-79），美國政治學家與外交官，專注於價值理論研究，曾於一九六五年擔任助理國務卿，後來因為抗議美國決定擴大介入越戰而於一九六七年辭職。

既有政治架構來 解決問題）這邊，左派則根本無法接受現狀，只不過辦法從另闢桃花源到推翻現有政府各有不同而已。

柏基把社會主義分成四類：[209]首先是平均主義型（leveler or egalitarianism），其看法雖與自由主義類似，反對任何社會階級劃分的合理性，不同處在於他們強調的是「結果平等」（不同工但同酬）而非僅是「機會平等」，也相信只有這種平等才能獲致最高的社會團結。其次是倫理主義型（ethicism），亦即將人類視為社會動物（個人行為主要來自社會結構的要求），主張「四海之內皆兄弟」的博愛思想，認為只有無私的凝聚與通力合作（包括共同所有權）才能衝破難關，至於競爭只能帶來無窮的怨恨與衝突，由此讓社會主義者的集體主義傾向凌駕於個人主義之上。第三，理性主義型（rationalism）相信人類（至少是部分人類）具有高度理性可以縝密規劃整個群體的未來，此乃後來共產主義與計畫經濟的思想淵源。最後是自由意志論（libertarianism），這派論點有時也稱為無政府主義（anarchism），他們將個人權利的重要性放在最高點上，認為任何侵犯這種權利的行為（尤其來自政府）都是不正當且應被排除的。

從上面的分類描述中，或許大家已經發現到，社會主義不但跟自由主義有互通的地方（例如對人類理性的看法），其內部亦存在若干彼此衝突的論點（例如在重視集體的倫理主義與強調個體的自由意志論之間）。

無論如何，正如克里克所言：[210]「社會主義乃是近代社會的產物」。這句話確實很值得深思。**的確，不管是貧富差距或社會階級之間的壓迫與剝削，都是自古以來便長期存在於人類社會裡的現象，但在各處古代或中世紀的社會當中，顯然很難發現太多社會主義的蹤跡。**嚴格講起來，現代社會主義幾乎到十九世紀初才正式出現，首先是英國思想家歐文在一八二七年討論合作社學說時提到了「社會主義者」一詞，法國學者聖西門則接著於一八三二年在他創辦的雜誌中大量運用「社會主義」這個詞彙。儘管這些社會主義者的想法剛開始可能南轅北轍，大相逕庭，它們都有著反對自私自利、強調社會共同性，與主張透過無階級合作來完成目標等共通性。

進一步來說，正如保守主義和自由主義，社會主義所以在十九世紀出現，乃因近代歐洲社會所進行的「雙重革命」（思想革命與產業革命）所致。前者指的是在文藝復興與啟蒙運動的基礎上，透過各國海外移民競爭引爆出來的思想浪潮（如同中國春秋戰國時代的百家齊鳴），由於統治者需才孔急，從而間接解除對思想的長期禁錮；至於後者則是指在工業革命引進資本主義體系後，一方面因為出現新的財富積累方式以致深化了貧富懸殊現象，另方面則工業化帶動的現代都市生活型態，也讓一批人（進入工廠就業的薪水階層）被迫面臨極端不穩定的生存環境。於是，**就在各國政府看來無法（或根本忽略）處理社會中逐漸升高的階級對立態勢時，社會主義者（其中一部分可能原本是激進自由主義者）趁勢挺身而出，希望能找到辦法來打開這個死結。**

一般來說，作為現代社會問題根源的資本主義，可說社會主義的死敵，在社會主義者對資本主義進行之批判中，階級剝削又佔據核心位置。按社會主義者的看法，無產階級（勞工）既是資

209 柏基（Robert Berki, 1936-91），匈牙利裔英國政治學者，專注政治思想與社會主義研究。
210 克里克（Bernard Crick, 1929-2008），英國政治理論家與民主社會主義者，著有《為政治辯護》，強調「政治是一種不需要過度使用暴力，又能治理分歧社會的辦法」。

本主義的主要受害者，亦應該是推翻它的關鍵力量；用馬克思的話來說，也就是勞工階層將扮演著注定滅亡之資本主義體系的「掘墓者」角色。

不可否認，馬克思主義乃是社會主義中最傑出也最具影響力的一個分支。無論馬克思本人究竟是經濟決定論者，還是人道社會主義者，由於他建構出一個極具邏輯性的思考架構，也因為其追隨者努力推展世界革命的結果，都讓馬克思擁有極高的知名度與影響性。大體來說，馬克思並非一味從道德角度（針對勞工受到的不合理待遇）去批評資本主義，而是希望能科學地發掘出資**本主義發展的歷史邏輯。在他看來，特定的生產方式與經濟制度（下層建築）將決定政治制度和主流的意識形態內涵（上層建築），且因私有財產制透過貧富懸殊現象（源自剩餘價值分配不均）深化了階級對立態勢，於是迫使無產階級勞工不得不揭竿而起發動革命，最後，在必然勝利的革命帶來無產階級專政之後，國家架構將逐漸消亡並終結「人類的前歷史階段」，從而使被設定為終極目標的共產社會因此浮現出來。**

如同其他的意識形態，馬克思主義不可能全對，也不可能不受到批評挑戰。早在二十世紀末蘇聯集團崩解之前，西歐便開始出現若干修正式想法；這批學者回到傳統社會主義尊重理性的老路，認為人類乃文明世界真正創造者，不可能僅是客觀物質環境結構的傀儡而已。類似想法可約略歸納成兩條路線，其中之一稱為新馬克思主義者，[211]他們認為馬克思主義不該是一種僅為無產階級或共黨政權服務的意識形態，而應成為全體人類實現社會正義化、合理化與自由化的指導原則；另一派被稱為社會民主主義者，[212]他們接受資本主義是種可用來增進財富的機制（不再視其為死敵），但強調必須在市場與國家，以及個人與社群之間維持一種平衡關係，更甚者，不同於多數社會主義者，他們致力於透過成立政黨（例如德國社會民主黨或英國工黨）並參與選舉，來獲得實現理想的機會。從這點看來，社會民主主義者顯然顛覆了古典社會主義的「反體制」傾向，這也是他們遭受許多質疑，甚至認為根本背叛了理想的緣故；當然，「不管是黑貓還是白貓，只要能捉老鼠的就是好貓」，也有人認為這可算是一大突破。

後意識形態時代來臨？

正如個人一再強調，**無論政治經濟制度或意識形態，最主要的目的都在於「服務人群」，亦即幫人類解決各種生存問題**，這也是它們被發明出來的原因。據此，為了某種制度或想法去拋頭顱灑熱血（也就是犧牲自己生存）固然絕不算是理性，必要時修正某些想法的內容（甚至來個一百八十度大翻轉），或把一些邏輯原本不相近的概念結合起來，也是我們經常看到的現象。

在本章第一個段落中，我們曾把左派與右派的區隔分成四類：政治左派（強調透過政治行動來促進社會平等，贊成改革甚至革命，支持具博愛特徵的國際主義）、政治右派（質疑人類理性，

210 有人認為，所謂新馬克斯主義（Neo-Marxism）早在一九一〇年代末期便略顯端倪，他們受到德國哲學影響，強調「青年黑格爾左派」觀點，希望擺脫教條束縛，回歸理性哲學批判。

211 社會民主主義（social democracy）乃馬克思主義分支之一，重視介入政治活動，一八六九年成立的日耳曼社會民主工黨為其源起，它也是德國社會民主黨前身。

重視傳統經驗，反對普遍公民自由）、經濟左派（主張社會平等與政府干預，推動社會福利保障）以及經濟右派（相信國際比較利益法則，尊崇自由放任原則）。其中，如果政治左派結合了經濟左派，便會帶來一個具高度社會主義傾向的政府（例如冷戰時期的共產集團國家）；若政治左派跟經濟右派合在一起（例如中國改革開放後強調的「政左經右」政策），便會產生具集體主義色彩的改革運動；如果政治右派結合了經濟右派，或將形塑相對比較保守的社會環境（無論是英國保守黨立憲政府或專制獨裁政體）；最後，若政治右派與經濟左派搭上線，則可能出現由右傾激進主義控制的政府（例如二次大戰期間法西斯政權與冷戰時期阿根廷貝隆政府）。[213]

嚴格講起來，儘管關於左派和右派的討論還繼續存在於學術象牙塔中，就像前段描述一般，其實它們之間並不那麼涇渭分明，經常撈過界跟對面握手，甚至偶而還交換一下各自的位置。正如德班所言：[214]「我們現在全都成了計畫者，……自從大戰以來，過去對於自由放任經濟的普遍信仰，已經以令人驚異的速度在世界各地瓦解。」的確，即便因為共產集團崩潰而讓某些人喊出「社會主義消亡」的口號，重視國家干預的萬能政府型態仍是當前最勢不可擋的流行趨勢。更甚者，無論從古典保守主義的走向新保守主義，從古典自由主義的走向現代自由主義，或由古典馬克思主義走向新馬克思主義或社會民主主義，顯然，**在經過長期唇槍舌戰甚至鬥得你死我活之後，幾乎所有意識形態都有「往中間靠攏」的跡象**。換言之，所謂「第三條路」並非紀登斯等人的發明，不過是他們正確地描述當下情況的結果罷了。

正因為各主要政黨紛紛將對於經濟發展的關注放在政治上，同時對自己支持的意識形態內容也悄悄獲得廣泛共識，於是「意識形態的終結」自一九五〇年代末起開始引發部分討論，[215]甚至認為在黨派休戰後，「後意識形態時代」也將跟著來臨。[216]

如同周知，學者的想法總是理想天真了些。其實，聲稱「意識形態即將終結」的說法還不算是最天真的，福山在一九九三年寫給似乎贏得冷戰勝利的美國人看的《歷史的終結》不啻更誇張，他並非主張意識形態已然不重要，而是企圖強調只剩下一種可選擇的「現實」（自由民主主義）。這種想法的前提是，原本就只有兩種意識形態（共產社會主義與自由民主主義），一旦其中之一宣告玩完了，當然僅剩下另外一種。大家都應該很清楚，人類的歷史發展絕不是用這麼簡單的算術方式就可解釋明白的。

首先，「**思想多樣性**」**本即人類得以集思廣益，不斷創造發明的關鍵**，如果大家的想法都一樣，要怎麼去「集思」？即便在兩極對立的冷戰高峰時刻，人類的意識形態亦不可能被逼得只剩下兩種。其次，作為意識形態的思想不過是一種工具罷了，除非能用來解決人類的生存問題，否則思想也沒有獨立存在的價值，由此，儘管前面提到意識形態爭執似乎有「向中間靠攏」的趨勢，由於「家家有本難唸的經」，預測它們將統統融合到一塊兒還是過於大膽了些。最後還是那句老話，**政治思想經常不過是特殊時代背景下的產物罷了**，或許在今天這個時代裡，自由民主主義

213 貝隆（Juan Peron, 1895-1974）曾於一九四六至五五、一九七三至七四年出任阿根廷總統，強調超越左右之「第三位置」理念（類似一九九〇年代之第三條路），其主張被統稱為貝隆主義（Peronismo）。
214 德班（Evan Durbin, 1906-48），英國經濟學家與工黨領袖，信奉中央計畫經濟。
215 可參考貝爾（Daniel Bell, 1919-2011）在一九六〇年出版之《意識形態的終結》論文集。
216 德國社會學家謝爾斯基（Helmut Schelsky,1912-84）乃此一論點之主要提場者與代表性人物。

確實隱然有那麼一點普世價值的味道，但正如過去專制王權被奉為「玉旨綸音」，誰知道它哪天會被更新且更有效的一套意識形態所取代？

總統與內閣：哪種是比較理想的制度安排？

無論民主政治是否已經成了當代的價值主流，很顯然，至少它並不存在著統一的制度表現形式。從某一方面看來，有許多安排與設計（包括內閣制與總統制）都可以被稱為是民主制度，但這些不同的制度究竟有著哪些差異？為何存在這些差異？它們的邏輯結構是否一致？更重要的是，它們之間是否有哪一種比較符合民主理論的規範？這些爭辯雖然到目前為止都還找不出定論，或許仍可算是蠻有觀察價值的問題。

請注意以下幾個名詞：制度選擇、內閣制、總統制、政治責任、制度比較

人們是如何進行制度選擇的？

正如李帕特所言，[217]民主政治的落實乃是直到最近才開始發生的事情，不僅整個十九世紀根本找不到一個夠格的民主政府（包括聲稱建立第一個民主政體的美國），甚至到一九一〇年代，才出現澳大利亞與紐西蘭這兩個較符合民主原則的國家（還是沒有美國），原因是它們首先以成人普遍投票權為基礎，讓人民理論上能更有效控制政府。事實是，相較許多日常生活中的科學發明（以錄音技術為例，其主要商品在不到三十年的短短時間內就從黑膠唱片、大型卡匣錄音帶、小型錄音帶、雷射唱盤，進步到數位錄音系統），普遍投票權這個今日看似理所當然的制度設計，發展過程卻異常艱辛漫長，例如瑞士女性直到一九七一年才獲准在全國性選舉中投票，美國也在一九六〇年代（幾乎是其建國兩百年後）的民權運動中，才完全取消對黑人的投票限制。[218]

更重要的是，**即使在所謂「第三波民主化浪潮」似乎席捲全球，共產集團的瓦解也好像間接地證明了民主政體的優越性時，目前世界上依舊存在並運作著種類繁多的政治制度**，例如傳統君主政體（諸如若干中東國家）、軍人獨裁政體（例如在非洲與拉丁美洲的部分國家）、社會主義式

217 李帕特（Arend Lijphart, 1936-）荷裔美國政治學家，專長為選舉政治、投票制度與民主分類等。

218 儘管美國總統林肯在一八六三年「解放宣言」中，名義上賦予黑人自由權利，一八九六年聯邦法院在一樁判決中仍支持對黑人的隔離措施屬於合法，直到一九五四年才於另一件判決中遭否定，最終詹森政府在一九六八年民權法案中，終於賦予黑人完全之「法律平等」地位，此時距公布「獨立宣言」已有一百九十二年之久。

左傾政體（例如古巴與緬甸）、共產極權政體（北韓）、民主過渡期政體（例如多數參與第三波浪潮者，包括台灣）與民主政體（主要集中在西歐與北美地區）等；更甚者，即便是所謂的「民主政體」，也大可以再進一步粗略分成總統制、內閣制、委員制及其他一大堆的混合型制度設計。

排在人們面前的選單應該夠長了，問題是，該怎麼去進行選擇呢？

答案其實很簡單，就是「根據自己的需求」。說實話，制度選擇的原則其實跟消費購物沒有兩樣，在面對琳瑯滿目無以數計的商品、以及各種不斷刺激感官的廣告時，究竟該如何下手選擇，最終當然得看你自己的興趣與習慣來決定。只不過，此種說法雖反映出了某種現實（**每個國家都應該找到自己比較習慣，或比較適合自己的制度**），還是沒有回答前面提出的問題。儘管如此，此處不妨換個角度來加以觀察：與其試圖找出國家進行制度選擇時抱持的想法，或許分析那些可能影響國家選擇制度的原則，是件容易得多的事情。

首先，**影響人們進行制度選擇的第一個變數來自政治環境的內涵**。對此，有學者用政治文化或公民文化等概念來加以形容，例如，阿蒙德和佛巴便嘗試區分以下三種政治文化類型：[219]臣屬型（公民之間互動消極，承認自己不太具有影響政府決策的能力，習慣服從傳統權威）、參與型（公民對政治活動投注較多關切，同意大眾應增加參與公共事務）與地域型（社會缺乏公民權概念，人們的認同對象主要針對地方，而非代表全國的政府）。其中，臣屬型與地域型其實「形異質同」，亦即人們對領導階層普遍存在服從傾向，只不過原因不同罷了，至於少數具備參與型文化特徵的國家，當然是那些所謂西方民主國家了。從這個角度來看，制度選擇也猶如各國飲食文化差異一般，大體上乃基於環境特性引導長期習慣下產生之「各有所好」的結果。

第二個變數來自某種天然環境限制所致。以區分集權與分權為例，前者代表將更多政治權力集中在中央政府手中，目的是為貫徹所謂全體共同利益、讓中央更有效率且平均地分配社會資源，同時透過宏觀調控經濟政策來刺激成長，至於後者則相對較強調公民對所屬地方社會群體的參與度，一方面讓人民更接近政府以獲得政策回應，其次，透過權力分化也可降低政府腐化的可能；藉由前面兩種權力分配選項，於是跟著產生了「單一制」與「聯邦制」的不同設計。

無論選擇中央集權的單一制或地方分權的聯邦制，表面上，關鍵處似乎是對權力問題抱持不同態度，「地理規模」實則發揮相當大的影響力。一個顯然並非巧合的普遍現象是，愈是廣土眾民，國家採取分權式聯邦制的機會就愈大。原因非常簡單，若國家涵蓋的地理範圍愈大（例如美國、加拿大、澳大利亞、墨西哥、巴西與印度等），其內部文化與族群差異理論上亦相對愈高，若不能適當因地制宜地加以處理，必然引發不同群體的反彈，最終將削弱政府統治合法性基礎，因此採取地方分權制度自然可以想見。相反地，如果國家規模不那麼大，實行聯邦制反而會產生「疊屋架床」的弊病。

第三，**特定的歷史發展背景也影響許多國家的制度選擇過程。**再以集權與分權選擇當例子，一般來說，當國家面臨某種「內憂外患」（尤其爆發政治革命之後，例如一七八九年後的法國與一

219 阿蒙德（Gabriel Almond, 1911-2002）為美國政治學家與結構功能主義創建者之一，佛巴（Sidney Verba, 1932-2019）則是美國自由派政治學家，他們於一九六三年合著《公民文化：五國政治態度與民主比較》。

九一二年後的中國），有必要集中權力來因應客觀環境挑戰時，或傾向採取集權途徑；反之，在正常穩定的發展狀態下，則透過分權設計來捍衛人民權利也不啻是另一個合理的選擇方向。

最後，**特別是一九五〇年代後紛紛取得獨立地位的第三世界國家，它們最初的制度選擇過程隱然與殖民時期經驗離不開關係。**例如休加特和凱瑞便指出，[220]選擇內閣制之新興國家大多是前英國殖民地（例如東非與南亞國家），至於前法國殖民地或在戰後獨立過程中受美國影響者（例如越南與南韓等）則多半傾向選擇總統制。無論如何，**第三世界普遍存在之一個奇怪的政治現實，亦即這些國家雖絕大多數根本不具備實施民主的條件（最起碼的政治、社會與經濟穩定情勢），但它們仍「勇敢地」進行了民主政治的嘗試**；可以這麼說，所以出現這種現象，主要或由於它們不見得能自主進行制度選擇之故，未必代表它們對民主有多麼理解與熱愛。

內閣制：邁向現代民主的漸進過程

個人絕不接受民主是一種終極式普世價值，但承認它確實比過去主流的君主體制來得更有人性，且更能回應民眾的生活需要。一個不爭的事實是，儘管世界上「比較民主」的國家在數量上屬於少數，絕大多數國家確實均「自主或非自主地」選擇了各種民主制度作為組織政府的根據。正如赫爾德強調的「自主性原則」般，該種原則非但是民主政治的基礎，即便並非民主政體，只要違背了自主性概念，亦肯定會帶來進一步調整的必要；從第三世界國家頻繁的修憲活動中，便可看出所有國家其實都不斷尋找著比較適合自己的制度設計。話雖如此，如同克里克聲稱的，所謂

「民主」可能是公共事務世界中最容易被人們混淆的一個字，例如，到底總統制與內閣制哪一種是「比較好」的政治制度，便曾經引起非常激烈的爭辯儘管多數研究似乎傾向支持內閣制，根據部分人歸納近三十年來的發展，卻似乎顯示有蠻多內閣制國家正準備朝總統制轉型當中，反而是總統制國家朝內閣制轉型的例子相當罕見。

首先讓我們將焦點先放在內閣制上頭，其原因不僅是其起源早一些，也由於它是目前使用量最多的一種民主制度，至於想瞭解內閣制的發展，不能不從英國這個內閣制的源頭說起。

儘管真正的歷史內涵經常是曖昧不清的，正如本書前面提到現代民主政治起源時所說明的：**長期彼此混戰加上持續對外擴張，不僅為歐洲各國帶來沉重的財政壓力，更重要的是，由於人民所受到壓迫逐漸超越他們忍耐的底限，終於爆發出一股要求更多權利保障的訴求。**許介麟便指出：「一般的說，十三世紀末葉英國的民族國家形成在政治上是以議會制為基礎，然而英國議會制的成立，又可說是蘇格蘭戰爭所造成的。」為了籌措足以支撐戰爭的軍費，英格蘭國王愛德華一世被迫在一二九五年邀請各級貴族與教士與會，[221]並從各單位召集騎士與市民代表，共同組成所謂「三重身分的模範議會」（法國後來的三級議會也是如此）；其中最重要的發展，莫過原本只是單純被統治者的「庶民」（有財產與社會地位者）取得初步參政權利；且因戰事不斷蔓延下去，逼得

220 休加特（Matthew Shugart, 1960-）為美國政治學家，專長為投票制度與憲政設計研究，凱瑞（John Carey）也是研究憲法與選舉制度的美國學者，兩人合著《總統與國會：憲政設計與投票動力》。

221 愛德華一世（Edward I, 1239-1307）俗稱「長腿」或「蘇格蘭之鎚」，以征服威爾斯聞名，在此籌措之軍費主要為因應蘇格蘭戰爭，他最後死在征途之中。

英王不得不頻繁召開類似會議，人民的權利也就這麼積沙成塔地累積起來。更甚者，為對付難以控制的貴族階級，英王在一三二二年讓騎士與市民代表從三級議會架構當中抽離出來，組成平民院以便與貴族院相抗衡，從而形成今日兩院制的基礎。

接著，伴隨英法百年戰爭爆發，[222]以及緊接著登場的玫瑰戰爭，[223]長達將近兩百年幾乎無法休止的持續對外征伐與內部混戰，終於進一步改變了英國的政治制度結構。首先是兵源的短缺，讓平民逐漸遞補貴族而成為軍隊主力，其次，為了確保有效運用人力資源，更縝密的戶口與勞動規範制度逐一登場；再者，由於此時國王對人民的需索顯然背離傳統並影響人民的平日正常作息，農民起義乃此起彼落爆發，結果導致封建體制瀕臨瓦解，同時讓原本處在封建下層的平民，由於國王與貴族鬥爭而升高了議價能力，最後迫使國王在一四一四年終於讓步，「除非經過平民院同意，否則王室不得附加或刪除由平民院所通過的法律」。

至於後續發展，首先是在光榮革命後，於一六八九年通過所謂《權利法案》，[224]透過肯定國會的徵稅同意權而確立了其最高立法性質，並將英國轉變成一個有限君主國家，其次，藉由一七二一年華爾波首相任命案，[225]英國國王也失去了自由指定閣揆的傳統權力，必須根據國會席位多數現實來被動地決定，最後，由於一九一一年通過的《國會法》進一步將貴族院權力限縮至最低程度，一個民主內閣制時代終於來臨了。

基於篇幅限制，此處只能簡單討論英國議會制的發展過程，細節不擬贅述。由此不難發現，**有關人民權利概念的發展實在是一段相當漫長的歷史進程。**以英國的例子來看，位居下層的人民不僅花了兩個世紀以上的時間，才難得地利用上層階級內部矛盾取得些許利益，何況當時所謂平民（騎士與富人階級）並非指一般普羅大眾，接下來又過了另外兩個世紀，才出現洛克主張的「天賦人權」觀念，至於英國最終貨真價實地邁向民主，則又是在洛克時代兩百年後的事情了；換句話說，英國從君主制慢慢在二十世紀逐步落實民主，前後至少花了六百年以上！

我們除了可以從英國的歷史來觀察民主的曲折進展，它的政治轉型過程也代表著一種「漸進轉型模式」，亦即統治者並沒有被迫在短期間一下子交出所有政治權力，甚至在權力慢慢流失並形成虛君立憲體制之後，迄今還保留一定（不太正常的）社會地位與政治影響力。這種情況在歐洲地區非常普遍。嚴格來說，虛君立憲顯然具有某種「非民主」特徵，因為「法律之前，人人平等」既然是民主政治的理論基礎，存在著一個根據封建式世襲與終身原則產生之不事勞動的政治家族，並擔任國家名義上統治者，[226]顯然沒有道理，根據民主理論來看也是邏輯不通的。

為什麼這樣奇怪的設計還繼續存在？第一個理由，或許是因為人類是種感情豐富且依戀傳統的動物，特別是部分王室過去確實創造過某些輝煌歷史，讓歐洲一度站上世界舞台中心位置，當

222 英法百年戰爭（1337-1453）交戰者是英格蘭王國與法蘭西王國，實際耗時一百一十六年，為世界史上持續最久的衝突之一；原因是新興的法蘭西想收回由英格蘭盤據的諾曼領地所致。

223 玫瑰戰爭（1455-85）是由英格蘭國王愛德華三世（1327-77）兩支後裔，蘭開斯特與約克家族為爭奪王位而展開，最後以雙方聯姻告終，從而開啟了都鐸王朝（1485-1603）。

224 光榮革命（Glorious Revolution，1688-89）源自英國王權與貴族衝突，以及新舊基督教派之爭，最後以不流血形式罷黜了詹姆士二世國王。

225 華爾波（Robert Walpole，1676-1745）為英國輝格黨政治家，被認為是英國歷史上第一位「首相」。

然值得人民懷念。更重要的是，正如前章針對保守主義起源指出，**由於人類喜歡生活在一種可預測的情境中，懼怕脫離熟悉的環境，因此在心理上重視習慣遠勝於創新，也讓傳統的生活與思考方式獲得相當大的影響力。**基於這種心態，多數人類並不容易接受激進的改革做法，反之，漸進轉型的做法儘管未必能及時滿足大眾的要求，卻似乎較被認為能夠行穩致遠。

總統制：掙扎於傳統邊緣的現代制度

即便人類可能比較習慣於可預測的傳統生活，如同霍布斯邦將一七八九至一八四八年這段時期稱為「革命的年代」一般，他所企圖凸顯由法國大革命與英國工業革命共同締造的「雙元革命」格局，確實為人類世界發展投下一顆震撼彈。

表面上看來，歐洲（尤其是部分西歐國家）早自十六世紀起，便開始透過全球性國際貿易擴張，逐漸威脅並破壞了其他地區的傳統社會秩序；例如它們在非洲推動空前殘酷的奴隸貿易，在近東與中東地區靠不斷貿易與軍事衝突瓦解了當地政治勢力，在美洲的殖民擴張幾乎使印地安人瀕臨滅絕危機。總的看來，在被稱為「達伽馬時代」的將近四個世紀中，[227]歐洲一方面邁向歷史上的黃金時期，開始建立起後來控制整個世界的基礎，至於最後登頂之驅動力，既來自前述「雙元革命」所致，一七七六年爆發的美國革命則是當時雖被認為微不足道，後來卻顯然影響深遠的一個政治事件。

美國不僅是第一個順利脫離殖民困境而建立的國家，也是首度進行現代民主體制試驗者，從本章主題來看，它同時是第一個總統制國家。暫且不管美國革命究竟來自何種歷史背景環境，在**此首先要指出一個被多數學者所忽略的事實，也就是美國在革命後的選擇民主總統制，其實是不合邏輯的**。道理非常簡單：人類具有重視傳統的習慣，儘管從歷史看來，人們由於為了反抗暴政而發動起義可說司空見慣，但「推翻暴君」通常並不等於「推翻君主制度」，反之，政治革命的最後結果經常不過就是「換個新皇帝」罷了。更甚者，在北美殖民地發動反英革命時，當時世界上不僅已經存在著長達數千年的君權傳統，舉目所及更都是君主制國家，由此可見革命者在選擇制度時的膽識（敢於對抗傳統）與想像力（憑空創造出一個沒有人使用過的制度）。

儘管如此，美國革命者推動的制度創新，並非完全無法想像的偶然結果（或許美國後來成為世界霸權才是個偶然）。首先，第一批北美殖民者的宗教立場（反對英國國教派的清教徒）本來便充滿反權威色彩（儘管他們在殖民地最初建立的準神權政治可說一點自由平等思想也沒有），[228]其次，由於在這批殖民者中並沒有上層貴族階層參與，某種平等主義一開始便瀰漫在群體當中，更

226 英王甚至是大英國協所屬其他十四個國家名義上的國家元首，例如加拿大。

227 達伽馬（Vasco da Gama, 1460-1524）為葡萄牙探險家，在一四九八年後成為第一位從歐洲航海進入印度洋的人，從而也正式將歐洲帶入「地理大發現」時代。

228 例如一六二八年在現今波士頓附近建立的麻薩諸塞灣殖民地（Massachusetts Bay Colony），規定只有清教徒才擁有政治權力，禁止其他獨立宗教信仰，並以自身宗教律法作為裁決依據。

229 莫里森（Samuel E. Morison, 1887-1976），美國海軍歷史學家。

230 所謂《五月花公約》（Mayflower Compact）乃一六二〇年十一月十一日，由前往北美殖民地一〇一位清教徒中的四十一位成年男子，共同簽署並宣示遵守之自治社會契約。

關鍵的是，正如莫里森所言，[229]首批殖民者簽署之所謂《五月花公約》不啻強化了「政府是在人民中建立的，其權力合法性來自被統治者的認同（the consent of the governed）」此一原則，[230]並使它成為後來影響美國政治制度設計的一個重要想法。

必須指出是，在美國成功獨立後，與其說制憲者將焦點放在選擇「總統制」上，還不如說他們更關切如何設計「聯邦制」的問題。因為獨立後的美國雖然在名義上是「一個國家」，十三個州實際上跟主權國家也沒有兩樣；由於革命目標原本便希望能擺脫母國（英國）的壓制，若突然又出現另一個太上中央政府，豈不等於憑空又多出一個新母國？這也是大陸會議在一七七七年通過具高度分權特徵之「邦聯條款」的緣故。但是恰恰因為這種設計使得權限無法集中，讓革命者經歷千辛萬苦才擊敗英國軍隊，甚至在取得獨立地位後，還有被歐洲其他國家侵略的危機，於是促成了一七八七年費城制憲會議的召開。透過所謂「大妥協方案」，[231]強調各州分權與主張中央集權者終於在制憲會議中取得某種程度的平衡，亦即一方面分別賦予中央與各州政府部分權力，並設計出一個代表不同利益的「兩院制」國會。於此同時，總統的設計也跟著浮上檯面。

正如前述，**美國制憲者最大的難題之一，乃他們必須在幾乎史無前例的情況下，創造出一個既沒有貴族背景也無法世襲的國家元首**。特別是任期設定更引發相當激烈的辯論，其中，聯邦派人士主張較長任期，漢彌爾頓甚至支持終身制總統，但在反對派的制衡下，最後將任期定為不長不短的四年；儘管如此，**由於最初並沒有關於總統連選連任的限制，因此似乎也暗示著：終身職總統並非不可能或無法被接受的**。由此，美國制憲者創造的不啻是個「民選的皇帝」，君權時期之終身制傳統其實被隱性保留下來，跟今日的民主習慣自然大相逕庭。

紐斯塔德認為，[232]美國總統雖然身兼國家元首與行政首長的雙重身分，同時作為三軍統帥兼首席外交官，甚至擁有廣泛行政任命權與法案否決權，國會還是具備強大的制衡力，聯邦架構也讓總統難以獨斷獨行。不過，史勒辛格對此不以為然，他認為在憲法賦予總統普遍政治介入權力的基礎之上，**無論一九三〇年代為了推行「新政」導致的行政部門擴張，抑或從第二次世界大戰到冷戰爆發，基於國際地位提升而擁有之更無遠弗屆的政治權威，都讓原本便具「民選皇帝」特徵的美國總統，實際上成為某種「帝王式總統」**。

進一步來說，不僅二十世紀以來的國內外情勢變遷，讓美國總統的權力與影響力水漲船高，其政治體制本身也有慢慢偏離制憲者原始設計的傾向。特別在「聯邦制」架構部分，相較最初運作原則乃所謂「雙軌式聯邦主義」，亦即中央與州政府各自享有憲法保障下互不侵犯的權力，隨著「西進運動」擴張了人民的政策需求，[234]「合作式聯邦主義」自十九世紀起成為一種新的流行趨勢，亦即中央政府透過大規模建設補助計畫，逐漸取得對各州政府的更高發言權；一九六〇年代後，「柵欄式聯邦主義」或「強迫式聯邦主義」則似乎成為一股更新的潮流，讓中央政府得以透過

231 所謂「大妥協」（Great Compromise）又稱康乃狄克妥協（Connecticut Compromise），或者謝爾曼妥協（Sherman's Compromise），亦即由康乃狄克州代表謝爾曼提出的制憲動議。

232 紐斯塔德（Richard Neustadt, 1919-2003），美國政治學家，以研究總統制著稱。

233 史勒辛格（Arthur Schlesinger, Jr., 1917-2007），美國歷史學家與社會評論家。

234 西進運動（Westward Movement）指美國東部居民向西部地區遷移和進行開發的群眾性運動，始於美國傑克森總統在一八三〇年簽署之《印地安人遷徙法》與林肯總統在一八六二年頒布的《宅地法》，終於一九二〇年代左右。

立法與行政命令，使地方單位日益順從其指示。換句話說，比起十八世紀獨立建國初期，美國總統與中央政府權限早已完全超出制憲者的想像範圍之外。

儘管不必要過度誇大描述美國總統的政治地位，其權力增長確是個不爭事實。例如尼克森總統便經常以「行政特權」作為藉口，讓許多幕僚人員無須受到國會質詢權的制衡，而在現代科技輔助下，無論雷根、布希或柯林頓總統都更頻繁運用對外短期轟炸或飛彈攻擊，轉移注意並掌握更高的政策主動性，無疑迴避了國會利用《戰爭法案》對總統出兵的限制，[235]亦顯著提高其權力自由度。

總的來說，美國總統權力的不斷提升大致來自二個因素所致：首先是該國從最初的十三州領地演變成今日橫跨兩洋的大國，**國家規模的擴大必然會帶來行政部門權力的膨脹，否則將無以處理龐大的人民需求**；其次，隨著美國參與兩次世界大戰，並與蘇聯共同構築全球冷戰體系，**從區域強權「走向國際舞台」過程彰顯之外部地位變遷，很自然讓其總統成為許多研究者口中「全球最具有影響力的政治領袖」**；至於最後也是最重要的是，對比近期似乎有部分內閣制國家正準備朝總統制轉型之跡象，其理由未必是因為總統制比較優良，而是由於全球競爭性加劇導致「萬能政府」愈發成為某種普遍現象的結果，**由於人民對政府的需求與依賴性與日俱增，至少為了解決因此而增加的政策負擔，政府的制度設計也有朝向進一步集權以便提高效率的必要**；由此，總統制隱然不啻是種「時代潮流」。

制度辯論與制度變遷問題

無論總統制到底是否當下最流行的制度選項，歸根究底，它還是一種被設計用來解決人們生存問題的政治制度；這句話的意思是，**當我們在進行制度選擇時，重點不應該是它到底流不流行，而是究竟能不能幫我們解決日常生活中遇到的障礙，或至少可否儘量減少在運作過程中可能為大家帶來的麻煩**（如果我們把它視為一種「必要之邪惡」的話）。由此，我們將帶領各位重新對內閣制與總統制做一番檢視。

接續上個段落，首先從總統制出發討論。一般來說，針對此種制度的第一個批判通常集中在其「時間僵化性」上，亦即儘管多數總統制憲法都有著彈劾的規定，實則除非具有重大而顯著的理由（例如觸犯內亂或外患罪），否則很難因為一般政治原因（例如行政效率不彰以致民意支持度低到不行）而加以撤職，且總統制元首遭到彈劾去職的例子（例如像美國總統尼克森）在歷史上的確寥寥可數。[236]反之，即便總統獲得高度輿論支持且深具執政能力，也因為連任限制而必須按時卸下職務；正如曼瓦林指出，[237]無論總統制國家有著何種連任限制，國家元首在任期終了前夕都會出現「跛鴨」現象，從而讓國會毫無顧忌地跟行政部門進行對立。

235 美國國會在一九七三年十一月頒布《戰爭權力法案》（War Powers Act），規定總統在派出軍隊前四十八小時內必須通知國會，最終未經過國會授權宣戰之軍事行動不得在當地停留超過六十天，到期後須於三十天內撤離；表面上看似限制總統職權，其實不啻擴大了其行動自由裁量權。

其次是「虛偽多數性」。正如林茲的描述，[238]「贏者全得」（winner-take-all）乃總統制的共通特質，由此一方面增加政治分贓的可能性，使弱勢團體永遠只能獲得「象徵性代表」地位，更重要者，無論一次決勝負的相對多數制度，抑或刻意營造過半數態勢的兩輪投票制度，在計算投票率並扣除掉反對票後，所有當選總統者其實都只是「實質的政治少數」。在這種情況下，由於反對者永遠可自以為是多數，因此政治分裂與政黨對峙也就成為幾乎沒有辦法避免的結果。

對總統制的第三個批評，集中在所謂「雙重正當性」問題，此一概念的意思是，由於代表立法部門的國會與代表行政部門的總統都是由人民直接選出的，因此它們都會自稱「代表民意」，也就是都從人民身上獲得行使政治權力的委任授權。儘管總統因為「贏者全得」的關係，相對於國會內部的政黨分裂對立，他通常會自稱擁有全部而非部分民意，並藉此塑造自己在政治階層中的最高地位，一方面因為總統所屬政黨未必同時是國會多數黨，加上前述時間僵化性必然帶來的跛鴨現象，都會傾向弱化行政部門，也增加立法機構對抗總統的膽量，尤其在總統選舉後改選的國會，往往挾「更新民意」來對抗總統。

最後，「威權傾向性」是總統制設計遭受批評的另一理由。無論贏者全得原則塑造出來的多數領袖有多麼虛偽，任期僵化規定明顯限制了總統權力，國會經常挾民意自重來對抗行政部門，無論如何，從政治心理學角度來看，由於總統身為「孤家寡人」帶來高度聚焦效果所進而擁有的影響力，乃國會（通常由數百人組成）萬萬不及，由此也讓總統取得難以制衡之不對稱地位。正如本書用「掙扎於傳統邊緣的現代制度」來形容總統制，其原因在於，儘管這種制度設計在人類政治史上的確富有現代意義，但其高度中央集權的特徵，與過去長期存在的君主體制幾乎沒有兩樣

（現實是媒體與輿論亦常常如此類比）；由於過去君主制遭到抨擊甚至被認為應該拋棄的理由，主要便是因為高度集權帶來的濃厚「人治」色彩是不利於政治理性的，不過，類似現象在總統制國家中可謂不勝枚舉。

相對看起來，內閣制便幾乎沒有上述總統制存在的問題。首先，組織內閣的行政首長乃是由國會政黨結構決定，只要某個政黨始終能掌握多數地位，其領袖在黨內也未遭明顯挑戰，理論上內閣制首長想幹上十幾二十年並沒有法理上的問題。[239]其次，由於任何內閣首長若無法取得國會中多數支持（無論是自己政黨單獨掌握多數席位，抑或建立多數政黨聯盟），根本就無法產生，因此，除非政黨體系高度分裂而被迫出現「少數聯合政府」現象（政黨之間無論如何進行合縱連橫也湊不到過半多數，只能讓湊到總席位最多的聯盟來組織政府），否則其多數的虛偽性將大有改善。

因為兩黨體制在內閣制國家中相當罕見，一方面意味著很難有一個政黨能單獨擁有國會多數

236 近年來在第三世界國家的例證較多，例如一九九二年巴西總統柯樂（Fernando Collor）、一九九三年委內瑞拉總統培瑞茲（Perez）、一九九九年巴拉圭總統勞爾（Raul）、二〇〇〇年菲律賓總統埃斯特拉達（Joseph Estrada）、二〇〇一年印尼總統瓦希德（Wahid）、二〇〇四年的立陶宛總統帕克薩斯（Rolandas Paksas）和韓國總統盧武鉉（後被憲法法庭推翻）、二〇一四年烏克蘭總統亞努科維奇（Viktor Yanukovich）、二〇一六年巴西總統羅塞芙（Dilma Rousseff）、二〇一七年韓國總統朴槿惠等。

237 曼瓦林（Scott Mainwaring, 1954-），美國政治學家，專長為拉丁美洲政治研究。

238 林茲（Juan Linz, 1926-2013），德裔政治學家，曾任教於西班牙與美國，專長為威權民主轉型。

239 例如梅克爾（Angela Merkel, 1954-）在二〇〇五至二一年出任德國總理，長達十六年。

地位，必須組織「聯合政府」也暗示著沒有政治妥協就無法獲得執政機會，從而大幅降低內閣制政府的威權傾向。其次，由於內閣組成必須根據國會中的權力分配狀況，多數閣員不但來自國會菁英，甚至獲邀入閣後通常還同時彈性保留著議員身分（以便隨時在卸下行政職務後還有政治飯可以吃），非但讓「行政與立法合一」成為內閣制設計特徵之一，當然不可能出現如同總統制一般的雙重正當性爭議。

值得注意的是，就算內閣制不具備總統制暗藏的問題，絕不代表它是個相對比較好的制度設計。俗話說得好，「家家有本難唸的經」，內閣制自然存在著自己的麻煩。首先是「政治不穩定性」。至少理論看來，相對於總統制的任期僵化以及甚少遭受彈劾，一方面聯合政府乃內閣制常態，加上「解散國會」的制衡性設計，讓內閣的非定期改組不斷衝擊政治穩定，特別是隨著政黨分裂性提高（例如法國第三共和時期），走馬燈式的政治動盪甚至讓正常施政都非常困難，對國家發展的衝擊不言可喻。其次，「高度分贓性」是第二個問題。它的意思是，總統利用其威權傾向的集權特徵「由上而下」進行政治收買，固然是一種不好的分贓習慣，內閣制國家的政黨為了取得多數執政地位，被迫不斷籌組聯盟的現實，更讓妥協分贓不可避免；由此，不僅政策理性可能將葬送在組織聯盟的政治考量中，更甚者，因為聯盟內容變幻莫測且充滿各種可能，為保留成為下一個執政團隊成員的機會，隨著政黨對立降低，立法部門對於行政體系的制衡有時自然難以奢望。

至於「低度責任性」則是內閣制受到抨擊的另一重點。儘管海伍德認為，由於政府來自國會並對其負責，使「責任政府」似乎成為內閣制的某種優點，白芝浩也指出，相對於總統制的三權分立設計經常提供行政與立法部門爭功諉過的機會，強調行政與立法合一的內閣制就比較沒這個問題，萊克仍試圖從民主邏輯中的「可預測性」切入，[240]認為選民擁有之最重要制衡力量，乃根據前次選舉中的契約內容（在固定任期內完成選前承諾），決定在下一次選舉中給予獎勵或懲罰（要不要繼續投票給同一個人或政黨），如果在任期到達前便因為解散國會而重新大選，政策責任該由誰承擔？再者，由於聯合政府乃內閣制國家的常態，組成政府背後的政黨同盟也相當變幻莫測，正如史托姆的研究結果，[241]人民往往因為缺乏辨識標準而無法確定政治責任的歸屬。

從前面的討論可以明顯看出，似乎沒有任何政治制度是十全十美的；這不僅是個難題，也是我們必須面臨的挑戰。

從歷史經驗看來，當人類面臨發展挑戰而必須有所制度更張時，辦法不外乎是「創新」與「融合」兩個途徑；針對本章提出的制度困境，至少目前看到的是傾向後者的發展。例如休加特和凱瑞便指出兩個新的制度演化方向，分別是「總理—總統制」以及「總統—國會制」，兩者的共通處在於都擁有一個人民直選產生的總統（回應前述所稱總統制作為時代潮流之趨勢），但差異在於，在同時被稱為「半總統制」的「總理—總統制」中，總統雖可指定行政首長並擁有部分（例如國防與外交）行政權力，內閣組成仍須以國會政黨生態為準，總統仍舊保有一定程度國家元首超然性，但在「總統—國會制」的發展中，總統則積極介入內閣改組，從而使其沾染高度政治色

241 萊克（William Riker, 1920-93），美國政治學者，專長為量化方法與博弈理論。
236 史托姆（Kaare Strøm, 1953-），挪威裔美國政治學者，專長為政黨競爭行為與比較政治研究。

彩。

當然，**政治制度的發展既沒有終點，也不存在著絕對的區隔性**。以台灣的修憲與實際運作經驗來說，目前便介於「總理—總統制」與「總統—國會制」之間，至於其他國家的混合變化更多不勝數。不管怎樣，如何在解決問題的現實要求與配合環境的客觀妥協中去求取平衡，總是所有人民與政府應該共同去思索的方向。

企業與國家：管理人群的動力是否正在變化？

從務實（或比較傳統些）的角度來看，「國家」（或政府）向來被認為是政治生活的核心，同時也是政治研究的焦點。不過，正如由原始部落到現代國家，以及民主取代君主政體成為制度主流之歷程看來，「太陽底下沒有新鮮事」這句俗語似乎不太適合用在政治內涵的演變過程中。儘管我們並不想如同某些學者的看法一般，暗示國家單位即將有被取代的可能性，但是，是否有些根本變化正在發生中呢？

請注意以下幾個名詞：利益（壓力）團體、新政治、金融全球化、企業集團相較本篇前半段試圖從現實政治運作出發，去挖掘若干值得進一步觀察與討論的爭辯性話題，接下來兩章則希望發揮更大的想像空間。我們固然承認，將目光集中在現實上是「比較有意義」的做法，但另一個事實是：**政治發展不可能永遠停留在當下**，一些現在被爭執地面紅耳赤的問題，或許在很快的未來，便會被人們忘得乾乾淨淨；這句話的意思很簡單，也就是我們不僅應立足於現在，更必須放眼未來，想想人類的下一步該朝哪個方向走。

更甚者，**或許多數人都不小心忽略了一個現象，亦即現狀並非「可能發生某種變化」，而是「隨時都在變化當中」**。正如我們就算想站著靜止不動，地球始終不停地在進行自轉，時間也一分一秒不斷流逝一般，可能就在大家眨眼的一瞬間，這個世界上不知道發生了多少事，而這些事情又不曉得為後來歷史發展埋下了多少伏筆。當然，我們不見得要把這個現象看得太嚴重，畢竟它的確是個不爭現實。

民主政治也不例外。從十九世紀初有限政府概念（認為做事最少的政府就是最好的政府）與有限投票權理論（只有「足夠理性」的人可以投票，這意指貴族與富人等「有錢有閒」階級，甚至在投票權被逐步開放後，還有人強調複數投票制，認為上述階級應該投一票以上），到二十世紀之後的萬能政府潮流（政府應儘可能透過社會福利來解決人民的「所有」問題）與普遍投票權（只要到達法定年齡便可當然獲得投票權），雖然民主的立論基礎（人生而自由平等）一直沒變過，實踐途徑卻已有了天壤之別。

值得注意的是，**儘管在不同的時間點上存在著不同的實踐理論，推究途徑本身，平心而論並沒有所謂誰對誰錯的問題**；例如，就像我們現在即便不認為纏小腳是個好習慣，實在很難指責它過去曾經是個「錯誤」習慣，[242]畢竟它曾長期被認為「正確」，何況**在人類習慣背後總有一定的環境因素存在**。

基於對過去長期專制王權體制之反彈，儘管早期民主運動人士自然形成對政府的不信賴感，但在強調並同意應該給予人民充分參政自由同時，面對教育不夠普及以致人民知識水準普遍低落的現實，有時不得不承認驟然讓所有人都獲得平等參政權或許並不理性，且潛藏著走向「暴民政治」的危險，這正是有限投票權理論的背景。無論如何，隨著社會變遷讓人民不斷升高對政府的依賴性，使後者職權持續擴張，加上部分國家生活與教育水準迎來顯著提升，普遍投票權最終成為一種可以被接受的概念，至於近期除了普遍投票外，逐步降低投票年齡似乎成為新一波制度變革方向。

在此，如果大家稍微留心些，或可發現一個矛盾，亦即：當**人民由於普遍取得投票權，以致增加對政府集體制衡能力之際，萬能政府意涵之依賴性卻暗示著此種制衡力量不會太強，甚至人民擁有之實質權力還可能「明增實減」**。更甚者，隨著政府這隻「巨獸」透過長期行政革新不斷強化自身能量，且不說「民主」可能成為水中泡影，整個政治運作更可能「形異質同」地倒退成跟過去專制王權沒有兩樣。當然，各位對此也不要太擔心，因為此種說法只是邏輯推演的結果，如果人類是肯乖乖就範的動物的話，民主概念自始就沒有出現的可能。

對於萬能政府現象導致人民議價地位下降之發展，在一九五〇至一九六〇年代蔚為風潮的

「團體政治」（group politics）發展不啻是某種反彈跡象，不僅各種利益團體想盡辦法影響決策過程，自一九六〇年代起，由於許多團體紛紛與另一些社會運動（例如女權運動、民權運動或環保運動等）取得聯繫並共同推波助瀾，有時還被認為浮現了某種可能取代舊政治運作模式之「新政治」。根據學術定義，「利益團體」指的是「任何企圖以說服或宣傳等方法，有規則地影響政府決策過程的團體或組織」，對此，杜魯門的看法頗接近，[243]他認為一個團體如果企圖透過政府單位來實現其主張，就可以被稱為是個利益團體，伍頓也指出：[244]「利益團體是種私人的非政黨性組織，主要從事有關影響政府進行政策制定的活動」。相信大家可以清楚地發現，無論是哪種說法，利益團體的活動對象都是：政府。

嚴格講起來，「組織團體」在人類生活裡是件蠻弔詭的事情。一方面，人類似乎很理性地經常選擇去組織團體，這也是「群居」成為我們生活主要型態的原因，相對地人類又經常理性地不去組織團體，原因是「人皆自私」，因為一旦有人組織團體來爭取利益，就有人會搭便車（free-riding）企圖不勞而獲地取得利益，為了不想讓別人免費享受自己辛苦爭來的果實，結果往往抑制了

---

242 例如泰國北部的克耶族〈Kayan〉婦女，自五歲後便開始在頸部套上銅圈，此後逐步疊加上去，最多可套上近二十個，重達近五公斤，由於頸部因此拉長，使其被俗稱為「長頸族」（其實僅限女性）；自二〇〇六年後才慢慢有部分人放棄此一傳統習俗。

243 杜魯門（David Truman, 1913-2003），美國政治學家，專長為多元民主理論與利益團體研究。

244 伍頓（Graham Wootton），美國政治學家，專長為利益團體與壓力團體研究。

團體的發展。儘管如此，這絕不代表人類就不去組織團體了。奧爾森透過「動機理論」指出，[245]正由於人類是一種理性的動物，因此儘管存在著搭便車的問題，只要細細盤算就會瞭解，參加團體可能得到的報酬還是比一盤散沙來得高很多。值得注意的是，**雖然人類組織團體似乎自古皆然，現代利益團體的蓬勃發展卻顯然是民主政治下的產物。**理由相當簡單，利益團體的主要活動乃是施壓政府機關來滿足它們的目標，由於這種行為具有挑戰權威的暗示，因此在過去君權時期一定備受壓制。

據此，由於美國乃第一個準現代民主國家，其利益團體的發展當然也有可供觀察的價值。雖然很難明確指出其最早的發展，這類團體大約自十九世紀初起便相當流行；例如當法國學者托克維爾在一八三一年造訪美國時，就深深感受到美國社團的政治影響力。類似浪潮很快吹襲到了歐洲，例如法國在一八六六年便成立「女權社」，目的在推動讓全球各地婦女都能夠獲得普遍投票權。儘管如此，現代利益團體在政治生活中扮演重要角色還是要等到一個世紀之後的一九六〇年代。

根據多數看法，利益團體所以在民主國家逐漸獲得較顯著政治地位，原因除了來自人民自覺意識提升，政黨相對衰微之影響亦值得關注。相較傳統政黨組織在民主化初期負責擔任協調並整合各階層利益的工作，**隨著教育程度愈發普及，資訊流通跟著大眾傳播媒體進步而更加快速，既讓部分候選人得以跳過政黨而直接訴諸選民，人民也不再非得需要透過政黨來獲取政治訊息或提供參政機會，至於政黨因此浮現之式微發展所提供的政治真空，利益團體很自然地便填補進去。**尤其針對從事政治性活動者，英國學者更喜歡用「壓力團體」來描述它們，顧名思義，當然是因為這類團體會無所不用其極地企圖「施壓」影響決策過程之故。

對於這些團體的角色，引來不少質疑態度。例如布克認為：[246]「當許多團體組織起來保護它們自己的特別利益時，積極主義的政治便會轉變成靜止不動的政治，我們將發現自己不再能有效處理通貨膨脹或能源短缺等國內問題。」美國前總統卡特在離職演說中也曾經感慨說：「這（利益團體的活動）在美國政治生活中是一個擾亂的因素，它扭曲了我們的目標，因為國家利益不再是我們個別利益或特別利益的總和；我們全都是美國人，不應該忘記共同福祉乃是我們的共同利益所在，也是每一個人的責任。」柏格曼指稱：[247]「遊說者在國會山莊成群結隊的現象日益嚴重，這不僅是一項政治醜聞，也構成美國經濟政策的一大威脅；我們目前的預算危機，人多是商業性政治行動委員會帶來的，它們背後又有一大堆利益團體在撐腰。」

由此可見，利益團體的發展固然有其特殊的時代背景，正如許多其它制度　般，它同時無可避免地對政治造成一定的負面影響。

245 奧爾森（Mancur Olson, 1932-98），美國經濟學與社會學家，以制度經濟學研究著稱，著有《集體行動的邏輯》。
246 布克（Derek Bok, 1930-），美國律師與教育家，曾兩度擔任哈佛大學校長。
247 柏格曼（Barbara Bergmann, 1927-2015），美國女性主義經濟學家，尤其關注福利與分配問題。

資本主義結構下國家體系的質變

奧爾森對利益團體活動提出了嚴厲批判，認為這些團體乃是某些國家經濟凋蔽的決定性原因，例如工會與企業集團等部門性利益團體，便因強勢介入政府決策過程，且多半只關心如何改善其成員福祉，而非增進整個社會人民的集體利益，因此常被稱為「私利團體」，從而讓某些國家（例如英國與澳大利亞）深受「制度僵硬症」的傷害。

事實上，這些利益團體所以有如此影響力並非沒有原因的。以美國為例，所謂「政治行動委員會」（political action committee, PAC）堪稱是利益團體發揮能量的最主要載體，[248] 它們不同於政黨或候選人競選委員會，不僅可以接受捐款，目的更在企圖影響公職選舉。從數量上來看，這種委員會在一九七五年時約七百個，至新世紀初已超過五千個以上；其次，在其具體影響力方面，正如前參議員杜爾所言：[249]「當政治行動委員會付錢時，它們當然期望有所回報，只不過其期望並不是要讓政治變得更好，而是讓立法工作變得更困難；可以這麼說，如果每位議員都拿政治行動委員會的錢，有一天我們恐怕沒辦法繼續立法的工作。」尤其在二〇一〇年美國最高法院裁決認定美國企業可以不受限制地投入競選資金後，更隨即出現了超級政治行動委員會（Super PAC），[250] 所謂「超級」一詞主要指其可接收的捐款數額和支出均沒有限制的特徵，至二〇一六年登記數目已超過兩千個以上。

利益團體所以集中火力去影響立法，理由如同格林和紐菲爾德指出：[251]「捍衛特殊利益的團體所以設法主宰國會，是因為國會可以決定誰能獲得政府補助、誰能維持自己想要的價格、誰可能受到法規限制、誰能獲得基金、誰將被扣稅、誰有免稅的權利、誰可以延期徵收或獲得政府貸款等，簡言之，就是國會可以決定誰變得更有錢。」進一步來說，**競選捐款與議員以立法回報的惡性循環不斷在進行當中，雖然政治人物大多不肯承認，此一現象意味著有能力從事政治捐款者將獲得更大的影響力**；與此同時，有錢人不僅在美國政治中扮演的角色正與日俱增，紐約巨富川普在二〇一六年贏得總統大選更為一大象徵。[252]

當然，我們並不否認還有許多[253]「公益團體」存在，如同貝利所言：「公益團體追求的是國民整體的利益，其成果的享受沒有選擇性，也沒有單獨讓該團體成員獲得物質利益」。不過，非但公益團體的影響力跟前述私利團體無法相比，如果深入探究將可以發現：**政黨衰微與人民教育程度提升，不過是利益團體崛起的國內因素，其背後還有更廣泛之國際環境結構變遷加以支撐**。

---

248 政治行動委員會淵源可追溯至一九四三年的《史密斯—康納利法》（Smith-Connally Act），又稱《戰時勞工糾紛法》，該法案禁止工會以組織名義對候選人捐款。當時的產業工會聯合會為規避此一法案，以便繼續支持羅斯福連任總統，便透過成立政治行動委員會來運作，自此形成一種美國政治慣例。

249 杜爾（Robert Dole, 1923-2021），美國共和黨政治人物，曾於一九九六年參選總統。

250 美國政治中用以描述競選基金者，包括硬錢（hard money）和軟錢（soft money），前者指的是由個人（上限兩千美元）和政治行動委員會（上限一萬美元）對候選人的限定捐獻，後者則是指針對政黨捐款或此處所謂超級政治行動委員會，由於沒有上限，已引發所謂「軟錢革命」。

251 格林（Mark Green, 1945-）為美國民主黨員與著名政治評論家，紐菲爾德（Jack Newfield, 1938-2004）則為美國著名媒體人和作家。

252 川普（Donald Trump, 1946-）為美國富豪，資產淨值約三十五億美元，生涯首度參選便當選總統，不啻創下了全球民主史紀錄，且二〇二四年將連續第三度參加總統大選。

253 貝利（Jeffery Berry, 1948-），美國政治學家，專長為遊說與利益團體研究。

自十八世紀末工業革命以來，隨著科技不斷進步，藉由革命成果打造出來的資本主義市場體系，也持續深化它對整個人類世界的影響；其中，不僅企業經營結構必須跟著調整（從中小企業走向跨國公司），人民或消費者的價值觀與判斷偏好產生質變（受到全球性消費文化牽引），國家的傳統角色與地位也受到挑戰。正如大前研一所言，民族國家已不見得還是一個能夠思考或管理經濟活動的有意義單位，換言之，當前市場體系所釋放出來的「全球邏輯」，已然直接衝擊了以民族國家作為基本組成單位的現代世界秩序。

事實上，企業與國家之間的關係本即錯綜複雜。由於廣泛（特別是跨國）貿易網路受限交通技術而遲遲無法被建立起來，加上國家機器經常介入調控，結果讓商業力量長期以來無法凝聚成一股足以影響政治的力量，甚至往往僅成為政府用以貫徹統治之階段性附屬工具，例如當國家之間競爭日趨激烈時（例如中國的戰國時代或十五世紀處於封建瓦解期的歐洲），政府便傾向提高商人社會地位以利用其經濟能量，一旦競爭態勢趨緩或消失，政府將隨即回到「重農抑商」的壓制性政策基調。值得注意的是，在眾多部門中唯有商業系統受到這種兩極化待遇，原因或由於「懷璧其罪」的緣故，亦即商人擁有足以對抗政權之潛在經濟實力。

無論如何，歷史在歐洲發生了重大轉折。起自十五世紀末的地理發現運動不僅連帶衝垮了中古封建結構，讓各國被迫將施政重心放到經濟上，所謂「重商主義」之興起亦認為政府應該在促進國際貿易活動上扮演更積極的火車頭角色，至於國家單位則利用這股浪潮，從傳統封建王朝轉型為現代民族國家，建構了今日眼前的國際環境基礎。儘管如此，由於國際貿易持續擴張與全球貿易網路雛型的浮現，國家機器比私人部門缺乏因應彈性之缺陷因此愈發顯著，於是「自由放任」

（Laissez-Faire，要求國家鬆手讓經濟部門自我管理）概念自十八世紀末起便慢慢取代了重商主義的主流地位。

故事還沒完呢，自由放任概念雖在十九世紀似乎風行一時，但在二十世紀初受到另一股浪潮的挑戰。其原因是，工業革命與資本主義體系的力量在向外擴張並改變了國際政治與經濟結構後，接著回過頭來重塑了國內社會環境。由於「貧富懸殊」乃資本體系必然產物，由於懸殊拉大引發之「階級衝突」既深化了社會內部對立，在要求提升政府能力（政府提供之最起碼公共財本即解決社會衝突）之餘，也帶來「萬能政府」以及所謂「福特式資本主義」的發展結果，[254]其中，後者意味政府應擔任調節經濟活動的核心角色，必須負責促進資本家與勞動者之雙邊協商，同時應引導國家突破發展瓶頸並平衡財富分配，這種發展方向不啻帶有若干「國家資本主義」的味道在內。

伴隨著千禧年與新世紀到來，資本主義的歷史演化又邁向另一個新的階段。正如普利翁的描述，[255]金融力量在世界各地的急速竄升，可說是造成當代資本主義演變的重要動力；最初原本是一九八〇年代英美政府為了改善成長速度趨緩並控制利潤跌落所制定的政策，**結果非但加速了「金融全球化」的趨勢，在國家的調節功能因為推動自由化與私有化政策而日益縮減之後，一種以金融為軸心的「股票資本主義」隱然成為當下之世界性新主流。**

254 義大利學者葛蘭西（Antonio Gramsci, 1891-1937）首先在〈美國主義與福特主義〉文中提及類似概念，英國作家赫胥黎在一九三二年出版的小說《美麗新世界》也依此發揮，描述了一個虛擬的未來世界。

255 普利翁（Dominique Plihon, 1946-），法國經濟學者，專長為國際金融關係研究。

大體來說，所謂金融自由化的內涵可用「開放」兩字來概括，它意味著由於既存區隔（特別是貨幣、金融、匯兌與期貨等市場）被打破，國家市場無論對內或對外都充滿著開放性特徵，藉此，人民不但可自由悠游於市場結構中，整個國際金融體系也變成一個巨大且獨一無二的金錢市場，其中，跨國企業或金融企業理論上可以毫無限制地在任何它們想要的時候，將資金投注到它們想要的地方去。當然，這種新結構雖大大強化了企業在國際體系中的角色，從另一角度來看，它們亦不啻是一連串經濟危機（例如一九九四與一九九六年墨西哥披索危機、一九九七年東亞金融風暴、一九九九年巴西貨幣崩盤、二〇〇一年阿根廷經濟解體，乃至起自二〇〇八年更大規模的全球金融海嘯等）的始作俑者。

更甚者，**在與第三波民主化浪潮彼此連動的情況下，金融全球化的結果不僅將國家干預社會的能力降到最低程度，甚至市場運行既部分取代了公權力的傳統地位，有時更透過前述利益團體的遊說與施壓，讓名義上的民選政府，實際受制於一小撮必須向它們股東負責的企業。**對此，大前研一講得更明白露骨；他認為民族國家儘管在推動重商主義時確實扮演過創造財富的積極龍頭角色，但選舉政治的黨同伐異邏輯最終掐死了它們的經濟命脈，讓民族國家非但成為效率極低的財富分配機器，甚至在全球經濟運作上也只能跑跑龍套而已。更別說在區域整合運動擠壓下，所謂主權意義也愈來愈邊緣化。對此，雖然許多國家企圖透過重新催化民族主義來力挽狂瀾（例如二〇一〇年以來此起彼落之右傾民粹浪潮），但其未來仍有待觀察。[256]

新社會與新挑戰

表面上看起來，自十八世紀起，不但民族國家（nation-state）單位開始積極建構一個不同於中古時期的新國際體系，民主政治理論也宣告成立，聲稱唯有經過人民同意所選出來的代議政府才擁有正當性。其後，隨著前共產集團成員在一九九〇年代逐一出現政治轉型，自由民主主義似乎取得唯我獨尊的地位。事實是，在此同時，**民主政治本身卻似乎正進入一個危機暴風圈當中**，正如齊瓦里耶所言，[257]愈來愈多的政治獻金醜聞案正席捲著多數歐美國家，而愈來愈低的投票率則反映出對政府日漸增長的不信任與政治冷漠感，至於愈來愈網路化的社會亦面臨解構與重構的關鍵時刻，總之，這是個充滿變數的時代。

據此，哈柏瑪斯特別指出，當前社會正受到一系列「危機趨勢」之威脅；特別在資本主義肆無忌憚無情擴張的情況下，企業家透過前述金融全球化發展，取得了對政府決策的更高議價能力，至於人民只能有賴政府積極介入來解決日趨惡化的貧富差異。可以想見，政府已陷入進退維谷處境，積極也不是，消極也不是：在高舉自由化政策的旗幟下，政府角色雖受到極大限制，人民對其施壓的程度只有增加而沒有減少的可能；在此情況下，政府只能一面不斷向企業讓步，同時以負債為前提，推動更多的社會福利計畫來回應人民，結果當然是所謂的「超載」窘境。

256 朱迪斯（John Judis, 1941-）為美國記者與作家，曾寫下《民粹大爆炸》討論此一現象。

257 齊瓦里耶（Jacques Chevallier, 1943-）為當代法國政治學者，主要關注參與式民主政治理論。

值得一提的是，誠如杜拉克描述的，[258]「電子商務」在當前資訊革命中的地位，猶如鐵路在工業革命中的地位，是完全史無前例的；更甚者，相對於在鐵路所創造的環境中，人類似乎掌握了距離，但所謂距離在電子商務形塑的天地中幾乎已然消失，取而代之者只剩下一個經濟體，或可說只有一個市場。進一步來說：「**新通路不僅改變了顧客的定義與購買方式，也改變了顧客購買的東西，同時改變了顧客的行為、儲蓄及產業結構；簡單地說，亦即改變了整個經濟。**」當然，這種論調可能危言聳聽了些，因為它或許不過只是一種「北方現象」（個案集中在少數發展較進步的國家當中），前提是必須排除那些根本趕不上領先隊伍的第三世界國家。儘管如此，不代表此種推論就沒有參考價值，畢竟北方雖不能代表整個人類世界，它們無疑擁有強大且廣泛的影響力。

杜拉克接著說道：「新經濟未必馬上來臨，但毫無疑問地，新社會很快地便會出現在我們眼前。」根據他的觀察（特別針對已開發國家），所謂新社會的主導因素乃是老年人口的快速增長與年輕人口相對萎縮（高齡化與少子化），據此，**一方面將出現新的就業型態（受過良好教育的高齡人口顯得愈來愈重要），另方面則「知識」將成為主要資源。**跟本章論述主旨不同的是，杜拉克認為浮動匯率制度雖然剝奪了政府的部分政治能力，將決策權由政府轉移到特殊利益團體手中，以致大家對政府的信心與敬意都大幅下滑，但依舊表示：「矛盾的是，喪失財政和貨幣主權後，反而讓民族國家變得更為強大，而非更為脆弱」，原因是人民將更依賴政府來干預經濟活動。

無論如何，杜拉克的推論並不能代表學界的共識，例如林布隆依舊主張：[259]「誠如大家所知道的（不管人們有沒有特別去思考這個問題），**企業家以及企業（特別是企業集團）的政治權力遠超過一般平民；企業家與企業對於政府呼風喚雨的力量，不但嚴重扭曲了民主，同時讓它們從國家**

獲得各式各樣的好處，其結果往往使全民付出極大代價；譬如政府為了保護企業主管、股票投資人、放款業者與債權人因管理不當而蒙受損失，經常會提供緊急援助。」他認為，在市場社會中，政府官員雖然仍掌握重大決策權，企業高層主管之影響力並不遑多讓，甚至企業集團不僅掌握了社會所需的大部分服務與商品，還控制了土地、資本與勞力等它們賴以成形的要素，從而讓這些集團操縱著社會發展的關鍵，也部分動搖了民主政治的基本條件：亦即大眾對於菁英的控制。

林布隆的論述無疑是發人深省的。的確，無論市場體系菁英對民主的崛起有多少貢獻（小資產階級確實在民主建構初期扮演著衝撞體制的重要角色），它們對大眾的壓制還是讓民主發展受到一定程度的摧殘。從某個角度來看，林布隆認為，企業集團就像是一個超大型且權力過大的「人民」，這種角色雖然不會瓦解或癱瘓民主制度，卻（透過利益團體的運作）徹底違反了政治平等的理念，而後一個理念正是建立真正民主的必要條件。更重要的是，相較於一盤散沙且多數傾向「自掃門前雪」的人民，企業集團顯然擁有相當高的組織優勢，讓它們握有隨時展開遊說或施壓的機動性，何況它們不像一般人民有著壽命限制，可以跟著企業的永續經營持續對政府滲透，再者，由於企業集團本身不可能是個具備民主要素的結構，其決策通常經由有著中央集權特徵的專制模式來進行，這也讓所謂「良心企業」不啻成為一種奢望。由此看來，**一旦以滿足「私慾」為主旨的企業控制了理論上以推動「公益」為目標的政府，後果可想而知**。

258 杜拉克（Peter Drucker, 1909-2005），奧地利裔美國經濟學家，被稱為現代管理學之父。

259 林布隆（Charles E. Lindblom, 1917-2018），美國政治經濟學家，專注研究制度對人類進步之作用。

企業併購國家：迷思或警鐘？

最後，先回過頭再度審視一下利益團體的問題。儘管本章傾向從負面角度思考近百年以來利益團體的發展趨勢，我們也指出並非所有利益團體都是「私利性」的。例如根據身分特徵結合而成的部落、家族或世襲階級等「社群型團體」，都是歷史更悠久的利益團體，至於隱藏在官僚結構中的「制度型團體」則是立基本位主義的另一類組織，此外，還有一些高呼「支持選擇權」與「支持生命權」口號，純粹為追求理想之「倡導性團體」。特別是最後一種，由於訴求範圍非常廣泛，甚至擴及非人類活動領域（例如像解救鯨魚運動等），因此經常被認定是最具「公益性」的團體。

不管團體屬性本身傾向為何（基於公益抑或只想追求私利），這些團體的共同特徵是「它們都努力尋求介入決策過程的機會」（一般也稱為施壓）。客觀來看，正如阿蒙德的說法，利益團體主要扮演的乃是「利益連結」與「利益匯聚」的角色，亦即在整理社會要求後，將它們轉換成重大的政策選項；由此，多元主義者不僅相當支持團體的形成與發展，甚至認為透過團體行動所塑造出來的「動態均衡」，將可有效地將社會中的多數聲音納進國家的政策內涵當中。不過，這種想法顯然是過於樂觀。

例如菁英主義者便認為，支持多元主義的人只看到了政治過程裡由下而上的一個部分，這確實也合乎民主政治的基本邏輯（人民即便無法直接參與決策，至少擁有表達意見的機會），但他們依舊試圖指出，**政治權力的運作不僅主要是由上而下進行的，更甚者，長期以來「寡頭統治」的少數遊戲鐵則，也讓社會團體在接近決策圈的過程中有著截然不同的表現。**

許多實證例子都顯示，只有一小撮所謂「核心團體」才具備真正的決策影響力，其中最具代表性的乃是軍火工業。例如美國總統艾森豪在離職演說中便直接點出「軍事工業複合體」的威脅，[260]亦即它們為滿足其生產與銷售需求，經常會誇大假想敵的戰略威脅與攻擊能力，並透過遊說要求政府增加軍備支出；在冷戰時期固然如此，即便如今冷戰已然結束，實際情況卻繼續惡化（例如美國軍事開支便從一九九三年約五千億，至二〇二四年創下八千八百億美元歷史高峰）。儘管後冷戰環境塑造的和解氣氛，理論上應誘使國家選擇降低軍事支出，然後集中資源全力去拼經濟，這顯然不符合軍火商的企業利益，正如許多觀察家指出，包括美國在新世紀初掀起全球「反恐戰爭」乃至近期「中國威脅」，背後多少都有軍火商（與石油企業）運作的斧鑿痕跡。

在此要特別指出，倘若資本主義力量正以全球化姿態席捲整個世界體系，並帶給大型企業（及其支持的利益團體與政治行動委員會）更高的對國家談判能力，難道政府對此竟然無動於衷，或根本一籌莫展？在講述過那麼多的政治運作原則後，相信大家一定瞭解，政客們參與政治活動之主要目的，本即藉此滿足自身權力慾望，如果好不容易終於掌握政府或分享一定程度的權力，卻發現自己居然只是另一小撮人的傀儡罷了，試想他們能接受這個現實嗎？當然，政務官員與行政官僚對此想法或許不一樣，前者並不排除在離開政壇後，轉進企業界去開拓人生的第二個春天，此種例子其實不勝枚舉，但是對擔任終身公務員的行政官僚而言，或許仍希望限制企業將黑

260 軍事工業複合體（Military-Industrial Complex, MIC）描述軍隊與其供應商軍火企業之密切關係，有時也加上國會而被稱為某種利益「鐵三角」（iron triangle）。

手伸入決策圈，至於這兩種不同意見的折衷結果乃是所謂「旋轉門」條款，也就是工作轉移必須有間隔一定時日並嚴守利益迴避。儘管如此，此種以允許官員轉任企業主管的政治妥協，已然證明政府對利益團體施壓的無能為力。難怪赫茲等人要高喊「民主已死」，[261]而企業也正準備「接管」國家了。

正如前述，儘管自由放任主義曾在十九世紀扮演主導國際貿易之主流理論，在兩次世界大戰的壓力下，具備集中資源功能的政府一度成為福利的主要供應者，並更積極參與經濟活動，至於人民或因在戰時見識到由政府管控經濟的效率，也慢慢接受了政府的積極角色。不過，特別在美國受到冷戰時期財務結構扭曲所苦，甚至因此感受到經濟發展的相對衰退後，一九八〇年代雷根政府開始改弦易轍，[262]轉而重返自由主義的基本想法，目的是希望在卸下福利重擔（國家不再負責重新分配財富）後，讓政府獲得靈活的因應能力與喘息空間。據此，為刺激經濟復甦，美國政府開始推動系列性減稅方案，例如最高所得稅率便從百分之七十降至百分之二十八，結果讓許多大型企業即便無須繳稅，免稅額也還有剩餘，至於英國則發起「國營企業跳樓大賤賣」的活動，[263]因為其政府既相信「民營化」乃治療經濟沉痾不二法門，並認為拍賣國營企業所得將有助於解決赤字問題。

事實是：**當政府逐步縮手，市場（企業）便逐步接管**；以英美自由化政策為基礎的金融全球化浪潮隨即橫掃世界各地，政府幾乎無法管理或限制這些跨國性活動。正因國際資金流動量愈來愈大，企業得以順利在海外進行募款，再加上通訊革命讓他們可以輕易跟分布全球的子公司聯繫，自由化意識形態也大幅降低各國關稅，這些都讓大型企業得以透過前所未見的速度去進行所謂全球布局，結果則是貧富懸殊與南北發展差距不斷拉大，從而導致更多的社會衝突，並埋下無數社會問題。

自由化政策與資本主義的擁護者聲稱：藉由**提供富人獎勵措施，例如給予較低的租稅優惠，表面上看來似乎對中下階層不公平，但富人將因此被鼓勵創業，最後仍將創造更多工作機會並刺激成長。**這種講法雖然看來似乎也有點道理，貝克仍認為情況不可能這麼樂觀，[264]因為大企業在不斷增強決策影響力後，將獲得更大資本自由移動能力，可自行決定在何處投資生產，甚至在哪個國家繳稅；對此，多數政治人物只能試圖螳臂當車地消極阻止這股潮流的蔓延，辦法是繼續提供甜頭給企業，以便暫時留下其廠房（對人民交代），實則無法確保其實際運作跟未來去處。

更嚴重的是，當政府傾向毫無底限地提供福利給大型企業時（即便這些企業經常公然違抗政府的決定），政治遊戲規則也開始悄悄出現變化。在全球競爭壓力加劇的情況下，企業更重視政界的用處，因為其競爭優勢非但可透過降低成本途徑取得，還可利用有效的政治關說來滿足需求。時至今日，不僅許多跨國企業的經濟規模已經比多數國家還強大，當企業與國家利益出現矛盾

---

261 赫茲（Noreena Hertz, 1967-），英國經濟學者與著名媒體評論人。

262 雷根（Ronald Reagan, 1911-2004），美國唯一藝人從政之總統，被譽為「偉大的溝通者」，其執政時期之政策理念，政治上被稱為新保守主義（Neo-conservatism），經濟上則稱為新自由主義（Neo-liberalism），都主張減少政府管制，尊重自由市場運作。

263 於此同時，作為英國首位女首相的柴契爾（Margaret Thatcher, 1925-2013）也呼應雷根的政策，其十一年任內，逾六成國營企業轉為私有化，實則個人（一般投資者）企業持股比例從四成降至不到三成，充分顯示分配不均之發展結果。

264 貝克（Ulrich Beck, 1944-2015），德國社會學家，致力研究全球化及其風險與調適。

時，前者也通常是勝出的一方。值得注意的是，企業與國家的權力失衡現象既彰顯於國內決策過程的遭到滲入，國際場合更是如此。例如在一九九五年成立的「世界貿易組織」中，**隨著許多法令以促進市場自由化之名被制定出來，在限制國家自我保護能力同時，主要獲利者其實還是企業體**，致使開發中國家經常覺得自己不過是組織內的二等公民。

在這種不正常循環下，**腐敗與分贓政治幾乎成為另一種全球化現象**。不管試圖提出什麼新口號來挽救形象，由於政府愈來愈無能（它們最後只集中照料極少數人的要求），頻繁上演的卸責政治口水戰也使得選民覺得政治開始與日常生活脫節，難怪選民開始拋棄投票箱並逐漸遠離政黨，其中，消極一點者決定將自己埋到網路建構的虛擬世界裡，積極者則透過全球串連來表達並發洩不滿情緒，例如你可以找到一些像「我恨麥當勞」、「反對微軟進行壟斷」或「拒買耐吉」等負面網站，或者也可以根據相關網路訊息，買張機票去參加反全球化大遊行。

無論如何，儘管我們似乎正看到政府漸漸失去其權力與獨立性，企業則似乎潛在地大權在握，赫茲還是預告「一個新的政治運動正在興起當中」；這股力量的參與者包括了諸如家庭主婦、中小學教師、學生與社會各個中下階層，其中既有鄉下人，也有都市人，既有藍領階級，也有小資產階級，共同目標乃捍衛自己的生存權益。雖然由此掀起的抗議運動規模不大、沒有固定成員，通常也沒有固定基地，但這反而增加了某種機動性。當然，從權力政治史角度來看，他們的成功或然率其實並不大，總是為未來埋下了無窮的希望，不是嗎？

全球與區域：人類的政治疆界將如何變遷？

由於追求永恆的穩定性既是人類生存的終極目標，也經常是政治制度研究最關切的焦點，因此往往讓人們習慣性地產生一種錯覺，亦即「現在就是永恆」。這句話的意思是，今天人們將民主政治視為理所當然，其實就像過去把君權當作天經地義般，在心態上不過是五十步笑百步的距離。至於「國家」觀念也是一樣，就在我們認定並賦予其正當性之後，它還能撐多久其實也是個大問號。

請注意以下幾個名詞：全球化、區域主義、建構主義、虛擬國家

全球化vs.區域主義：新時代的挑戰與回應

做任何研究都必須先劃定清楚之觀察範圍，政治研究當然一樣。到目前為止，本書大多數討論內容是以現代國家（不管前面被加了什麼形容詞，例如「主權」國家或「民族」國家）以及代表其行使政治權力的政府，作為描述與批判的對象。不過，就算我們承認從某個角度看來，以國家做為政治研究焦點的確反應了現實，另一個同樣無可否認的現實是：「現在正在改變中」。換句話說，**未來政治研究的焦點或許並不限於國家而已。**

當《韋氏字典》首先在一九六一年納入「全球主義」（globalism）這個新的辭彙之後，[265]雖然學界直到一九八〇年代才真正開始認知到相關概念的研究價值，但諸如「國際化」或「全球化」等字眼，自一九六〇與七〇年代起便開始成為一種流行措詞。儘管如此，所謂「全球化」的意涵還是引起相當大的爭議。

例如大前研一等「超全球主義論」認為，作為傳統國際行為者的民族國家，正將擁有的權力逐漸轉移給全球性的制度與公司，由於經濟全球化形成的鐵籠效應，也讓政府在社會福利與經濟調控方面的功能大打折扣。[266]其次，赫斯特與湯普森等所代表的「懷疑論」則認為，[267]由於現代工業技術普及，結果雖然拉近了國家之間的距離，政府效能並不因此遭到削弱，甚至目前的國際經

265《韋氏字典》（Webster's Dictionary）為美國「學術與教育之父」韋伯斯特（Noah Webster, 1758-1843）在一八二八年推出的一本辭書，迄今已無數次修正並推出多種國際版本。

濟也不若某些人想像般的開放；最後，紀登斯等人倡議之「轉型理論」則主張全球化乃現階段重塑世界秩序的主要動力，由於處於目前體系下的國際政經制度正被賦予一股遽變的力量，因此政府應「超越左右」以走出「第三條道路」。在此，暫且不擬就全球化概念源起做更深入討論，而是希望將焦點放在它對當前國際環境所可能帶來的「結構性衝擊」上頭；更清楚地說，也就是它將如何影響以「國家」為主的全球體系現狀。

梅路希早在一九六〇年代便以「超國家」組織發展為例，[268]說明這些新機制如何企圖掌握分配資源管道，並削弱傳統民族國家的控制與影響；時至今日，資本流動的全球化不僅明顯且持續侵蝕著政府的操控範圍，這種侵蝕力的超國家性也使得當前政府雖表面上還是平衡預算與制定政策之唯一正式來源，最終趨於凋零或許不完全只是種幻想而已。根據當下發展態勢，全球體系現狀雖無疑已朝向「質變」邁進，政府角色的轉並非僅是此一過程的「因變數」而已；換言之，難以想像擁有悠久歷史基礎的國家架構，對全球化帶來之前述發展竟然坐以待斃或毫無反制，至於區域主義興起或區域化浪潮的產生乃值得關注的焦點。事實上，就在全球化現象於一九八〇年代引發普遍議論之際，各種區域主義及其建制的討論跟著甚囂塵上，其中最引人關注者不啻是歐盟的建立、轉型與不斷擴張，至於北美自由貿易區等隨後跟進也不能忽略。

有人將這些發展總括為所謂「新區域主義」（new regionalism）；索德邦認為，[269]其特徵在於多面性（同時從事不同面向整合）、複雜性（無論動力或阻礙都具有各式各樣背景）、流動性（對於新成員採取開放性態度）與非一致性（每個地區的合作都有自己的特色）。既然有「新」主義，邏輯上存在「舊」區域主義也理所當然，至於新舊之間的差別可分成兩個波段來觀察：首先是起於一九四〇年代，由於世界大戰引爆民族主義浪潮所衍生出來的「第一波區域主義」，其後持續到一九六〇代末期與一九七〇年代初期，至於自一九八〇年代中期迄今，則可稱「第二波區域主義」，也就是此處所謂新區域主義；兩者差異絕不僅僅是時間發生的先後次序而已，更重要的還是它們選擇的不同途徑以及帶來的不同影響。

隨著亞太、歐洲與北美洲成為眾所矚目的三個主要整合區域（也有人認為它們其實受到過度關切），人們也愈來愈關心全球化浪潮與區域主義之間的互動關係。儘管有人認為，「國家集團之間的競爭」正逐漸成為冷戰後最醒目的一種全球場景，這個世界至今依舊未如若干人想像一般，分裂成幾個相互敵對的經濟集團。例如，布萊特和蓋伊爾便認為：[270]「全球整合與地方自主並不是種二選一的問題，而是兩個平行且彼此互動的過程」，甚至米特曼還將「變化中的區域主義」[271]視為是對「新自由主義式全球化」的反擊，亦即第三世界邊陲國家為擺脫全球體系牽引所進行之某種

266 所謂「鐵籠」（the iron cage）源出德國社會學家韋伯的想法，他認為現代社會的演變呈現出工具理性不斷膨脹，價值理性則越發式微的趨勢，例如經濟活動失去價值支撐，「為盈利而盈利」成為最終目的；結果是人類雖看似越來越理性，也越來越單調，失去信念與激情的理性將猶如「鐵籠」束縛住人類自身。

267 赫斯特（Paul Hirst, 1946-2003）為英國社會學家與政治理論家，湯普森（Grahame Thompson, 1945-）則是英國政治經濟學家，兩人曾合著《質疑全球化》一書。

268 梅路希（Alberto Melucci, 1943-2001），西班牙社會學與臨床心理學家。

269 索德邦（Fredrik S derbaum, 1968-），瑞典政治經濟學家，專注於區域主義研究。

270 布萊特（Charlie Bright）為美國歷史學家，專長為歐洲軍事與地緣政治史，蓋伊爾（Michael Geyer, 1947-）則是一位德國歷史學家，專長為歐洲與跨國互動史。

271 米特曼（James Mittelman, 1946-），美國社會學者，專長為全球化之政治經濟分析。

集體努力。

學者們所以無法在詮釋全球化與區域化上取得共識，不僅是因為全球化對不同國家與地區有著不同影響，也由於在不同國家與區域內部經常有著不同的後續發展。由此或可發現，**其實國家體系、區域整合與全球化浪潮，乃是目前同時並存的三種影響國際環境變遷的力量，無論區域主義是否足以闡明當下的發展主流，至少國家體系可說代表著過去，而全球化的世界則象徵了未來。**

從現實面看來，儘管目前全球經濟運作看似仍以國家體系為主，國際建制與多國公司還沒辦法取代國家之政策協調與主導者角色，全球化帶來的跨國管理網路擴張仍持續衝擊結構現狀，從而使傳統的絕對主權論受到削弱。例如在國際安全議題方面，少數強權操控的全球力量顯然比國家與區域單位更具影響力，從經濟角度來看，金融全球化與國家對市場的控制力量亦不斷拉鋸，據此，經濟區域主義一方面可視為一種希望促進發展的努力，也可看成是用以反制全球化壓力之回應。因為相對於全球化，區域整合既可增進鄰近國家之間的貿易與投資關係，亦可補救世界貿易組織無力解決問題的窘境，又能創造一定規模經濟以刺激成長，因此成為許多國家趨之若鶩的努力方向。

區域主義的源起與動力

區域主義在功能設計上具備非常特殊的兩面性：**它雖然象徵了國家主權對抗全球化侵蝕之集體努力，卻也是幫全球化浪潮削弱國家的輔助力量。**無論如何，在這裡首先要回答的問題是：區域主義是怎麼發展起來的？

多依徹認為，[272]組成區域的前提是先有一群具廣泛互賴性的國家；在此基礎上，羅塞特進一步整理了五個定義「區域」的標準：[273]社會結構與文化內涵同質性、政治態度與對外行為相似性、政治上透過某種國際建制存在互賴現象、經濟上相互依賴，以及具有高度地理鄰接性等。無論是前述何種標準（不可能有哪個區域符合所有標準），區域這種具「超國家」性質之概念的出現不啻非常晚近，相對長期以來透過國家疆界來區隔人群行為的傳統做法，它可說是一種蠻具顛覆性的思維，由此也引出第二個問題：這種嶄新概念是由什麼動力來推動的？

首先可能來自國際結構變遷的結果。某些學者認為，區域主義受到冷戰趨於衰微與結束所激勵。相較冷戰期間，美、蘇透過兩極對抗與核子嚇阻幾乎創造了一個準全球性體系，致使中小型國家利益經常必須屈從於外來強權力量，據此，**冷戰告終等於降低了全球體系（或霸權國家）影響區域事務的正當性，由此產生的某種真空現象，除了直接導引建立「區域主權」，霸權撤退也讓某些區域強權獲得崛起的機會。**儘管部分學者依舊堅持美國在後冷戰時期將繼續領導一個穩定的單極世界，其影響力呈現持續相對消退至少迄今仍是不可否認的事實。進言之，所謂區域主義傳統上通常被認為是指由鄰近國家進行的一種「國際合作」，雖然建立區域組織經常被解讀為領導國

272 多依徹（Karl Deutsch, 1912-1992），生於布拉格之社會學與政治學家，曾於美國與德國任教，專注於戰爭與和平、民族主義與溝通理論研究。

273 羅塞特（Bruce Russett, 1935-2023），美國國際政治學者，以衝突與和平研究著稱。

家為了尋求霸權的野心所致，這種強調政治考量與傾向的詮釋並不能適用於所有情況；政治菁英的想法固然依舊重要，區域主義更可能來自經濟全球化帶來的邊陲化壓力所致。

當然，前述由國際結構面出發的解釋並非共識，因為特定強權的影響和區域成員之間的聯繫性或許扮演著重要角色，依然有人認為，經濟目標才是國家願意協調並共同建構區域組織的主要原因，歐洲聯盟的發展便是明顯例證，日本影響力的擴大對東亞區域整合力量在一九八〇年代的強化也有一定程度貢獻。儘管如此，另一些人更強調在區域主義發展中的意識形態分享性與財務互賴性，或者還要加上一定程度的認同基礎或共同文化背景，例如馬來西亞前總理馬哈廸與新加坡前資政李光耀，[274]便都強調家庭因素對東亞資本主義與區域發展的影響。

由於主流國際關係理論缺乏「局部性場域」觀念（亦即習慣從整個地球，而非一部分世界的角度來觀察問題），以致區域主義的發展也常被從「外部性」角度來解讀，例如雷克便傾向透過「國家中心」途徑來理解區域安全機制的建構，[275]認為區域乃是在特定地理範圍中，受外部性牽引而結合起來的一組國家。這種想法當然存在爭議，因為它顯然排除區域外部力量的影響。無論如何，相較於前述宏觀性解釋，部分學者轉而關注國內結構變遷的微觀因素；例如，索林根強調必須在自由國際主義者與國家民族主義者的區域政策之間做出區隔，[276]因為前者支持經濟合作，後者重點則在宣揚保護主義，這類看法多半將焦點放在國內的利益考量或政治結盟過程上，希望能由此瞭解區域主義的真正動力來源。

接下來是第三個問題，亦即：區域是怎麼被界定出來的呢？譬如，在一般常用詞語中包括了東亞、東北亞、東南亞與南亞等具有區域意義的用語，但它們在使用時經常混淆不清且充滿爭議；例如俄羅斯算不算是東亞國家？如果所謂東亞的東邊是以西太平洋為界，西邊又該算到哪裡，外蒙古和中亞國家也在其中嗎？為什麼只是一線之隔，儘管跟所謂東南亞關係密切，印度次大陸經常被排除在東亞區域發展討論之外？

換句話說，在全球化浪潮衝擊下，過去用來定位區域的「拼圖式觀點」顯然已經落伍了，建構主義角度的研究慢慢受到注意；從後者看來，區域主義乃是透過人為力量去創造某種「認同」的結果；一般說來，此種認同性必須以共同的歷史感受或經驗作為基礎（例如在遭遇經濟危機後，分享經驗與需求結合而成的貨幣區域），不過，儘管分享認同可說是區域建構的重要成份，絕對不能忽略物質環境（國際競爭）與外在威脅（區域性安全問題）在其中扮演的催化性角色。

從另一個角度來看，**相對於多數學者重視物質數據，建構主義者更關注規範的重新定義**。建構主義者明顯有著「反國家」傾向，而且更重視將區域主義作為完成特定政經目的之工具，因為社會功能的設定本來便是為因應使用者需求而出現的；例如在一個全球體系中，經濟區域大致由跨國資本互動所決定，環境區域由人類與生態行為之互動所決定，文化區域則是以認同性社群作為基礎。但此一論點也遭遇兩種挑戰：首先，作為區域合作基礎之不干涉內政原則與推動信心建

274 馬哈迪（Mahathir bin Mohamad, 1925-）被稱為「馬來西亞現代化之父」，一九八一至二〇〇三年擔任首相長達二十二年，二〇一八至二〇二〇年以近九十高齡再度出任；至於李光耀（1923-2015）則是「新加坡建國之父」，擔任總理超過二十五年，他們曾共同推動所謂「亞洲價值」（Asian Value）概念。

275 雷克（David Lake, 1956-），美國政治學者，專長為國際政治理論與政治經濟學分析。

276 索林根（Etel Solingen, 1952-），拉丁裔美國政治學者，廣泛從事各種國際議題研究。

立措施，未必能阻止區域內軍備競賽；其次則相較文化與認同之融合與相互學習，排除霸權單邊干預以爭取獨立性，或許是各國願意共同建構區域主義之更重要激勵原因。

總而言之，所謂「區域化」通常指某種複雜多層的變遷狀態，亦即若干國家共同邁向經濟互賴、制度建構、政治互信，甚至建立文化認同的過程。至於「區域性」則用以指稱區域化的程度，同時暗示著所謂區域未必具有固定共識邊界（人類本來就擁有流動遷徙特徵），其真正範圍取決於成員之間的合作意願；更甚者，經濟甚或政治整合也未必以國家疆界為限，這種狀況經常被稱為「超區域」、「微區域」或「次區域」，例如歐洲的拉丁月彎、波羅的海聯盟、阿爾卑斯弧、多瑙河流域與巴爾幹半島等；至於東北亞的圖們江計畫與東南亞的湄公河流域也是明顯例證，這種「次國家區域」概念有時看來遠比國家疆界來得更有意義。

正如前述跨邊境之「次國家區域」的暗示，若干學者企圖擺脫傳統「國家」概念糾纏，轉而從社會結構功能切入，將空間視為社會活動的產物。此種被稱為「功能性區域主義」的觀念特別強調透過社會互動與循環來創造資源的過程，從而帶來削弱國家意象的效果。例如，蒂利針對「多重國家與有力的非國家行為者」等社群進行研究，[277]認為這兩種行為體未必屬於階層性關係，而是處於同一固定邊界網路的一部分，至於由國家與企業共同界定的「經濟區域」也是功能區域主義的一種。

總而言之，無論由國家或非國家行為體來主導，區域化浪潮都對既有的傳統國家體系提供了行為規範修正的效果。至於它究竟是國家單位為反制全球化浪潮所出現的集體行動，還是如「特洛伊木馬」般其實暗藏著削弱國家對社會操控能力的變數，並非現階段理論層次所能解決的問題，而僅能純就其未來結果來加以論斷。或許這也是社會科學處理問題時的通病吧。

虛擬化：夾縫中的國家該何去何從？

隨著全球化力量不斷解構著傳統國家單位，我們必須承認，**就算國家的消失或被取代或是個「必然的趨勢」，至少它絕不是「擺在眼前的事實」**；部分國家正企圖透過區域整合的方式加以因應，然而，由於區域化的力量同時帶有崩解主權的性質，國家的主權地位正蒙受空前嚴厲挑戰不容否認。

從歷史經驗看來，當國家面臨國內外環境威脅時，「學習」一向是人類在解決問題或追求進步時慣用的捷徑。除了霸權國家經常為了鞏固自身領導地位或維繫符合其利益的國際秩序，刻意強調並高舉某種意識型態（例如民主政治或市場自由化），從而帶來所謂文化霸權或文化帝國主義之外，由於「落後」經常直接或間接暗示某個族群將在激烈競爭當中面臨最終失敗甚至徹底滅亡，後者也會自願（或無奈）選擇學習強者的途徑來保障生存；例如清末中國便推動過學習洋務的自強革新運動，同時期進行明治維新的日本也以英德作為模仿榜樣，更別說目前遍及全球的工業化運動，還有為了避免被全球化浪潮趕至邊緣，很多國家也不斷提倡學習英語運動。

277 蒂利（Charles Tilly, 1929-2008），美國社會學家，主要關懷歐洲現代國家形成之歷程。

無論學習結果客觀上成敗如何，**其過程必然影響到學習者原先長期存在的傳統思想模式（甚至出現文化斷層現象），同時由於改革運動帶來的經濟與社會結構轉型，將製造出新一批得利者與邊緣人**；由此，不僅希望捍衛傳統的保守派無法接受思維急變，過程中之利益受損者亦逐漸凝聚並嘗試發洩怒氣，於是排外運動跟著爆發出來。值得注意的是，**排外浪潮絕非如一般想像只出現在落後國家當中，過去十幾年來，類似的「恐外症」觀念與種族歧視行為也普遍存在於德國、英國、法國、比利時、西班牙等主要歐洲國家中**。關鍵在於：經由學習創造進步儘管合乎集體利益，文化防線的崩解仍經常帶來下意識的集體恐慌。

誠然，包括作為起點的歐洲在內，人類在過去數百年來的努力已大幅提高了我們的日常生活內涵，作為現代物質文明代表的繁榮進步外貌，也成為幾乎所有國家的共同目標，但在面對樂觀主義者所勾勒出，有如科幻小說內容的世界未來時，悲觀論者卻經常將焦點集中因傳統失落所導致的迷惘感受上。

從某個角度來看，觀點截然對立暗示的或許不僅僅是觀察角度不同而已，有時它確直接反映出人類在陷入理想與現實掙扎之間的極度困惑。**雖然一些觀察家將源於全球化浪潮所帶來的文化混同現象，視為是「繁榮的秘密」，並主張唯有如此才能製造出競爭所需的創造力，仍有另一批人將此種壓力下的文化融合，看作是種「冒充理性的新世界觀」**，認為多數第三世界國家將因此陷入既不可能追上領先者，又因為與傳統割裂而無法回頭的窘境當中，此即所謂「自我定位危機」。

要解決前述問題並不容易；原因是「競爭」既是當前國際體系主要運作概念，運輸與通訊技術的突飛猛進，又讓任何群體都沒有能力獨立或自外於此一體系，於是絕大多數人們只能隨波逐流於這個人環境中，任由強勢文化與觀念來主導自我發展，這正是第三世界國家面對之普遍困境。不過，個人並不反對全球化帶來的文化融合現象，亦非暗示多數落後國家只能被迫走入死胡同，相對地，我認為唯有更主動選擇命運方向，亦即走出自己的「獨特」道路，才能徹底解決前述挑戰。

儘管如此，且不管「知易行難」向來是人類最容易犯的通病之一，我們所熟知（也是政治研究傳統焦點所在）的國家單位正面臨著一個發展的轉捩點。首先，**相較過去將國家視為一種具有生命力的「有機體」**（organism），必須隨時檢視其健康狀態，甚至規模愈大愈具有更高的安全保障（因此讓發動戰爭成為某種常態），**如今國家則被當作是一個具備多種用途的「功能載體」**（function hub），結果使多數強國放棄了透過軍事與佔領領土方式來進行擴張的傳統手段。

更重要的是，相較過去國家以控制「土地」作為核心觀念，羅斯克蘭斯認為，[278]重視流動性的「虛擬國家」已成為一種時代新趨勢；與傳統國家相比，它首先降低對於土地的需求，甚至主動將許多產業移往國外，當然，並不是說領土不再是個影響國際關係的重要因素，只是新型態國家更重視經濟競爭力，並認為包括資本、技術、人才與資訊的快速流動才是力量的根本。如同杜拉克

278 羅斯克蘭斯（Richard Rosecrance, 1930-2024），美國國際政治學者，尤其關注國家之間的連結研究，著有《貿易國家興起》和《虛擬國家興起》等書。

279 杜拉克（Peter Drucker）在二〇〇二年預測以資訊社會為主的「下一個社會」將在二〇三〇年左右浮現於世界，屆時科技進展與人口結構變遷，將使知識工作者成為最重要的角色。

280 甘迺迪（Paul Kennedy, 1945-），美國歷史學家，著有《大國的興衰》一書。

對於「下一個社會」的看法，[279]嚴格來說，羅斯克蘭斯描繪的「虛擬國家」或許同樣僅是種「北方現象」罷了，儘管他預測這種新的國家型態將為世界帶來更和平的環境，甘迺迪還是傾向認為，[280]只要國家間發展的不平等程度繼續惡化下去，特別是發展中國家內部政局的不穩定，遲早會導致富國與窮國之間發生戰爭，即便國際衝突規模可能受到壓抑，其中累積的不滿還是會導致恐怖主義活動變得愈來愈猖獗。

面對不可見的未來，所有人或許必須接受一個現實：**由於工業革命催化了人類進步的速度，我們正處於一個隨時都會有新鮮事出現的時代**；其中，部分發展（醫療、通訊與交通科技）確實大大增加了日常生活便利性，但另外一些現象（例如產業與文化的全球化現象）迄今只提供一連串問號而已。總的來說，在新的時代變數加入既有人類世界結構後，正逼使目前作為整合資源主要單位的「國家」必須有所回應，至於其回應方式則反映了不同的能力值：已開發國家多半乘著這股潮流，更重視全球佈局地順勢將國家朝著「虛擬化」方向推進，開發中國家（特別是領先的新興經濟體）則強化「學習」運動，企圖讓自己進一步融合到浪潮當中，至於相對落後的低度開發國家，若非直接被拋到邊緣三不管地帶，便是成為恐怖活動的淵藪。

最後一個問題是：難道全球化真是一股不可逆的潮流嗎？

全球化與反全球化的爭辯

必須提醒各位，**儘管非常多人認定全球化已經是「一股沛然莫之能禦的浪潮」**，絕不表示它等於是種「進步的象徵」，對某些人而言就像是顆美味蘋果之所謂全球化，對另一些人來說，卻可能是致命的毒藥。根據赫爾德的看法，所謂「全球化」不僅指跨洲際範圍的流動與社會之間互動影響程度的擴大，同時代表負責連結遠距社群的人類組織正產生巨大轉變，更甚者，他進一步客觀分析指出：「**我們不應該貿然將上述趨勢解讀成即將誕生一個和諧的世界社會，或將其等同於推動全球整合過程，並誤認為所有的文化或文明都將因此而融為一體**」；事實的確如此。

從支持全球化具正面效應者看來，他們否認所謂全球化等於「美國化」或不過是幫西方帝國主義（或新殖民主義）掩飾的說法。一般來說，雖然他們接受一個事實，也就是歐美世界目前確是全球化的主要受益者，但從跨國公司與金融全球化的發展看來，若說國家主權可能因這股浪潮而遭到削弱，歐美國家當然不可能倖免。換句話說，**全球化運動支持者更重視的是，整個人類社會結構正在產生的變遷趨勢，尤其是政治生活的本質與模式**，一方面「全球政治」似乎正取代著傳統「國際政治」，在傳播科技與數位革命結合了電話、電視、纜線以及衛星等新科技之後，國家、人民與組織的聯繫變得愈來愈密切，某種新的媒介（國際多邊組織）也正以最快速度增長當中。例如，根據國際協會聯盟（UIA）統計，全世界在一九〇九年僅存在三十七個跨政府組織與一百七十六個跨國非政府組織，到了二〇〇〇年，跨政府組織已增加到六千七百四十三個，非政府間組織更達四萬七千零九十八個（後者發展迄今更僅能以無以數計來形容）。由此所建構出來的綿密網路，透過每年數以萬計各式各樣的國際會議，幾乎鎖定了所有人類社會中已經存在或未來可能發生的問題，「以談判取代對抗」的合作性目標不啻是其共同的努力方向。由此看來，人類的未來應該是充滿美好夢想的。

問題顯然沒有那麼簡單。例如經由全球串連而攜手到熱那亞、巴塞隆納或西雅圖等地抗議的群眾，在他們眼中，所謂全球化不過是由世界上少數政治與經濟菁英操弄的一套謀略，目的當然只在滿足一小撮人的利益。例如赫茲便認為，針對當前南北世界發展差距之逐漸擴大，世界銀行與國際貨幣基金這兩個領導性機構所開出的藥方，無論是震盪療法（要求前共黨國家立即拋棄社會主義式計畫經濟）、穩定性政策（以控制匯率與價格為主）、結構調整（政治民主化與強化對抗貪腐措施）或貿易自由化（逐步解除管制以達到市場開放目的），最終都只稀釋了工會的談判籌碼，並帶來草率的大規模民營化計畫，結果只讓少部分人得利，至於多數人民則在國家被迫刪減公共支出的情況下失去了福利保障。

更重要的是，第三世界的困境完全沒有任何好轉跡象。**在北方國家推動全球自由化政策的背景下，透過市場開放而紛紛前往開發中國家投資的跨國企業，乃是真正的獲利者**。在國際援助被大量刪減的情況下，第三世界國家只好積極吸引外資前往來彌補資金短缺以便完成工業化目標；為此，這些國家一方面放鬆或解除禁令，不斷調降最低工資並縮減福利支出，同時壓制勞工運動以便幫外國企業塑造有利的投資環境。結果未必能達成預期目標，但人民的利益必然遭致損失。

更甚者，在當前國際政經結構中，還存在一種「經濟打手」職業，這批人通常服務於高級國際企管顧問公司，主要任務則是到第三世界國家到處兜售，蒐集破產企界進行重組，並將「債務」當作一種商品給推銷出去，然後藉由這筆債務掌控該國的政治與經濟發展；正如曾擔任這類打手的柏金斯所言：[281]「他們是種高待遇的專業人士，負責在全球各地欺騙國家以獲取數以兆計利益，至於手段則包括假造財務報表、選舉舞弊、賄賂、勒索、美人計與謀殺等。」在多數情況下，國際貸款流程已經被嚴重扭曲，根本不顧及基本理性健全邏輯，亦即提供貸款者並不在乎舉債者是否把借款用在可清償債務的正確政策上，甚至不管它們究竟有無能力還錢，目的只在利用貸款換取操控第三世界舉債者的權力。

正如米特曼所謂的「全球化症候群」，全球化其實具有相當矛盾的內涵：從提高生產力、刺激技術進步、增加生活水準與就業機會、享受更廉價的消費品，以及跳脫長期的國家結構藩籬，回歸人類問題思考等方面看來，我們實在無法閉著眼睛否認這些好處的存在；但是從深化全球貧富懸殊、無法有效分配利益，甚至不惜犧牲弱勢群體生活看來，它的負面效應確也令人膽戰心驚。不過，此處重點並非討論「全球化」本身，而是希望能瞭解它對人類政治生活的影響；首先是一個顯而易見的現象，亦即國家結構本質的變遷，其次，為反制全球化對於國家權力的介入，區域主義運動隨之而起，但事實是區域整合也存在削弱國家主權的效果，在這種情況下，一方面如大前研一等人士張，透過整合運動浮現的「區域國家」將取代傳統主權國家的地位，甚至更樂觀者還認為一個真正能解決全人類問題的「全球政府」也未必是種奢望。

這裡要告訴大家的是，我們並不反對這些主張有其存在的邏輯基礎，也不否定它們未來的確有逐夢踏實的可能，但是，無論如何都必須透過正反兩面俱呈的思考途徑，將反全球化力量的變數（不管是阻力還是衝突根源）同時計算進去，才能夠對未來做出更客觀理性的評估。

281 柏金斯（John Perkins, 1945-），美國作家，曾出版《經濟殺手的告白》描述親身經歷來闡釋相關內容。

下篇　給未來新世代的備忘錄

反省：現實世界中的問題及其挑戰

不可否認的事實是，民主不但是當前的思想主流，而且看起來它確實比先前的專制君權制度要來得好一些。但另一個同樣也不能否認的現實是，當前的「所謂」民主制度不僅問題叢生，人類歷史發展的長遠邏輯也告訴我們：雖然我們永遠很難找到一種真正完美無缺的制度，但是只要不斷持續地虛心地檢討當下的狀況，未來就有機會至少比現在更美好。這也正是此處的論述重點所在。

請注意以下幾個名詞：階段性民主發展、媒體革命、金錢政治、政府超載

重頭檢視被揠苗助長的民主發展

讓我們從讓人頭腦發昏的思想辯證，暫且回到現實吧。民主雖然是個無法迴避的話題，我們真的得再仔仔細細從裡到外地瞧瞧它。

在今天我們身處的這個世界中，民主概念不但已經成為制度選擇主流，甚至逐漸變成一種神話（myth）；對此，其實我還蠻喜歡myth的一種翻譯方式，也就是結合音譯與義譯稱為「迷思」。正如都鐸所言：[282]「政治迷思乃是以清楚說明一個事件為目的；它是一個故事，至於說故事的原因是為了支持一個現實目的，只要大家相信它是個真實的故事，那就成功了；**當然，我們並不否認這些製造迷思者，如果不是在騙自己，就是一開始便有著欺騙觀眾的嫌疑。**」

如果這麼說大家還搞不清楚的話，舉例來說，美國的小布希總統為了替二〇〇三年的伊拉克戰爭收場，[283]結果只得說：即便這可能是場錯誤的戰爭（戰爭理由原先是設定伊拉克擁有大規模毀滅性武器，最後根本甚麼也找不到），相信歷史會原諒他們。若有人不識趣地問：歷史憑什麼原諒美國？**「正確」的答案是：因為民主是對的，所以推翻「不民主」的海珊便不可能是錯的。**倘若這個邏輯成立，那麼美國該如何解釋自己在獨立宣言揭櫫「人生而自由平等」後的八十八年才給了黑人自由，接著又過了一百年才給他們平等，美國的婦女更在宣告獨立後一百五十二年才艱難地取

282 都鐸（Henry Tudor, 1937-1997），英國政治哲學家，著有《政治迷思》一書。

283 美國在二〇〇三年三月揮軍攻打伊拉克，最終在二〇一〇年八月單方面宣布戰爭結束，並於二〇一一年撤離所有部隊，歷時共八年又八個月，造成超過三百萬人流離失所。

得投票權？換言之，如果有人在十九世紀試圖推翻美國這個「壓榨黑人與婦女的不民主國家」，是否也可以義正辭嚴？假使美國如今真是個平等的國家了，因為一九九二年洛杉磯族群衝突，在十幾個城市引發大暴動的背後根源又是什麼？近年來何以由於白人警察屢屢對黑人嫌犯濫用公權力，以致不斷引發以「黑人的命也是命」（Black Lives Matter, BLM）為名之各種示威抗議活動？[284]

個人無意批判美國，也不是說民主不好，甚至真心強調民主概念非但有助人們回歸思考群居生活基本點，亦絕對比過去人類採取過的政治制度都理性的多，但重點是：**首先是沒有任何人或國家有權掌握民主的解釋權，其次，就算民主堪稱當前人類政治世界主流，理解「真正的」民主乃落實它的必要前提，而落實民主既不可能一蹴可幾，也不存在甚麼可以立竿見影的捷徑，其實踐必然是一個需要時間來逐步完成的發展過程**；任何希望獲聲稱能一步登天式變成民主的努力，都只會把事情搞得更糟糕而已。個人認為，唯有將民主的建立依其「階段性」發展過程區分為「奠基期」、「轉型期」與「鞏固期」等三個階段來重新進行整理，才能對相關概念獲得更深入的瞭解。

首先，相較作為「先驅者」的西歐與北美，其他地區國家所以普遍存在著民主「奠基」的問題，原因顯而易見，相對於歐美國家**民主觀念普及早於政治運作，實踐過程也是逐步且緩慢的**，多數新興獨立國家由於各種原委（包括殖民母國在放棄統治前的預先安排），甚至往往在粗略甚至不真確瞭解民主內涵前，便普遍採取類似形式，**致使所謂民主在此階段中，不過以普遍性革命信念或強加性典範的形式被保留下來，其實多數人民既未曾認真思索過，也幾乎不瞭解甚麼叫真正的民主；也因為如此，民主奠基期的表現幾乎等於不民主**，最多只能被美稱「指導式民主」或正名為「自由化的威權政體」罷了。

無論如何，或因某些國家經歷了工業升級與經濟成長，從而為社會結構帶來兩個根本變革，亦即：**中產階級的出現，以及在勞工階層增多後出現自主性工會組織**。事實證明，民主化最積極的支持者往往來自中產階級（雖然它並不是那麼容易定義），[285]工人組織更是社會運動主力所在。必須強調，本書雖並未將經濟表現視為民主化成功與否的唯一要件，明顯可見，**多數第三世界國家所以長期政治不穩，正因它們無法在快速變遷的世界經濟環境中，塑造一個有利於維繫民主安定之經濟環境的緣故**；因此，即使偶而出現「自由化」或「民主化」等轉型特徵，最終仍只能退回原來的不民主狀態（此即杭廷頓所稱「民主回潮」現象）；至於它們會在這個階段中停留多久，則依各國的表現而有所不同。

至於那些有幸能接近民主「鞏固期」的國家（雖然對個人而言，目前世界上並不存在真正及格的民主，包括歐美在內），正如林茲與史德本指出，[286]除了基本制度要件之外，存在自由公民社會與尊重法治等人為環境同等重要；**這顯示所謂民主政治絕非只是個「制度」問題，同時須考慮「行為」與「態度」層次。換句話說，民主在某些國家中所以脆弱且經常崩潰，概念未被釐清與未能深入人心或為更根本的問題**。如同林茲繼續描述：「簡單來說，所謂民主鞏固，就是民主程序

284 二〇一二年二月，一位美國非裔青年馬丁（Trayvon Martin）遭到自衛巡邏員齊默曼（George Zimmerman）槍殺，在後者於翌年被判無罪後，隨即引發此一運動並遍及美國各地。

285 中產階級（middle class）並未能有明確具共識之學術定義，一般意指具相當生活獨立性者，因此往往被從收入概念來進行討論，同時暗示擁有較良好之教育水準。

286 林茲（Juan J. Linz, 1926-2013），生於德國之西班牙社會學與政治學家，曾與史德本（Alfred Stepan）合編《民主政權之崩潰》，並共同著有《民主轉型與鞏固之問題》。

必須被視為唯一的遊戲規則」；說來容易，但環顧全世界，誰又真能做到？

參與民主 vs. 菁英民主：誰才是真民主？

當前關於民主的主要爭議在於：究竟什麼才是真民主？人民在政治過程當中應該扮演的角色是什麼？現在的理論能指引民主的到來嗎？它又有何修改空間呢？

對於第一個問題，不妨先舉出兩個學者的「客觀」看法給大家參考：道爾認為，所謂的民主過程應該包括有效參與、投票平等、充分知情（讓選民在投票前充分瞭解政策辯論內涵）、控制議程（由人民決定政策優先順序）與成年公民的普遍選舉權等五個條件；蘭尼則認為，[287]只有具備人民主權、政治平等、大眾諮商與多數統治等要件，才算是一個真正的民主制度。簡單地說，前述說法不過是些打高空的口號罷了，他們其實都在閃避一個核心問題：**在人民應該當家做主的所謂民主政治制度中，人民到底該怎麼來當家做主？**甚至同時也在閃避一個真實的答案，也就是：**目前大家眼界所及之所謂民主根本一點也不民主。**

根據密爾、熊彼得與薩托利等主張菁英理論之代議民主派的看法，直接民主（讓人民平等而普遍地參與政治決策）不僅在「技術」上只適用於小國寡民的情況，從人民擁有之現實參政「資格」（具理性思辨與溝通能力）來看也是做不到的。由於目前絕大多數國家的規模都遠大於作為民主古典範例的希臘城邦，要仿效它們建造一個同時可容納所有公民（儘管當時具公民資格者僅佔全體「居民」十分之一）出席的場合，確實不太可能（許多城市人口規模動輒上百萬）。就算透過現代科技輔助，建立一個鋪滿光纖網路且可以全面即時上網的視訊系統，因此克服了技術問題，人民參政資格還是一個沒有辦法解決的障礙。

此處強調的並非諸如性別、階級或種族等「門檻式」資格，而是人們必須實實在在去理性參加討論的能力。第一個障礙來自於人們的參政「時間」；相較多數希臘城邦公民可以利用奴隸勞動來處理經濟與生存問題，因此（可能）有足夠的時間去加入政治討論，現代人類受困於工業社會的忙碌生活，實在很難想像所有人都有閒功夫一起出席嚼舌根。至於第二個障礙來自於人們的參政「腦力」；正如周知，落實民主有賴理性地去進行思考與討論，但我們無法否認人們腦力天生存在差距的不平等前提，何況即使聰明絕頂者，也難免出現情緒性反應，因此，要叫全體公民一起來理性參政確實是個「不可能的任務」。

正是基於前述理由，菁英派民主論者認為，「代議政治」（也就是讓人民選出那些既有時間又符合資格者來代替自己參與政治）至少是個不得已的選擇。但是，這樣便可以解決（落實民主）問題了嗎？答案顯然是否定的。

何況所謂代議政治理論其實自己也存在兩個挑戰。首先是「邏輯」問題；若真的認定多數人不夠聰明以致缺乏參政資格，他們又怎麼擁有足夠理性去進行選賢與能的工作呢？這豈非自相矛盾？其次是「代表形式」問題；不管目前多數國家採取的是全權委託說（人民在選出「賢能者」後便完全放棄決策權）或託付說（政黨競爭的前提下，要求勝選的政黨必須履行政見承諾），其實

287 蘭尼（Austin Ranney, 1920-2006），美國政治學家，以研究美國政黨政治著稱。

人民都完全被排除在決策過程之外，由此，人民不過被設計來為那些爭權奪利的政客們提供正當性罷了，歸根結底地說，這種制度真能叫做「民主」嗎？

總之，我們目前正處於進退兩難的困境。一方面，相信誰也不願意回到過去被一家一姓統治的君權專制時代，其次，我們雖然好像正生活在一個民主意識高漲的時代裡頭，可是人們除了在定期選舉機制中去扮演橡皮圖章之外，由於能夠主動積極出擊的機會實在太少了，**從民「主」的角度來看，這根本是個「不民主」的制度**；另方面，儘管我們或許理論上知道什麼叫做真民主，不得不承認，所謂真民主的確有著無法逾越之實踐障礙。面對這樣一個難題，我們究竟該怎麼辦？

選舉、媒體革命與權錢政治

接下來要指出的是，本書儘管對當下主流的代議民主制度有著諸多不滿，焦點並非因為它根本不民主的緣故（給予人民的參政空間實在太少了）；正如個人一再強調，制度真正臧否不在於其設計是否符合某些意識型態主流，而是它到底能否反映並滿足人們的共同真實需求。根據既有代議理論，選舉乃不可或缺的一個過程，目的是希望藉此篩檢出真正能讓人民託付命運的人。從程序角度來看，選舉的過程頗為簡單：首先決定哪些人（政務官）必須被選出來，哪些人（事務官）不須經過選舉考驗，其次決定這些應該有民意基礎的政治人物能幹多久，又該在什麼時候被選出來，接著在公告選舉日期與候選人資格條件後，透過公開徵求方式邀請自願者出來參加競選，最後，當候選人在固定時間內完成與人民的溝通（拉票）之後，便請人民在排定的選舉日期選出心目中比較適合的人選，然後根據票數統計的多寡次序，決定誰是最有資格的出線者。

在這個「簡單任務」當中，**最重要也最關鍵的一個步驟，不啻是候選人與選民之間的溝通了**；因為只有愈深入的相互瞭解，才能激發愈理性的選擇。如果暫且排除政黨動員（雖然它很難被排除）這個變數，應當不難發現，選民對候選人的瞭解必須來自後者不厭其煩的自我介紹（包括學經歷與競選政見），而這種自我介紹的過程，又必須透過各式各樣的宣傳管道；正因如此，問題就出現了。

就像大家看到的，現在正處於一個號稱「媒體革命」的時代中；這意味著人與人的溝通管道正以更快速且多樣化的面貌日新月異展現出來。據此，相對海報、傳單、路邊看板、宣傳車、挨家挨戶掃街拜票、在公辦與自辦政見會中自我介紹、組織動員……等傳統宣傳辦法，包括各種電子媒體（電視、廣播、入口網站或個人網頁）、平面媒體（報紙、雜誌或各式免費贈閱刊物）、電訊通路（電話拜票、手機簡訊或社群網站）等，都提供了新的媒介管道；更不要說傳統競選方式也在翻新當中，例如，簡單的政見傳單已化成大轟炸式連綿不絕的垃圾（電子）郵件，陽春式政見發表會改成充滿聲光效果之嘉年華式大型造勢晚會，競選時期的地方樁腳組織則變成常態性的政客個人俱樂部，沿街拉票也加上一大串車隊與震天價響的爆竹聲。

樂觀看來，這種新過程或將讓選民有更多機會來瞭解候選人，社會經濟也因此間接注入一股資金流動的活力；但相對地，**這同時表示候選人必須備妥的競選經費跟著節節高升，因為前述多數宣傳方式顯然都並非免費**（如果有人自稱「自己」沒花多少錢，或只因「別人」贊助不少罷了）。更甚者，由於理論上候選人選擇管道的數量應該與選民對他們的瞭解成正比（若透過更多方式接觸，當然應能讓大家留下更多印象），特別在參選爆炸的情況下，所有候選人在財力所及之處，無不使盡渾身解數儘可能全方位向選民展現。由此，一個公開的秘密是：**除了極少數例外（具備某種特殊魅力或因為顯著公共貢獻而獲擁戴者），候選人財力的重要性，早就超過了是否能夠負擔決策重任的能力資格。**結果是，儘管總是有些傻楞楞的理想主義者就算沒錢也要屢敗屢戰參選到底，**勝選機率與候選人的募款能力顯然存在正相關。**

問題是，這樣的選舉文化究竟會帶來什麼影響？相信大家也都知道另一個公開的秘密：**以候選人當選後所能領到的薪資，和競選經費相比根本不成比例。**誰會笨到因為錢多或寧願傾家蕩產也要選舉？答案不但非常清楚，後遺症亦不想可知。首先，如果假定競選經費乃是候選人參選的第一道門檻，顯然若非有錢人，也必然是有辦法跟有錢人搭上線的人，才能夠跨過這道門檻；再者，排除節稅的理性考慮（前提是有上軌道的政治獻金法與相關稅制規定），有錢人所以願意贊助候選人，當然是為了某種「投資」原因所致，亦即多半預設了回饋目標。反過來說，政客們既然拿人錢財，當然有義務透過以選民服務為名義的「關說」來與人消災。正如曼恩所言：[288]「美國人非常清楚，他們的民主和政客都已經被特殊利益團體的大筆金錢所扭曲並俘虜，人們卻漠然接受這種把靈魂和選票賣給出價最高者的可笑觀點。」當然，更別提他們利用其身分來滿足自己的利益了；殊不見有人居然光明正大說：當立委本來就該有特權！

總之，由於當下選舉制度的不盡理想，再加上媒體革命的催化效果（儘管這不是革命的本來用意），所謂「權錢政治」或「政商勾結」已然成為即使先進的歐美民主國家也無法避免的困境。

黨爭：注定吵翻天的不理性惡爭

當前民主制度引發的爭議，除前述金錢政治問題外，政黨競爭也帶來不少關注。相較前面將重點擺在政黨發展以及政黨與人民的互動上，此處則要補充一下對於政黨與政黨互動的觀察。理論上，政黨不僅帶有「部分」的暗示，所謂部分同時指稱它們有著必須反映社會多元化現實的義務。嚴格來說，每個人都有著各自獨特的個性與想法，既然集體生活是個必要且無法避免的選擇，過度強調個人獨特性必將帶來混亂；因此，適度的去異求同，然後再從中找出共識，也就成為所有制度最重要的終極目標。在這個過程中，政黨應該扮演的正是這個代表各種意見去進行溝通的工具。

現實顯然並非如此。相較先有意見再有政黨的理性流程，亦即讓政黨作為各種意見的「反映者」與「代表者」，更多的情況是政黨主動去擔任意見的「塑造者」與「推動者」。特別對菁英主義者而言，由於他們認定人民是沉默、被動且缺乏思考與整理能力者，由菁英組成的政黨來幫大家服務自為理所當然之事。

就算我們接受教育還沒有那麼普及（雖然相對過去已經進步了很多），多數人民仍有著保持沉默且不喜歡多管閒事的習慣，社會上的事情總是要有人出來做，政黨自動請纓也不是一個不能接受的選擇，我們總還是希望組織政黨的菁英們，能夠把全民福祉稍稍放在個人權力野心前面一

288 曼恩（Thomas Mann, 1944-），美國布魯金斯研究所資深研究員，專注美國選舉研究。

點點的位置上。可惜的是，即便這麼卑微的願望依舊很難盡如人願。原因很簡單，首先，組織政府以便獲得決策權（滿足權力野心或幫人民解決問題）乃所有政黨的共同願望，為使決策更有效率，也藉此釐清到底誰該為決策負責，政府自然呈現「金字塔式」結構特徵，由此導致了「零和競賽」，也就是「贏者全得」的效果，自然引發各路英雄好漢爭得你死我活。其次，根據現代民主制度設計，執政者想獲得正當性都得透過選舉程序的考驗，至於人民則透過這個過程來進行理性選擇，問題是就如同上街買東西，既然要選擇，最好貨比三家，商家為了吸引顧客上門，當然得強調自家東西絕對比別人要好，如果每家店都說「其實大家的東西都差不多」，相信消費者也難下決斷。

正因如此，**為了吸引消費者（選民）上門購物（投自己一票），政黨進行所謂「黨同伐異」的惡鬥自然無可避免**。如同各位所見，所有政黨不僅要標榜自己是最有理想且最正確的，同時非把對手抹黑鬥臭不可；只要是同黨者所講，一定是對的，只要是他黨講的，則當然是錯的，甚至當同黨者不小心口無遮攔說錯話時，也一定要逞其詭辯口舌力挺到底，對手若不小心犯錯，自然要及時窮追猛打，化小事為大事，絕不能讓別人有喘息脫險的空間。

或許有人忍不住要問：不能更理性一點嗎？如果別人講的話確實有道理，難道不能表現君子風度去鼓掌嗎？從正常社會生活來看，這或是種可以接受的人際關係態度，但從政治考量或「政治倫理」角度看來，則結果就會變成：幫別人鼓掌無異是「長他人志氣，滅自己威風」，搞不好還會有人鄙夷地說：「如果你那麼認同的話，為什麼不乾脆換黨算了？」總歸來說，一方面政黨的存在似乎無法避免（真的嗎），政黨惡鬥也好像強迫中獎似的沒辦法拒絕，不僅理性討論實在是個遙不可及的夢想，想透過政黨來匯整社會意見並做成共識也異常困難。所以，下次如果聽到還有人說「民主政治就是政黨政治」，真希望大家能真正靜下心來好好想想，該怎麼解決這個難題。

政府超載：當代民主的大麻煩

倘若把選舉過程比擬是個大賣場，政黨就像聲嘶力竭拚命叫賣的商家。正常來說，商家們在競爭激烈的市場上，不但要標榜品牌的獨特性，有時也得端出「流血殺價」與「加送贈品」等手段來刺激買氣。政黨亦復如此。例如，**在「流血殺價」部分，政黨推出的一般就是「減稅」政見**，儘管它們經常在選後不履行政見或來個「先減再加」，當然，增加稅收必須透過隱形而且間接的辦法來執行，以免被選民發現，例如水電費、娛樂稅、停車費、燃料稅或者一些雞毛蒜皮不過幾十塊錢的小稅，積沙成塔的結果還是挺可觀的；**至於「加送贈品」部分，則是那些林林總總的「福利」政見**，小至工時與基本工資的調整，大則包括幼兒、婦女或老人津貼，以及提供低利貸款額度等。

值得注意的是，由於人民對於政府工作範圍的觀念，從十九世紀到二十世紀有了一百八十度的翻轉，也就是從被認為是「必要邪惡」的負面機構，變成被期待是個「萬能政府」或「奶媽國家」，其次，現代工業社會生活的複雜度也大大降低人們生活的獨立性，愈來愈依賴政府協助。舉個最簡單的例子，現代人一旦遇到長時間停電就像是世界末日到了似的，卻忘了幾萬年來，人類正是在沒有電的情況下度過來的。在諸如此類的情況下，由於人類對政府需求不斷上升，金恩等人早在一九七〇年代便指出，[289]面對來自利益團體或人民等有組織或無組織力量壓迫，在勝選的最高考量下，政黨將被迫不斷開出政治支票來換取選票，從而無法避免某種「超載」危機，特別是在選前關鍵時刻裡頭，無論握有實際資源的執政黨，甚至還未確認是否能執政的在野黨，無不競相端出所謂「牛肉」（各式各樣的補助款與照顧弱勢團體的政見）來伺候選民大爺們，卻沒有任何政黨告訴大家：這些政見會不會影響政府預算平衡？政府如何解決必須舉債來履行政見的問題？除了「債留子孫」，是否沒有其他辦法？政府破產了該怎麼辦？更甚者，為什麼福利政策老是在投票前夕傾巢而出？政府平常到底在幹什麼？

儘管政府手中看似握有一張沒有提款上限，且從不徵信其償債能力的「現金卡」，諸如「福利國家的財政危機」或「民主政治的經濟矛盾」等憂慮，早就在學術界瀰漫開來，部分長期標榜社會福利的國家實則已紛紛開始調整政策。正如哈伯瑪斯強調的，資本主義社會正存在一系列的「危機趨勢」，其中影響最大者，便是主政的資產階級逐漸喪失利用社會福利來收買或安撫無產階級的能力，一旦政府由於財政計劃失靈以致無法繼續前述政策，由此產生的「正當性危機」將侵蝕甚至瓦解民主政府的合法基礎，從而帶來不斷的矛盾衝突與甚至是社會動亂。

當然，哈伯瑪斯的負面預測未必成真（至少目前還沒發生），但民主國家政府愈來愈難以負荷財政預算的負擔確為不爭事實。面對肆無忌憚且幾乎貪得無饜的選民，以及被迫（或喜歡）用支票換選票的政黨，難道真要等到政府破產才來後悔嗎？

289 金恩（Anthony King, 1934-2017），英裔加拿大政治學者與社會評論家。

期待：從浮現中的蛛絲馬跡去思索未來

我們從一開始就不斷在追尋答案的根本疑惑是，目前主流的代議制度雖然擁有某種程度的正當性與穩定性，顯然其邏輯與架構面並不能讓人完全滿意。儘管如此，畢竟這是我們正立足並給予信任之當下世界，本書還是希望以此為出發點，設法捉住若干或隱或現的跡象，雖然最終沒辦法給大家一個明確答案，仍期盼各位一起藉此認真思考人類未來可能會走的道路。

請注意以下幾個名詞：資訊革命、社群政治、全球化、虛擬國家、網路民主

變數一：教育程度提昇與社群發展

在上篇當中，我們普遍介紹並討論了有關當前政治世界中的各種重要觀點，以及值得進一步思考的現象。一方面嘗試從歷史演化角度，讓各位瞭解人類如何一再透過智慧來創造並形塑制度以便改善自己的生活內涵，其次從現實觀點切入，告訴大家這些制度如何被少數人壟斷、操控並修正來滿足自己的利益。儘管如此，**我們並非刻意強調在制度運作中的對立面，也不認為這些問題能用類似衝突的手段來解決，而是希望在攤開這些實際問題後，一起集思廣益來共同面對未來**。畢竟這個世界是由我們大家共有的，不是嗎？

接下來將說明一些近期發生的新現象或新變數。列舉這些變數的原因是：我們相信這個世界正不斷地在變遷當中（無論朝向正面或負面發展），過去的制度由於根源自它們的發展背景，除非例外情況，當然很難一夕崩解，至於新變數也不可能如同某些人的樂觀想像，將馬上改變大家的生活；正如歷史所揭示的，一個比較可能的情況是，人類世界總會不斷吸收新的需求，然後慢慢改變其內涵。當然，我們絕對不敢說所有改變都一定是好的。

第一變數跟「人民」有關。如同前面討論代議制度時提過的，儘管有些人並不同意菁英主義者的說法，認為少數統治乃人類無法避免的現實，他們不能不承認，由於迄今人民平均素質的確很難去實踐所謂直接民主，讓少數人把持政治過程或許是莫可奈何的結果。不過，這種狀況正在改觀當中。過去半個世紀以來，由於冷戰帶來大致和平並藉此得以刺激經濟發展的環境，加上資訊革命在促進知識廣泛流通之餘，大大改進了教育效果，非但第三世界國家的成人識字率從一九七〇年代的百分之四十三，提升到一九九〇年代的百分之七十一，在第一世界與那些表現相對傑出的新興工業國家當中，這個比例更維持在百分之九十五以上。於此同時，國民普遍教育程度也有明顯進步，特別是中高等教育層面。當然，此種發展未必一定有助於落實民主，比起過去絕對是個有意義的進步。

更重要的是，這種發展勢將（或者已經）帶來幾個影響：首先是人民自覺意識的提高，也就是人們擁有更多能力去思考自己和社會的關係，以及自己在政治世界應該扮演的角色；其次是人民有機會重新思考關於組織合理性的問題，由此，不僅現代「國家」組成的不理性特徵將被凸顯出來（人類必須找回最初開始群居生活之原始根源，而不只是被動習慣地被綁在一起），所謂「社群」與「社群主義」概念也將相對於現代工業社會所造成的孤立與疏離感而瀰漫開來，換句話說，人類有機會找出足以重新凝聚集體認同的理由；最後，由於人們可能更重視追尋傳統價值（本土化或尋根運動）或強化小型團體內部的互動（建立社區意識或推動社區重建再造），由此，國家主權的強度將受到一定程度的影響。

變數二：全球化對國家主權的挑戰

在嘗試瞭解未來可能變化的過程中，把焦點集中在主權國家身上是有意義的。不管我們同意與否，每個人都一定得屬於某個國家（無國籍者乃數量極少的例外），同時接受姓名以外的一組終身代碼（身分證號碼）；不知道各位有沒有發現，儘管我們可以找理由改好幾次名字，這組代碼是絕對動不了的。其次，不僅目前的政治制度都是為國家量身訂作的，許多問題也因此而來，例如，為了提高內部凝聚力而必須去創造民族，同時處理中央與地方的分權問題等。

無論如何，這個前提似乎正在改變當中；不管是大前研一所預測之「民族國家的終結」，或者是凱米萊里與福克等倡言之「主權的終結」，[290]都明白告訴我們，這個以「國家」為主的世界正面臨著某種變化壓力，其來源除了上述因為人們教育程度與自覺性提高帶來之不同想法，來自國家外部的全球化力量亦不能忽視。對此，我們可以從三個角度來加以觀察。

首先是「滲透性」。正如周知，所謂現代國家就是把全部人類根據後天製造出來的政治標籤予以區分，一方面強調人群之間的差異，其次則限制不同人群之間的來往，例如若想進行國際旅行，原則上得辦理護照並申請簽證，接著面對雙方海關盤查，雖然近年來免簽證愈發流行普遍，並不意味停留時間可無限延長。換言之，透過對於來往的限制，現代國家既希望將人民綁在固定的土地上，並藉此確定自己有多少人可以統治。但這種情況已經因為資訊革命帶來的全球化現象而有所改觀，正如大家所見，儘管我們的身體依然不自由，想法卻能透過網際網路翱遊四海，隨時可根據共同理念在網上組成跨國性社群；或者從負面角度看，由於政府的電了化也蔚為潮流，來自各種意圖之「駭客」的攻擊或滲透，[291]正成為許多國家一大頭疼問題。

290 凱米萊里（Joseph Camilleri, 1944-）為馬爾他裔澳洲社會學家與國際關係研究者，福克（Jim Falk, 1946-）則是澳洲物理學家，兩人曾於一九九二年合著《主權的終結》一書。

291 駭客（Hacker）一般指對電腦科技具高度理解，並經常進行非法入侵網路者，也有人以劊客（Cracker）稱之，更著重指出行為當中的惡意暗示。

其次是「虛擬性」。全球化為國家帶來的不僅是彼此疆界逐漸模糊化，羅斯克蘭斯更從國際經濟互動角度切入，指出在「比較利益」法則（也就是商人在投資時會選擇工資最低、原料最便宜、投資限制最少的地方來進行生產，然後運到市場消費性最大的地方去）影響下，許多跨國公司放在母國（通常是先進國家）的基地規模與人員數量都愈來愈少，儘管可能會留下所謂營運或研發中心，生產資金與工廠主體則很自然地向全世界重新布局。由此，提倡「根留台灣」並不只是我們特有挑戰，而是種全球現象。更甚者，國家不但愈來愈限制不了商人或資本家的行動（別說商人本來就控制了民主國家的政治），由於全球財務流通結構愈趨複雜，諸如「避稅」、「逃稅」或「洗錢」等規避國家控制的動作層出不窮，其結果是：現代國家不僅得面對因為民主運作造成的「政府超載」危機，由於稅基不斷流失，政府應對超載危機的能力也每況愈下。

最後是「取代性」。或許因為能力有限，又或者由於政府必須負責的事情實在多如牛毛，所謂「政策轉包」便成為另一種流行的全球現象。以國內來說，例如BOT（政府把公共工程整體交由民間來執行並運作，等到一定時日再收回來）便是明顯例證，甚至在以國家為主體的世界體系當中，「非政府組織」的角色正顯著提昇當中。例如，世界銀行本來就經常針對有需要的地區或國家提供援助，但這些本來大多由國家出面協助的工作，轉由非政府組織執行的比例已經從一九七〇年代的百分之六，大幅提升到一九九〇年代的百分之三十；再以聯合國舉行的國際環境會議為例，非政府單位不管參與或投入的程度也遠超過所謂國家單位。

總之，隨著現代國家有形疆界不斷遭到滲透，國家作為主權管理者的地位呈現出某種虛擬化走向，加上國家所負責的工作不斷遭到取代，因此，今天就算還不能說一個全新的政治世界正在降臨之中，過去存在我們腦子裡的傳統觀念與想像，顯然不知道還能再用多久。

變數三：網路民主與全球治理模式

關於以上兩個變數可能造成的結果，當然見仁見智，各家都有不同的看法，不能否認的是，它們已經或多或少為當前政治內涵帶來若干影響。**從國內角度來看，所謂「網路民主」不啻是最引人深思的一個話題。**且不論它跟未來的直接民主形式有何關聯，至少目前可以發現幾個值得注意的現象。首先，由於上網人數與虛擬社群數量的激增，**網際網路最起碼已經成為政府與人民溝通不可或缺的重要管道之一**，幾乎所有國家（不管作得好不好）都會架設可自行瀏覽甚至透過留言版雙向溝通的政府官方網站，大多數政客也會利用架設個人網頁（不管有沒有人看）來宣傳政見並塑造個人形象。再者，相較過去媒體或溝通管道經常受到壟斷或被控制，網路提供了一個相對自由（甚至有時自由得過了頭）的空間，讓所有人可隨意留言，更重要的是，即使用了最不理性且最難聽的話進行謾罵，也不用擔心會出現肢體衝突，因為誰也看不到誰，由此，如果從好的方面看（當然負面影響不小），**人民至少獲得了一個真正可暢所欲言，且無須太擔心被報復的自由表達空間。**

進一步來看，前述發展或可被用來解釋前面提過之某種政黨衰微現象；由於人民獲得發言管道，部分意見不需要政黨來幫忙動員或代言，多元化資訊來源也讓大家更清楚政黨在政治過程中分贓和利益交換的「真相」，由此使更多人對政黨產生疑慮，轉而強化了「選人不選黨」的傾向。

更甚者，除了傳統民意調查機制外，網際網路不但提供了另一個即時調查系統，它具有的匯聚輿論能力並不亞於民調，在這個新變數與舊機制的交互衝擊下，今日人民對政府不僅擁有了比過去更強大的制衡力量，也埋下可能根本性改變代議制度的伏筆。

至於在國際環境方面，「全球治理」則是另一個值得注意的議題。正如全球治理委員會在一九九五年一份報告指出：「所謂治理是指各種公共或私人機構與個人管理其共同事務方式的總和；它可調和各種衝突或不同的利益，並使其持續地採取聯合行動，其中包括有權迫使人們服從的正式機制，也包括以人們同意為基礎的非正式安排。」拋開聱牙難懂的學術用語，簡單地說，在人類進行群居生活的過程中，必然會因為種種原因出現人際衝突，從這個角度來看，所謂政治就是處理這些衝突的過程，而所謂治理就是解決這些衝突的辦法。進一步來說，好的治理就是指建立一個好的政治制度，讓大家都能夠接受最後解決衝突的結果。

歷史上人類為了建立「理性」的治理制度，不斷演化並創造發明，從過去的君主結構到當下的民主政治，**不管好不好用，制度建立的前提都是為了更合理地解決麻煩**；重要的是，治理的辦法必須符合其治理規模（例如管理一個小村莊和統治一個國家，顯然不可能使用同一套辦法；同樣的道理，這也是古典希臘時期的直接民主概念，被歐洲國家借用後卻變成間接民主制度的緣故），人類隱然體認到一個現實，**那就是真正理想的治理制度其實迄今都還未出現。**

由此，全球化現象不僅暗示著治理規模可能進一步擴大（出現諸如「世界政府」之類的東西，雖然當前國家單位的規模已經擴張到不太理性的程度），最起碼它所帶來之更為頻繁的跨國性互動現象，足以讓本來就身陷「失靈」窘境（尤其因為政策超載的緣故）的政府左支右絀，多了一大堆幾乎無法解決的問題。非但許多如犯罪等負面問題必須得靠國際合作來共同解決（例如販毒、恐怖活動、洗錢等），一些可拯救人類未來的正面努力，也有賴國際組織進行多邊協調（例如氣候變遷與各式各樣污染問題），這一切似乎都正改變著我們制度的當下面貌。

變數四：資本主義體系的調整轉化

最後，無論「資本主義」與「民主」這兩個名詞之間的真正關聯為何，是如左派或馬克思派所說：「資本主義式的民主，根本只是資產階級用來麻醉並控制無產階級的工具，根本稱不上是民主」，或者如右派或自由主義者所說：「資本主義體系將人民從階級社會解放出來，使其擁有個人財產、自由與發展機會，從而奠下民主制度的基礎」，它們擁有糾纏不清的關係乃無論如何不能否認的事實。

特別是從當代民主思想起源的歐洲史來看，**資本主義體系的興起似乎確實在階級解構與賦予個人自由方面有著明顯的影響**，同時由於這種體系帶動的經濟活力，不但讓社會流動與教育普及變得更為可能，也讓更多人民具有思考自己未來的能量。因此，**如果我們接受「自由」、「平等」與「參與」是所謂民主最重要的幾個基本概念，資本主義體系提供的環境確實是民主生根發芽的大溫床**。儘管如此，正如許多人所以對資本主義式民主有著不同觀感的原因，這種體系顯然存在一大堆的問題。

從參與面來看好了，目前的民主制度雖儘可能讓所有人都取得投票權，不僅投票只是參與的一小部分，更關鍵的參與過程（也就是決策）顯然被擁有資本者壟斷，暫且不論競選經費問題帶來的參與障礙，連所謂保證金制度都帶有些「排貧條款」意味。由於人民因為資本體系帶來的新階級（貧富階級）狀態，而被排除在大多數的政治參與過程之外，這種排除的狀況當然不能說是種「平等」；更甚者，少數人依舊壟斷制定社會規範的特權，絕大多數人則得根據前面這些人制定出來的規範來生活，否則就有遭受懲罰之虞，試問：處在這種環境下的人們能夠說擁有真正的自由嗎？

換言之，就算資本主義體系確實提供了當代民主萌芽的前提，我們也絕不能抹煞這種貢獻，它所自然衍生之弊病卻是另一個必須正視的現實，尤其因為它關乎著我們的未來。面對這些問題，作為民主社會公民的我們到底該怎麼辦？

或許有人（特別是左派）會說，乾脆徹底鏟除資本主義算了，這樣正好可以切斷金錢政治的根源；另一些人（特別是右派）鐵定會回嘴說，這不等於因噎廢食？畢竟資本主義也有它的優點呀！對此，我認為問題不見得在資本主義身上，更何況正如並沒有人刻意去創造所謂資本主義一般，這種歷史產物絕不是可以用人為方式去終止的。進一步來說，我們要觀察的並不只是資本主義體系與民主制度之間的關係，或者資本主義體系究竟對民主運作是好是壞等問題，而是透過更客觀的歷史角度，來瞭解資本主義體系的變化及其對民主政治可能產生的影響。

或許聽起來有些悲觀，多數人看到的確實是趨向負面的發展。特別在以通訊與交通科技為主之「第三波工業革命」推波助瀾下，[292]資本家不但獲得了比過去更便利的擴張工具，現代財務與風險管理觀念的發達，也讓他們財富累積的速度急遽升高，至於技術領先的現實，加上追趕障礙的設計（以智慧財產權為名的國際貿易規範）以及對國家機器的利用（透過遊說或操控政客來爭取補貼或減免租稅，美其名為刺激經濟發展），更使後進者難以迎頭趕上。總得來說，並不是說現存體系中的弱勢者（窮國與窮人）將注定落後，但從當下的現實來看（缺乏有效的國際援助與分配系統，即便福利國家也因受困於政府超載，開始縮減社會福利範圍），無論從國內或國際層面切入，貧富懸殊程度的不斷拉大都是難以否認與逃避的，至於小至國內社會衝突，大至國際之間爆發南北對立，則或是可以想見的發展。

292 相較十八世紀末由煤礦帶動的蒸汽機革命，以及二十世紀化石燃料推進的內燃機革命，由電子技術帶領之資訊革命一般被認為是第三波工業革命的特徵，儘管不容易定義其時間起點。

結尾與開始：寫在二十周年之後

一本淺談政治現實與民主理論的入門書，能夠在書肆中持續存在超過二十年，對個人而言不僅是一種珍貴無比的鼓勵，更帶來滿滿的感動。

談及本書寫作緣起，且讓時間回到一九八七年。

當時，正值台灣政治轉型的關鍵轉捩點；這年七月，政府正式宣佈解除自一九四九年持續近四十年的戒嚴令，剛剛將台灣推向民主的新起點，翌年一月因為蔣經國猝然去世，又在終結了長期強人政治時期之餘，讓漫天硝煙霎時充滿了這個權力真空狀態。同樣在這個轉捩點上，我花了六學分修完「政治學」這門必修課，幾乎讀光了當時市面上所有教科書，卻依舊感到懵懂無知。抱著滿肚子疑問，目睹杭廷頓所謂「第三波民主化潮」席捲世界各地，數年間潮來又潮去，雖然稱不上見多識廣，畢竟政治研究乃個人專業所在，且觀察事物愈多，愈發感受到某種「超現實」氛圍（理論與現實環境之明顯脫節）四處瀰漫。至少為了正面對決腦中揮之不去的困惑，更為了不希望在課堂上誤人子弟，我開始構思一個主要目的在跟自己對話的寫作計畫。

本書的最初版本，是由左岸文化出版社陸續在二〇〇三和二〇〇五年出版的《政治啥玩意》和《政治啥玩意2》；其實最初的構想是三部曲，分別為基礎篇、進階篇和未來篇，但因才學有限，寫完前兩部分就擱筆了。二〇一三年，在暖暖書屋邀請下，基於準文庫本輕薄短小、容易入手之出版構想，我將原先八萬字的第一冊《政治啥玩意》刪到六萬字左右，出了一個「十周年紀念版」，儘管更輕鬆易讀了，總覺得離原先的想法也更遙遠了，心中不無遺憾。還好此時收到來自北京世紀文景出版社的邀請，他們希望出一個兩冊合訂本，於是在整合所有篇幅後，趁機也將當初沒講完的「未來」補充了些許進去，於是一個十八萬字的較完整版本，便在二〇一五年以簡體字形式出現了。

接著，為饗台灣讀者，以北京簡體版為基礎，我在二〇一八年重新整理出一個「十五周年全新完整修訂版」；修改方向除了增列大量註釋（主要補充書中引用大量各國學者之背景資料），同時針對當初為普及閱讀目的，在用詞上過於口語化的問題，希望增加文筆的流暢度（雖然離理想還很遙遠），更重要的是，一方面幫二〇一七年出版不久的《蹣跚走來的民主》補回前傳，並冀盼為這十餘年來自言自語的思索之旅，畫上一個暫時但完整的句點。五年又過去了，在這次的「二十周年版」當中，個人一方面努力收斂原先部分稍嫌憤世嫉俗、尖酸刻薄的語句，繼續增補了一些必要註釋，但大致上維持了既有表達框架，也算是再次自我肯定吧。

無論如何，如同馬可波羅在獄中的感嘆：「我還沒講出想說的一半！」即便以本書近二十萬字的篇幅，加上續集《蹣跚走來的民主》的十三萬字，依舊不可能把所有想講的事情都說個清楚明白；當然，個人大可寫個百萬字鉅著，巨細靡遺（或囉哩吧嗦）地交待好所有觀念、制度和歷史的來龍去脈，問題是恐怕沒幾個人有耐心地把它看完，更何況對於「政治」這件事，永遠是剪不斷且理還亂的。

假使各位已經瀏覽一遍本書，應該不難發現，我們正處在一個不甚完美的政治世界裡頭；儘管比起過去確實好了一些，離真正的「理想」顯然還有一段很遙遠的距離。在此，深切希望大家能根除「比爛」的不良政治習慣；即便政客們在遭受批評時常會習慣性轉開話題地說：「你們看其他人也如何如何」或「其實以前更怎樣怎樣」，重點是：如果跟別人都一樣，跟以前也沒什麼不同，我們辛苦推動政治改革，然後把這些傢伙選出來又到底是為了什麼？不過，受到政客「比爛」手段影響而被轉移注意力的人還真不少。

在此誠摯向各位建議：**不要管現在是否比過去好多少，而是要問我們未來到底要什麼，現在的制度又能不能滿足我們所要的**。借用經濟學的理解角度，這正是個標準的「需求—供給」問題，如同本書一再重申，政治制度本即必須是一個能夠滿足人類需求的合理安排。問題是：人類的需求究竟是什麼？這些需求又該如何被合理地滿足？這不但是本書希望邀請大家一起來思考的焦點，也是全體人類必須共同解決的問題。

在涉及人類的「需求」部分，看來還算是個簡單的問題，因為大家無非都想過著某種「穩定且不虞匱乏的生活」；其中，所謂穩定指的是社會秩序與安全能長期被維繫下去，不虞匱乏則最起碼是指大家都能吃飽喝足的狀況。只不過，問題要真這麼簡單就好了，因為像過去「帝力與我何有哉」的君權制度，甚或像大鍋飯式社會主義制度，都大體能滿足這樣的要求，為什麼它們仍紛紛被迫解體或轉型？

顯然還有別的問題存在。

正如前面提過的，人類的生存所以發生問題，並非完全源自地球環境無法提供充足生存要件的緣故，同時必須考慮到群體競爭造成的社會效應。舉例來說，一個與世隔絕且自給自足的山居部落，可能會因為突如其來的異族入侵而遭到滅絕；兩個原本和睦相處的國家，可能會因為若干問題無法妥協而在邊界線上相互殺戮；更別提所謂的族群衝突、階級鬥爭、商場戰爭，甚或是人與人之間的愛恨情仇。換言之，由於同時作為「感情的動物」（人類無法避免去作出不理性的情緒性反應）與「進步的動物」（人類傾向不斷透過創造發明來滿足自己的物質慾望），都使得人類之間的衝突根源早已超越最原始單純的生存問題，從而一再對自己創造的制度帶來挑戰。

由此帶出一個重點：**制度的合理性乃是隨著人類不同階段的需求，以及智識程度不斷提高而持續地在變遷當中**。例如，在沒有各種現代化家電產品、社會福利與公共建設的情況下，人類在神權與君權階段也曾有過寧靜安詳與太平盛世的日了，即使現在一些處在海洋上或人跡罕至處，物質條件相對缺乏的島國或山村人民，亦絕不能主觀地認定他們因此生活在「水深火熱」當中，嗷嗷待哺，相對地，在那些看起來物質生活豐饒的所謂先進社會中，卻不時出現所謂「文明病」（一天到晚看心理醫師）或高度「痛苦指數」（覺得生活壓力大到幾乎無法承受）。可見不僅「家家有本難念的經」，且治病前也得先看過病因和症狀，絕不可一帖藥方走天下。

那麼，到底什麼才是個合理的制度呢？

在回答這個問題之前，還有兩個前提要講清楚．首先，我們絕不能否認世界各地人類發展程度參差不齊的現實，更重要的是這個現實絕不隱含著是非判斷，也就是說，發展落後並非是個「道德錯誤」；其次，我們也必須正視世界各地人類在地理環境、歷史背景與風土民情都截然不同的現實，在尊重文化多樣化的前提下，去除被莫名優越感引導的不正當比較觀點。如果各位接受這兩個前提，答案就昭然若揭了，亦即：**我們必須根據自己的發展程度與社會背景，去尋找一個最適合自己的制度**。

或許有人認為這個答案太滑頭了，或者根本不算是個答案。事實就是如此：每一個人與有緣生活在一起的每一群人，其實都會自然產生屬於自己的特性出來，就像到朋友家去拜訪，除非是電腦設定下的機器人世界，你能想像所有家庭的裝潢與家庭成員互動模式完全一模一樣的情況嗎？進一步來說，就算模仿乃是進步的捷徑，也反映人類的學習本性，即便你認定別人家裡的裝潢擺飾或生活方式相當有特色，就算決定效法，未必會全盤照抄吧。

這正是本書希望告訴各位的重點之一。由於我們正處在一個以西方文化為主流的時代當中，所看到的制度典範與政治理論亦絕大多數是從西方傳來或大肆宣揚的，並不是說這些制度與理論有問題，而是必須注意到這些制度與理論都是從西方歷史的土壤中所生根發芽的，或許我們可以把它小心翼翼的移植過來，但是不是有人注意到移植過程中可能發生的問題呢？其實，或者我們應該移植的未必是制度與理論本身，而只是一種心理狀態，亦即學習別人如何去調整制度來迎合自己的真實需求，然後去塑造一個更合理也更適合自己的政治世界。這也是當初決定續寫《蹣跚走來的民主》，希望從歐洲歷史去瞭解歐洲民主起源的緣故。

這或許才是更重要的，不是嗎？

寫到這裡，我衷心期望本書的結尾，也是各位願意重新認真去看待並思考政治問題的開始，因為唯有如此，我們才能擺脫自怨自艾的悲情意識，從自己的手中共同創造出更有希望的未來。願以此共勉之。

What is Politics?

A Very Beginner's Guide to Modern Democracy

政治啥玩意

民主國家公民必修的第一堂課

作　　者　蔡東杰
編　　輯　龐君豪
封面設計　綻然設計｜洪紹昌
版面設計　楊國長

發 行 人　曾大福
出版發行　暖暖書屋文化事業股份有限公司
地　　址　台北市大安區青田街 5 巷 13 號
電　　話　886-2-2391-6380　傳真 886-2-2391-1186
出版日期　2024 年 09 月（三版一刷）
定　　價　480 元

總 經 銷　聯合發行股份有限公司
地　　址　231 新北市新店區寶橋路 235 巷 6 弄 6 號 2 樓
電　　話　02-2917-8022　傳真 02-2915-8614

印　　製　成陽印刷股份有限公司

國家圖書館出版品預行編目 (CIP) 資料

政治啥玩意 : 民主國家公民必修的第一堂課 = What is politics? A very beginner's guide to modern democracy/ 蔡東杰著 . -- 三版 . -- 臺北市 : 暖暖書屋文化事業股份有限公司 , 2024.09
面； 公分
ISBN 978-626-7457-11-5(精裝)
1.CST: 政治
570　113011957